本书得到国家社科基金一般项目"唐宋时期村落与乡村治理研究"（项目编号：12BZ031）资助出版。

唐宋国家与乡村社会
（修订本）

State Authority and Village Life in Tang-Song China
(Revised Edition)

谷更有 ○ 著

中国社会科学出版社

图书在版编目（CIP）数据

唐宋国家与乡村社会／谷更有著 . —修订本 . —北京：中国社会科学出版社，2024.7（2024.11 重印）

ISBN 978-7-5227-3481-1

Ⅰ.①唐⋯ Ⅱ.①谷⋯ Ⅲ.①社会变迁—研究—中国—唐宋时期 Ⅳ.①K240.7

中国国家版本馆 CIP 数据核字（2024）第 082174 号

出 版 人	赵剑英
选题策划	宋燕鹏
责任编辑	金　燕
责任校对	李　硕
责任印制	李寡寡

出　　版	中国社会科学出版社
社　　址	北京鼓楼西大街甲 158 号
邮　　编	100720
网　　址	http://www.csspw.cn
发 行 部	010-84083685
门 市 部	010-84029450
经　　销	新华书店及其他书店
印　　刷	北京君升印刷有限公司
装　　订	廊坊市广阳区广增装订厂
版　　次	2024 年 7 月第 1 版
印　　次	2024 年 11 月第 2 次印刷
开　　本	710×1000　1/16
印　　张	20.25
插　　页	2
字　　数	285 千字
定　　价	116.00 元

凡购买中国社会科学出版社图书，如有质量问题请与本社营销中心联系调换
电话：010-84083683
版权所有　侵权必究

序　　言

　　读书人讲究"贤者作序、识者题跋",我还不到以"贤者"的身份给同行的著作写序言的时候,只是偶然代劳。这本书是谷更有师从武汉大学朱雷教授做博士后时的研究报告,其前身是师从云南大学林文勋教授读博士时的学位论文,序言应该由两位导师来写;但他们抽不出时间,谷更有便让我这个当年的硕导来写了。

　　这本书考察的是唐宋乡村控制问题和宋代的乡村户问题。从书名上看到"唐宋"这个关键词的时候我不由地眼睛一热:国内把唐宋连起来考察的学者,应该首推我和林文勋的老师、谷更有的太老师李埏先生,现已91岁高龄的李先生见到这本书也会感到欣慰。"唐宋转型"或称"唐宋变革"是史学界的一个重要论题,很多学者曾对此问题有过关注,此前探讨的多是一些宏大叙事,诸如经济重心的转移、商品经济的第二次高峰、社会阶级结构的变动问题,甚至中古史阶段的划分问题等等;现在学术界对这个问题的探讨已经改变了以往的思维模式,深入事关芸芸众生的生活史内部,试图更加理性和具体地来认识这段发生了巨大变化的历史。本书的研究正顺应了这个趋势,用陈寅恪先生的话说算是"预流"了。

　　或许是出生于太行山乡村的缘故,从乡村角度切入来研究唐宋史是作者的兴趣所致,但乡村问题能否和唐宋转型联系起来呢?换句话说,唐宋时期的乡村是否发生了实质性的变迁呢?作者抓住唐宋时期村落居住形式的日渐普遍,和由此所导致的城乡分治的重要特征,从乡村控制的角度研究了这一时期乡村政治、经济与社会的变迁，对这个问题做出了肯定的回答，也使"唐宋变革"说有了更为坚实的基础。

乡村的主体是农民，农民和农村、农业问题也是一个历史的问题。我们现在说的"三农"问题中的城乡差别、乡村管理、家族势力等，在唐宋时期都已经出现。作者从唐宋时期的乡村控制入手，尽可能深入地对"三农"问题生成的渊源加以钩沉，以图对这一问题的最终解决有所裨益。这项研究对学术积累有所贡献，而且不仅仅是与古人的对话了。

表面上看，乡村控制是一个政治问题，但其背后却有着广泛的社会背景，探讨这个问题，必须进行历史学、政治学、社会学等多学科的理论与方法交相渗透。为了使唐宋乡村问题的认识更加深化，作者突破传统的思维定式，运用新理论和新方法，大胆假设，小心求证，有鉴别地利用了相关研究成果，在研究方法上也是有探索意义的。

以上是我对这本书的初步印象。屈指算来，谷更有从1996年读硕士到去年博士后出站，已经有8年的时间；从只会回答考卷上的试题，到能写出这样一本书，朱雷教授、林文勋教授付出了很多心血。谷更有从小失去了双亲，直到现在经济上还没有翻身，如果没有一种近乎固执的坚韧是很难走过来的。我原来经常批评他的固执，但看了这本书又觉得固执至少是他的一大特点；由于固执，作者在论述中有些钻牛角尖的地方，甚至有些生硬，但我不愿意再让他改动，因为这项研究的闪光点可能也在这些地方。再说，我们谁愿意看到年轻人一上手就成熟到圆滑的水平呢？

邢铁
2005年3月26日于太行脚下

目　录

前　言 ……………………………………………………………（1）

上篇　唐宋乡村控制问题

一　唐宋时期从"村坊制"到"城乡交相生养" …………………（3）
　（一）村坊制因缘考略 ……………………………………（4）
　（二）"城乡相分"的两条依据 ……………………………（9）
　（三）"城乡交相生养" ……………………………………（14）
　结　语 ………………………………………………………（18）

二　隋唐五代宋初由乡官到户役 ………………………………（19）
　（一）隋至唐初乡官制的式微 ……………………………（19）
　（二）乡野居民的村落化与乡治方式的变迁 ……………（31）
　（三）户役制与富户乡治责任的强化 ……………………（33）
　结　语 ………………………………………………………（39）

三　隋唐五代宋初国家对乡村控制权的争夺 …………………（40）
　（一）从隋罢郡说起 ………………………………………（41）
　（二）唐代"道"由"军控区"变"监察区"引出的
　　　　问题 ……………………………………………（46）
　（三）安史乱后乡村控制的多元支配及其终结 …………（50）

四　汉唐时期的父老与乡村控制 …………………………（58）
　　（一）两汉乡村从父老支配到豪族逞雄 …………………（64）
　　（二）隋唐乡村的长正专控与父老参政 …………………（71）

五　唐代乡职人员的动态分析 ……………………………（83）
　　（一）耆老、乡长和里正之动态关系 ……………………（83）
　　（二）村的行政化与村正的设立 …………………………（105）

下篇　宋代乡村户问题

一　宋代乡村户题解 ………………………………………（125）

二　宋代乡村户之生活程度 ………………………………（134）
　　（一）宋代经济发展水平同国内、国际的横纵向比较 ……（135）
　　（二）宋代乡村户生活程度概述 …………………………（138）
　　（三）宋代乡村第三等户和当代农民的相关分析 ………（151）

三　宋代乡村的文化教育与意识形态 ……………………（155）
　　（一）乡村的文化教育 ……………………………………（155）
　　（二）乡村民众的意识形态 ………………………………（171）

四　宋代农民与国家 ………………………………………（183）
　　（一）豪民与官吏勾结对国家的内耗性分析 ……………（186）
　　（二）宋代国家政权的无根基性分析 ……………………（201）
　　（三）国家与农民利益的对立性分析 ……………………（213）

五　宋代乡村纠纷析议 ……………………………………（230）

附录一　宋代饮食结构的空间实态 …………………………（249）

附录二　唐宋乡治组织变迁论因 ……………………………（262）

附录三　范仲淹的家国情怀：对宋代出身基层的
　　　　士大夫精神世界的探寻（之一）………………（273）

主要参考文献 ……………………………………………………（281）

后　　记 …………………………………………………………（294）

再版后记 …………………………………………………………（296）

前　言

一　问题的提出

"唐宋转型"或称"唐宋变革"是近年来史学界重新讨论的一个热点话题。之所以称为"重新讨论",是因为以前曾有过对此问题的关注,但那次探讨的核心多是一些宏大叙事,诸如经济重心的南移问题、商品经济的第二次高峰问题、社会阶级结构的变动问题,甚至中古史阶段的划分问题等等。而这次重新探讨"唐宋转型"已逐渐改变以往过于形式化的思维模式,深入事关芸芸众生的生活史内部,从而更加理性和血肉丰满地来认识这段发生着巨大变化的历史。

从乡村角度切入来研究唐宋史是我的兴趣所致,但乡村问题能否和唐宋转型联系起来呢?或者换句话说,唐宋时期的乡村是否发生了实质性的变迁呢?对我引起触动的是现有一公认结论:在对乡村管理方面唐宋之际产生了从乡官制到职役制的转变。[①] 这个共识促使我去搞明白乡官制和职役制所推行的基本背景——辖下百姓的居住方式。唐宋时期出现了中国历史上的两个新名词"乡村户"和"坊郭户",它所表明的是:唐宋之际城乡分立已成为事实。但问题是这种划分是城市化扩大的表现呢,抑或只是对村居方式的认可呢?这个问题在很长一段时期内多肯定前者,但实际上这个答案是很值

---

① 包伟民先生 2022 年发表了《"乡役论"与乡里制的演变》一文(载《中国社会科学》2022 年第 7 期),对这一学界共识提出疑问,认为"并不完全符合历史事实"。

得商榷的。如果追寻一下古人的居住史，不难发现先秦时期社会定居点以城乡不分为主要特色，且其前期特别是《诗经》时代不论达官贵族抑或士农工商四民都以城邑居住为主，后来由于各种原因，一部分人脱离城邑，但相对集中的"里居"仍是居住的主要方式。散居村落居住方式到东汉末三国时期呈零星态势，直到隋前期经历了豪强共同体（包括土豪共同体——东晋次先生语）如坞堡、豪族共同体（谷川道雄先生语）、三长制或二长制（三长或二长支配共同体——池田温先生语）等几种形式，隋建立后将三长制和二长制改造为汉代的乡里制，这种强族或望族对乡村的支配才有所改观。随着科举制的实行和各项打击士族措施的推行，以及战乱所导致的人口的频繁流动，加之租佃制经济方式日益强化，散居的村落居住方式也趋向定型和普遍。而政府的征税赋方式不得不做出适应性的变革——两税法应运而生。随之社会的变迁也就在情理之中：民间性宗族（相对于魏晋的贵族性宗族）渐趋强化直至明清成为乡绅阶层，并逐渐对乡村形成支配，并呈一与中央相抗衡的地方势力，迫使专制主义中央集权制度不断进行更新（借鉴了重田德先生的观点）。

综上所述，辖区百姓居住地域和方式的改变对中国古代社会变迁的影响是不容置疑的。特别是由于村落居住形式的日渐普遍，和由此所导致的城乡分治对以后的中国社会产生了极为重要的影响。那么由此所带出的问题是：唐宋之际乡村发生变化的具体过程是怎样的，以及政府又是如何应对乡村所发生的这种变化的？所谓的变化便是乡村政治、经济与社会的变迁。目前类似的提法不少，但大多是从生产力和生产关系变化的角度来着手的，而笔者却想另辟蹊径，从乡村控制的角度来切入研究。

二　国内外对宋以前乡村社会研究综述

（一）关于乡里村坊制度

乡里制度是春秋战国以来，中央对基层社会控制的最基本的管理制度，对此项制度的研究，国内外学者都做了很大努力也取得了不小的成绩。其中较有代表性的如日本史学家池田温先生综合了其他学者的成果①得出结论：商鞅变法第一步分大户为小个体家庭，第二步"集合小都、乡、邑、聚而为县，置令及丞者凡三十一县"。"有关地方行政组织的整顿，与此同时的移民开拓，以及与其开展相关联的'为田开阡陌、封疆'等等的土地政策一起合并考虑的结果。"② 他还认为："凭藉县和里的下层组织，以统治人民的强有力的机构，曾存在于秦代。即按照规定五家小组和里典（里正）、里老连带负责的方式，实行对户口特别是丁的登录与监视。"③ 池田温通过研究长沙马王堆出土帛书驻军图的研究，得出结论："可以认为前汉前期的里，是以数十户小村落为主的（此与宫崎市定所坚持的'都市国家论'及宫川尚志所认为的村出现于三国时期的观点不同），秦的里典（正）和里老的后身理应存在于汉代，若将里的父老置于念头的话，那么这个最小规模的自治共同体，通过造籍就可与郡县结合起来（必须考虑介于乡之间），而被作为国家管理的基层单位。"④ 孙钺则认为县以下有乡，大率十里一乡，乡置有秩、啬夫、三老、游徼。大乡，郡为置有秩一人，秩百石；小乡，县为置啬夫一人，皆主一乡之事，知民善恶，定其徭役先后；知民贫富，定其赋税多少。三老掌教化，凡忠孝节义，足为法式者，皆旌表其门，以倡导从善去恶。游徼掌徼巡，禁止奸盗。又有乡佐，主收赋税。游徼下有亭长，主求捕盗贼。⑤《汉官仪》说：亭长课徼巡。

---

① ［日］日比野丈夫：《关于乡、亭、里的研究》，《东洋史研究》1955年第14卷第1、2期；［日］曾我部静雄：《在中国及日本乡村形态的变迁》，吉川弘文馆1963年版；［日］池田雄一：《关于汉代的里及自然村》，《东方学》1969年第38卷；［日］古贺登：《阡陌制下的家族、什伍、闾里——父老的秩序及其解体政策的考察》，《法制史研究》1975年第24卷。

② ［日］池田温著，龚泽铣译：《中国古代籍帐研究》，中华书局1984年版，第48页。

③ 《中国古代籍账研究》，第57页。

④ 《中国古代籍账研究》，第73页。

⑤ 孙钺：《将军·校尉·州·郡国·县·乡里——东汉职官之二》，《文史知识》1985年第1期。

尉、游徼、亭长，皆习设备五兵。五兵：弓弩，戟，楯，刀剑，甲铠。① 亭是停宿行旅之所。里有里魁，掌里一百家，什主什家，伍主五家，以相检察，民有善恶，以告监官。对此宫崎市定有不同的认识："乡与亭各自作为聚落，其间没有什么大的差异。汉代的聚落恰似一个个细胞，在一定面积的耕地中心，存在着细胞核似的城郭。城郭之内，被区分为数个区域，那就是里。不仅是工商业者，就连农民也居住在城内的里中。"② 刘兴唐《里庐考》也对此问题作了研究，认为："里字的解释，我们现在可以这样说：（一）里为古代（汉代以前）人民的萃居之所。（二）这个萃居之所是在都市。（三）在某个时期，它也曾成为户籍法上的一种名词。""庐为暂时寄居之所已用不着我们怀疑。""这种房舍是存在于田野之中为农民所领有着，惟此并非是农民经常的住所，他们只在农事方作的时间住在这里，农稀的时候，他们就离开了。""都市的组织，有市、有里，农民是住居于里中，里外绕有一道围墙，围墙上所辟的门叫里门或闾或閈。里外再绕之以大墙，那就是城了。""里中的组织，是由里所住的人共同的推出几个首领来管理一里中的各种事务，更监视他们工作的懒惰。里内有公共工作场，妇女们晚间须到那里去工作。全里有一个共同的植物神，这个植物以及其中的禽兽都有禁忌。同里中的婚祭须大家扶助。里内的事务亦可在学校中大家讨论。里

---

① 见《后汉书·百官志》，中华书局2012年标点本，第3624页。
② [日]宫崎市定：《关于中国聚落形体的变迁》，载刘俊文主编《日本学者研究中国史论著选译》第3卷，中华书局1993年版。这与尚秉和《历代社会风俗事物考》之"农田"部分中描述的情况相同，其言《周礼·地官》："凡造都鄙，其制地域而封沟之，以其室数制之，不易之地家百亩，一易之地家二百亩，再易之地家三百亩。"著者按曰：古之人民尽居都邑，故按室数授田。其"古农民夏日出而就田情况"条曰："《诗》'田中有庐，疆而有瓜，是剥是菹。'《正义》云：'古者宅在都邑，田于野外，农时则出而就田，须有庐舍，故言中田，谓于田中作庐，又于田畔种瓜也。'"又《汉书·食货志》："春将出民，里胥平旦坐于右塾（里门侧之堂），邻长坐于左塾，毕出然后归，夕亦如之。"其"农毕归都邑状况"条曰：《诗》："穹窒薰鼠，塞向墐户，嗟我妇子，曰为改岁，入此室处。"著者按曰：此言秋后农事毕，将由田市而归都邑，预先修治邑中住室，以为岁暮御寒计也。

中的土地如为公有，则三年须调换一次。里长的生活已完全脱离直接生产领域，由里中人共担负。""里中的首领作民族长，植物神认作图腾神，谓一种未解体的农村公社。"①秦进才考察了三老的产生、职能等问题，认为三老制度产生于战国，盛行于秦汉，既带有春秋战国时的遗风，又同自耕农阶层的兴衰，紧密地联系在一起。人数众多的乡、县三老，职参百政，无所不涉。德高望重的国三老，年耆学明，为天子与臣民所尊。三老制度，在当时的历史条件下，发挥了重要作用，对以后的历史进程，也有着深远的影响。②

以上是对汉代以前乡里制度及人民居住方式的最主要学说。

东汉末三国以后，由于战乱、人口的频繁迁移，其乡里制度也就不可避免地产生变化。对此方面的最新研究成果，是北京师范大学历史学界的同仁们取得的，他们专门以"魏晋南北朝乡村社会研究"的课题立项。其代表性的阶段性成果是侯旭东的系列论文，其中《北朝乡里制与村民的生活世界——以石刻为中心的考察》对北朝时期乡村因实行三长制而不存在乡里编制的普遍说法进行了纠正，认为：北朝乡村在实行三长制的同时，依然存在广泛的乡里编制。约自北魏太和年间开始直到北朝末，除北齐时京畿地区不设乡里之外，其他地区均设有乡里编制。不同于前代的是，北朝的乡里具有划定的地域，这可能与实行均田制有关。乡里编制虽然普遍存在，但在实际生活中似乎未受到村民的普遍认同。相反，他们对世代生活在其中的村落表现出更强的归属，并依托"村"组织活动，官方的乡里设置在村落中被架空。③隋代乡官制度较重要的研究成果是日本学者滨口重国的《所谓隋的废止乡官》，该文认为：隋朝的乡官制

---

① 刘兴唐：《里庐考》，《食货》1936年第12期。
② 秦进才：《试论秦汉时代的三老》，载河北师范学院历史系编《中国古史论丛》，河北教育出版社1995年版。
③ 侯旭东：《北朝乡里制与村民的生活世界——以石刻为中心的考察》，《历史研究》2001年第6期。

仍是管理基层社会的重要形式,直至隋末,乡正、里长等一直存在,并未废止。所谓开皇十五年(595)令中的罢州县乡官是指废止以前"州系统"的州官(及郡县官),设置了新的地方官,确立了流内官以上一切由中央任命的制度。不仅如此,还采用了州县流内官不任用本地出身者的方针。这反映的是中央集权制度的重大改革,但却与隋朝的乡党闾里的吏职毫无关系。①

关于唐代的乡里村坊制度,胡戟、张弓、李斌城等主编的《二十世纪唐研究》② 一书的政治部分对其做了详尽的概括。在这方面的研究,日本学者做过大量的工作,较早的成果有:清水盛光《中国乡村社会论》③ 一书,并在20世纪70年代出版了《中国村落制度史的研究》④ 的论文集;气贺泽保规《隋代乡里制考察》⑤;中村治兵卫《唐代的乡——据〈元和郡县图志〉所见》⑥ 与《再论唐代的乡》⑦ 认为:在唐贞元九年(793)至十五年(799)间,乡一级除设乡长一名、乡佐二名以外,没有设其他吏员。开元二十九年(741)设置的望乡,是与地方豪强的乡望相对应的,相当于《通典·乡官》条中的耆老、父老,其实质是作为长老而成为乡村的象征与代表者,仅承担教化训导的任务,是一个名誉性的职务,与隋朝的乡正、乡佐等乡官不同。造户籍、征税、维持治安等事务由每百户设置的里正担当,乡没有独自的吏员存在(这也是笔者的观点)。他的《律令制与乡里制》论述了唐令、唐律条文中的里正、坊正、村正的现实活动机制,认为自唐初至开元十年(722)中国

---

① [日]滨口重国:《所谓隋的废止乡官》,载刘俊文主编《日本学者研究中国史论著选译》第4卷,中华书局1992年版。

② 胡戟、张弓、李斌城等主编:《二十世纪唐研究》,中国社会科学出版社2002年版。

③ [日]清水盛光:《中国乡村社会论》,东京:岩波书店1951年版。

④ [日]清水盛光:《中国村落制度史的研究》,东京:岩波书店1977年版。

⑤ [日]气贺泽保规:《隋代乡里制考察》,《史林》1975年第58卷第4期。

⑥ [日]中村治兵卫:《唐代的乡——据〈元和郡县图志〉所见》,载《铃木教授还历纪念东洋史论丛》,东京:三阳社1964年版。

⑦ [日]中村治兵卫:《再论唐代的乡》,《史渊》1966年第96卷。

各地曾施行了乡里制。① 其他成果还有：船越泰次《唐代均田制下的佐史、里正》②，志田不动麿《唐代乡党制研究》③，仁井田陞《唐代的邻保制度》④，宫崎市定《四家为邻》⑤，山根清志《唐代前半期的邻保及其职能》⑥，中川学《八、九世纪中国之邻保组织》⑦。

另外，国内学者在这方面的研究也取得了不少成果。何汝泉《关于唐代"乡"的两点商榷》认为唐代史料中有关乡的含义有两类，一是乡里制之乡，另一如"宽乡""狭乡"之乡乃泛指乡土。唐代不存在乡一级的政权，在关于均田收授、输纳课税、户口管理等事务中都不见有乡级吏员执事的踪迹。⑧ 与此相对赵吕甫提出了异议，他的论文《从敦煌、吐鲁番文书看唐代"乡"的职权地位》认为唐代存在乡一级的政权，乡长官在造籍、均田、督赋役、协助司法、参加重大典礼、荐官、办乡学等事务中，发挥着重要的作用。⑨ 孔祥星《唐代里正：吐鲁番、敦煌出土文书研究》利用吐鲁番、敦煌文书对唐代里正的职责、作用、人选及其在乡里政权中的地位进行了系统考察，他认为唐代的里正虽然只是一里的统治者，其职责几乎涉及了政治、经济、军事以及社会生活的各个方面，对维护封建统治起了一定的作用。他还认为，在唐代尤其是唐前期，里正由中小地主和富裕农民充当，既是乡官又是色役。县以下建置

---

① ［日］中村治兵卫：《律令制与乡里制》，载唐代史研究会编《律令制——中国朝鲜的法与国家》，东京：汲古书院1986年版。
② ［日］船越泰次：《唐代均田制下的佐史、里正》，《文化》1967年第31卷第3期。
③ ［日］志田不动麿：《唐代乡党制研究》，《社会经济史学》1936年第5卷第11期。
④ ［日］仁井田陞：《唐代的邻保制度》，《历史学研究》1936年第6卷第10期。
⑤ ［日］宫崎市定：《四家为邻》，《东洋史研究》1950年第11卷第11期。
⑥ ［日］山根清志：《唐代前半期的邻保及其职能》，《东洋史研究》1982年第41卷第2期。
⑦ ［日］中川学：《八、九世纪中国之邻保组织》，《一桥论丛》1980年第83卷第3期。
⑧ 何汝泉：《关于唐代"乡"的两点商榷》，《中国史研究》1986年第4期。
⑨ 赵吕甫：《从敦煌、吐鲁番文书看唐代"乡"的职权地位》，《中国史研究》1989年第2期。

以里为主。① 除此外，这方面的重要论著还有：张腾霄《中国历代村长制度研究》②，陈国灿《唐五代敦煌县乡里制的演变》③，王永曾《试论唐代敦煌的乡里》④，徐勇《中国古代乡村行政与自治二元权力体系分析》⑤，仝晰纲《中国古代乡里制度研究》⑥ 等。

综合上述中日学者半个多世纪的研究成果不难发现，学界对唐代乡级政权是否存在的意见仍不统一。笔者基本上支持唐代乡级政权否定说，但还应该考虑到不同的时期和不同的地域。笔者注意到，上述成果中忽视了一部对研究唐代社会极有帮助的重要书籍，即日僧圆仁的《入唐求法巡礼行记》（下简称《入唐记》）。在此书的记载中，里正可以兼管几个村落且直属于县令，一些笔记小说也有同样的记载。此书中未看到乡级官员的踪迹。赵吕甫先生文中提到唐代乡长和"父老""父兄"是同一义，《入唐记》中也提到村正、村勾当、村老为同一义，并且从文载及县帖中能直接看到唐开成年间的基层政权形式，《入唐记》卷一中载：

（开成三年）七月廿三日……进行不久，到海陵县东头。县里官人：长官一人，判官一人，兵马使等总有七人。未详其色。⑦

卷二中载：

（开成四年）四月廿六日　早朝，……已时，到乳山西浦，

---

① 孔祥星：《唐代里正：吐鲁番、敦煌出土文书研究》，《中国历史博物馆馆刊》1979 年第 1 期。
② 张腾霄：《中国历代村长制度研究》，《新东方》1940 年第 10 期。
③ 陈国灿：《唐五代敦煌县乡里制的演变》，《敦煌研究》1989 年第 3 期。
④ 王永曾：《试论唐代敦煌的乡里》，《敦煌学辑刊》1994 年第 1 期。
⑤ 徐勇：《中国古代乡村行政与自治二元权力体系分析》，《中国史研究》1993 年第 4 期。
⑥ 仝晰纲：《中国古代乡里制度研究》，山东人民出版社 1999 年版。
⑦ ［日］圆仁著，白化文、李鼎霞、许德楠校注：《入唐求法巡礼行记校注》卷 1，中华书局 2019 年版，第 19 页。

泊舶停住。①

（开成四年）五月一日　遣买过海粮于村勾当王训之家，兼问留住此村之事。王训等云："如要住者，我专勾当和尚，更不用归本国"，云云。依事不应，未能定意。②

（开成四年九月）三日　午时，县使一人将县帖来，其帖文如左：

……

先在青宁乡赤山寺院，日本国船上抛却僧三人、行者一人。

右件，僧等先申州申使讫。恐有东西去，八月十四日帖赤山寺院并村保、板头、海口所由等：须知存亡。寻问本乡里正称：村正谭亶抛却帖，至今都无状报。其谭亶见在伏请处分，牒件状如前。谨帖。

开成四年九月　日

典王佐　牒③

这些记载很清楚地表明，乡级政权起码在唐代开成年间是不存在的。赵吕甫先生文中所列举的乡长的职能，其实际执行者都是里正，但作者却以乡长多为老人，只监督不执事为由，而强为其乡政权存在论服务，这是不符合史实的。另一耐人寻味的问题是：文书户籍卷中大多呈现县乡里较为严整的登录格式，而笔记小说在记载人的籍贯时却是五花八门的，"县、乡、里""县、乡""县、里""县、村""乡、里""乡、村"等各种形式都有，莫非只是因为文书是正规文件显得规范，而笔记小说随意性较强的缘故呢？还是因为

---

① ［日］圆仁著，白化文、李鼎霞、许德楠校注：《入唐求法巡礼行记校注》卷2，第150页。

② ［日］圆仁著，白化文、李鼎霞、许德楠校注：《入唐求法巡礼行记校注》卷2，第152页。

③ ［日］圆仁著，白化文、李鼎霞、许德楠校注：《入唐求法巡礼行记校注》卷2，第175—176页。

敦煌、吐鲁番地区的行政设置确与内地不同？前几年霍俊江老师曾谈到唐代的敦煌、吐鲁番地区的人口分布带有很强的军屯性质。但有一点应该承认唐廷对敦煌、吐鲁番等边塞地区的管辖比较严格和规范。参读新、旧《唐书》《资治通鉴》的史料，可断知"乡老""父老"等实是一地区的精神领袖。而不是一级长官，此问题笔者在《唐代的父老、乡长与里正》和《唐代的村与村正》二文中有专门讨论。

（二）关于村（聚）落形成及其支配的研究

在这类问题的研究上，仍然以日本中国史学者取得的成绩为多。对村落的形成，主要有两派意见，一派以宫川尚志和宫崎市定为主，他们都认同：村落是后来从都市社会中分离出来的，尤以宫崎市定的说法为典型。另一派以池田雄一为主，他认为在从仰韶文化向龙山文化转化中，聚落形式开始由整齐划一的集村型转向散村型，从此散村型居住方式及其分化与派生促使了中国郡县制度的产生。

宫川尚志在其《六朝时期的村》一文中认为：村作为村落称呼的明确记载在中国法令中是从唐代开始的。唐代的城市与乡村中居民单位分别被称为坊和村，是城市和乡村分化的反映。汉代的乡聚是六朝村的前身，也有的是在魏晋战乱时期破坏的县城废墟上形成的。六朝时期的村非常普遍，它分为山区村落和平原村落。起源于自卫性集团的村落，在战乱频仍的南北朝时期并不是坞壁消失变成村庄，而是两者并存，相互转化。得不到政府保护，置身于战乱、疾病、饥馑、猛兽等危险之中的村民们，在文化上也处于远古的莽荒状态，佛教的传入给村民的生活带来了新的变化，同时儒教文化也进入了村落，并有少数知识分子村居而得以发展。六朝时期的村由县直接管辖。村和里并不是相互分离存在的，地域上也确有交错的地方，小村数个为一里，大村一村为数里。① 宫崎市定的"都市国

---

① ［日］宫川尚志：《六朝时期的村》，载刘俊文主编《日本学者研究中国史论著选译》第4卷，中华书局1992年版。

家论"观点主要体现在《关于中国聚落形体的变迁》一文中，他的都市国家论以高度发达的集村型聚落形体为前提。"所谓都市国家，其原始意义并不是以雅典、克里特等为代表的那种大国家，而是指被称作集村型聚落的一个个聚落。上古时代被称作万国或一千八百国的无数个邑，到了汉代，和其它新型聚落一样，根据其大小或重要程度，被分为三级。上者为县，中者为乡、聚，下者为亭。因此县本身就是一个大乡（都乡），同时它又统管着附近的小乡；同样，乡本身就是一个大亭（都亭），同时又管着附近的小亭。从本质上说，县、乡、亭三者几乎是没有什么不同之处的聚落，其周围都筑有城郭。乡制的崩溃始自城内居民逐渐移居城外，汉代豪族势力的扩张促使其进一步瓦解，由此出现了城外的新聚落形态——村。这种村落的保护者往往是豪族，不过以同姓聚居而互相扶助者居多。直到唐代村作为行政单位得到政府的承认。"①

与他们观点相似的还有，木村正雄《中国古代帝国的形成——特别是帝国形成的基本条件》②，日比野丈夫《中国聚落的发展》③，西嶋定生《中国古代帝国的形成与结构》④，五井直弘《豪族社会的发展——汉代的聚落》⑤，堀敏一《中国的律令对农民的统治》⑥，加藤繁《支那古田制研究》⑦，松本雅明《都市国家与否》⑧等。

池田雄一则不认同"都市国家论"，而极力推崇其"散村型聚落

---

① ［日］宫崎市定：《关于中国聚落形体的变迁》，载刘俊文主编《日本学者研究中国史论著选译》第3卷，中华书局1993年版。
② ［日］木村正雄：《中国古代帝国的形成——特别是帝国形成的基本条件》，东京：不昧堂1965年版。
③ ［日］日比野丈夫：《中国聚落的发展》，《聚落地理讲座》4。
④ ［日］西嶋定生：《中国古代帝国的形成与结构》，东京：东京大学出版会1961年版。
⑤ ［日］五井直弘：《豪族社会的发展——汉代的聚落》，《世界历史》3，东京：筑摩书房1960年版。
⑥ ［日］堀敏一：《中国的律令对农民的统治》，史学研究会大会报告，1978年。
⑦ ［日］加藤繁：《支那古田制研究》，京都法学会1916年版。
⑧ ［日］松本雅明：《都市国家与否》，《世界各国历史·中国史》，东京：山川出版社1964年版。

论"。他在《中国古代社会聚落的发展情况》一文中认为：在从仰韶文化向龙山文化的转变中，聚落也从整齐划一的都市型转化为散村型。随着人们的自然迁移，村落产生了分化与派生，从先前的血缘集团逐步转变为地缘集团。这种地缘集团的自然村靠同一地域观念的自律秩序来维持。同一地域的杂姓地缘聚落，内部农业生产呈现个体化，它不仅迫使国家的赋税形式产生改变，也使地缘集团内部产生分化——出现贫困者和富有的豪杰（兼并家）。从聚落发展方面看，由于聚落地域观念加强和内部的贫富分化，致使形成豪杰支配的不同地域强势集团。不同强势地域集团之间也不断出现摩擦，因此，根据强势集团内部变化的实际，不断完善以县制为主的地方行政制度是维持大统一局面长久的最主要保证。①

另外持散村论者还有，侯外庐《中国古代社会史论》认为殷周时代存在散村型聚落，在殷代都市和农村已经分离开来。②杨宽在《试论中国古代的井田制度和村社组织》中也认为古代聚落最普遍的形态是十家左右。③

（三）关于乡村社会组织的研究

对秦汉到隋唐时乡村及地域社会研究方面比较突出的是守屋美都雄的"里共同体"论和谷川道雄的"豪族共同体"理论。守屋美都雄的论见体现在其论文《父老》中，他认为：秦末汉初中的父老是不可忽视的一种社会存在。在当时社会中，里是最重要的基层单位。在里的公共活动，如社祭、祭雨、管理土木营造等过程中起着首领的作用。父老与国家的关系密切，在代表乡、里参加县的活动中拥有了比里更广泛的社会关系，同时通过与其他父老串通，达到控制县中舆论的目的。父老与子弟构成里的社会，对内规制指导子

---

① ［日］池田雄一：《中国古代社会聚落的发展情况》，载李范文等主编《国外中国学研究译丛》第1辑，青海人民出版社1986年版。
② 侯外庐：《中国古代社会史论》，人民出版社1955年版。
③ 杨宽：《试论中国古代的井田制度和村社组织》，《学术月刊》1959年第6期。

弟，对外代表里参与制造更广泛的舆论。汉代打破秦代民众以单个的臣民身份与君主相联结的状况，完善了父老制度，通过父老的承认而获得其地域居住民的支持，从而取得征兵、收租权力。另外随着社会与经济的变迁，父老必然存在渐与民众相脱离而走向首领化的危险。①

谷川道雄的早期著作《隋唐帝国形成史论》②及《中国中世社会与共同体》③对其"豪族共同体"理论做了全面阐述。2002年9—11月在武汉大学讲学期间又对这一理论做了进一步解释。其观点如下：六朝时期的地域社会是以名望家为中心而建立的。地方宗族以名望家为中心，通过村的形式聚居在一起，进而在与其他异姓之家的交流中形成了乡党。④豪族通过乡论获得做官资格，并参与国家政治。随着地方名望家成为贵族阶级，他们靠支配乡里成为一支与中央相对的地方势力。六朝名望家与宗族、乡党构成的地域连带关系，被称为"豪族共同体"。在这种共同体中，豪族对于宗族、乡党并没有什么支配权，而只是遇到困穷情况时对后者实施救济而已，与其说他是生产共同体不如说他是生存共同体。豪族共同体取代秦汉时期地方社会的父老支配（有人称之为"里共同体"），是秦汉至六朝时期的重要的社会变化。豪族共同体是历史思想的产物，六朝贵族讲求"重义轻利"的家庭教育和与他人共存的人生态度，其形成的学问背景是道德性与学问的结合，他们靠指导民众、保护民众的过程出现于历史舞台上的。豪族共同体在六朝史上发挥了重要作用：首先，在酷烈的生活条件下可以依靠它挽救人们的生命；其次，在发生特殊事件时，它又成为组织军队的基础而使政治趋于稳定。

---

① ［日］守屋美都雄：《父老》，载刘俊文主编《日本学者研究中国史论著选译》第3卷，中华书局1993年版。
② ［日］谷川道雄：《隋唐帝国形成史论》，东京：筑摩书房1971年版。
③ ［日］谷川道雄著，马彪译：《中国中世社会与共同体》，中华书局2002年版。
④ ［日］谷川道雄：《六朝时代城市与农村的对立关系——从山东贵族的居住地问题入手》，牟发松译，《魏晋南北朝隋唐史资料》第15辑，武汉大学出版社1997年版。

再有松本善海在《世界历史》3"东洋"中撰文道：秦汉时代，尚仍孤立封闭的自然村落，形成支撑专制国家的社会基础（豪族将其自治机关化为自己的专制机关，或制造出独自的结合而将之拆散），所以到了隋唐时代，为了这种村落的保存，国家必须更积极的挺身而出。由于隋唐的改革，国家权力明显地渗透到村落内部，但是这种来自外面的政治性力量所造出的行政村里，却有其脆弱性，当均田制的一系列制度发生毛病时，立刻便有村落结合瓦解的预兆。而使其破坏的，乃是作为新社会结合形态的庄园的扩大——对于没落的均田农民而言，意味着在国家划定的乡里之外，也出现了能够生活的世界——那便是也可称为民众之间产生组合性结合关系的社邑或社的发展。这一方面是转向中世的村落，另一方面又不可避免地造成那种方向的面貌变化，结果到了其次时代而明朗化的事实，便是村落的自治组织成为官僚主义的产物的乡绅专制的事实。随着府兵制向募兵制的过渡，村落代表的地位不但已经不再优越，反而成为负担，以至于考虑采用轮班制。他们实际上成为村落实权者的傀儡。[①] 石田勇作《唐和五代的村落统治的变容》认为：唐代里正与村落中成长着的地主阶层有密切的联系，分析了唐末以降地方村落在地主阶层的领导下组织自卫以及五代诸朝重新编制村落的情况。[②]

目前国内对唐以前乡村社会研究着力较多的是马新和齐涛。马新《两汉乡村社会史》[③]、齐涛《魏晋隋唐乡村社会研究》[④] 分别考察了汉代和魏晋隋唐乡村的建制变化、乡村的生产条件、乡村的阶级结构、农民的经济生活和精神信仰。此外齐著还分论了北方乡村组织由坞壁到村落，南方乡村组织由聚邑到村落的变迁，同时探讨了乡村的自然环境、农民的生产条件和家庭经济生活等。徐扬杰

---

① [日] 松本善海：《世界历史》3，东京：每日新闻社1952年版。
② [日] 石田勇作：《唐和五代的村落统治的变容》，载《宋代的社会与文化》，东京：汲古书院1983年版。
③ 马新：《两汉乡村社会史》，齐鲁书社1997年版。
④ 齐涛：《魏晋隋唐乡村社会研究》，山东人民出版社1995年版。

《中国近世村落社会结构的构成和特点》认为：自从近世封建家族制度在宋代形成以后，中国村落结构的基本构成就有一个十分显著的特点，即以村落为单位的聚族而居。近世村落居民的社会身份结构，南北方、山区和平原，甚至一个地区的大村和小村、单姓聚居村和众姓杂居村，都不完全相同。[1] 其他较重要成果还有：王涛《唐代中后期城乡关系之状况及其成因》[2] 和姚兆余《二十世纪中国古代农村社会史研究的回顾与思考》[3] 等。

三　内容设计

本书由五部分内容组成：

（一）唐宋时期从村坊制到"城乡交相生养"　其主要内容为：唐宋时期的一些新现象：如"村坊制"的推行，"乡村户"与"坊郭户"的出现，"城市与乡村交相生养说"的产生，是我们认识唐宋时期城乡变化的重要线索。本书通过追踪这三个线索钩沉了唐宋时期从"村坊分立"到"城乡交相生养"的变化过程。唐初的"村坊制"虽为以后的城乡分离做了铺垫，但实际上二者却没有直接的因果关系。李唐王朝建立后，吸取隋炀帝施政失败的教训，尊重当时的城村各居的事实，推行了村自村、城自城的以土断之的管理方法，有效地维护了政权的稳定。"乡村户"与"坊郭户"的出现是真正意义上"城市"与"农村"生成的标志，其出现的直接原因是国家财政对货币的大量需求所致。随着国家财政对货币需求量的不断增长，迫使政府逐步放宽商业政策，提升工商业者地位，从而推

---

[1]　徐扬杰：《中国近世村落社会结构的构成和特点》，载武汉大学中国三至九世纪研究所编《中国前近代史理论国际学术研讨会论文集》，湖北人民出版社1997年版。
[2]　王涛：《唐代中后期城乡关系之状况及其成因》，《山西大学学报》（哲学社会科学版）2001年第4期。
[3]　姚兆余：《二十世纪中国古代农村社会史研究的回顾与思考》，《中国农史》2002年第3期。

动了工商业的发展和工商业者队伍的扩大,刺激了城市的发展。与这个过程相伴随的则是城乡差别的出现并进一步扩大,宋代出现的"城乡交相生养说"则是其具体反映。

(二) 隋唐五代宋初从乡官到户役 其主要内容为:隋唐五代宋初乡治方式从乡官到户役的变化是中国历史上的一件大事。这一变化反映了秦汉以来的国家控制社会的方式正在经历着一个前所未有的大变化:弱化基层的政治权力,强化中央对地方行政的高度集权。这一弱一强变化的背后反映的却是隋唐以来的统治集团,为提高行政效果,不断寻求扩大君主专制、中央集权与降低行政成本间的最佳均衡点的极大努力。本书从隋至唐初乡官制的式微原因及过程、乡野居民村落化对乡治变迁的影响、户役制与富户乡治责任的强化三方面,对发生在唐宋之际的乡村政治变迁事件进行了阐述。

(三) 隋唐五代宋初国家对乡村控制权的争夺 其主要内容为:户口与土地是中国古代历朝政权维系的根本,因此牢固掌握乡村的控制权也就成为历朝政府行政的根本出发点。魏晋以来随着豪族势力的崛起,他们成为国家对乡村控制的有力争夺者。南北朝以来,无论是江南的宋、齐、梁、陈,还是迁居中土的北魏拓跋氏,都为争夺乡村的控制权采取强有力的措施。从"罢郡"开始,隋政府逐渐从豪族手中争夺了大量的户口与土地,取得了对乡村的绝对控制权。但到唐代以后,又一个削弱中央对乡村控制权力的因素开始凸显出来,即军将专横。唐中后期在乡村控制方面的一个显著特色是:一方面是藩镇割据,一方面是各级防守军将同地方行政官员争夺民赋与人丁。由此形成了乡村控制的多元支配格局。此种情况直到宋初通过一系列手段废除军将势力,完全由县尉通管全县治安后才结束。从此县府完全掌控了乡村的控制权;乡村的县府掌控亦即乡村的朝廷支配标志着长期以来朝廷同威胁势力争夺乡村控制权局面的终结。

(四) 汉唐父老与乡村控制 其主要内容为:"里共同体"是

《周礼》时代下乡里的基本组织。礼崩乐坏后，里组织中"父老—子弟"关系仍是乡里社会中最重要的社会关系。汉高祖刘邦充分重视并利用父老，为赢得政权起了十分积极的作用。汉朝建立后，为了实现国家对乡里社会的控制权逐渐用具有乡官性质的"三老"取代了"父老"。西汉末由于三老渐渐与乡豪势力一体化，致使三老对国家负责的乡治作用越来越削弱。魏晋以后伴随着豪族对乡村的支配，三老已无设置的必要。唐代建立后，惩北朝隋代等设长、正管辖乡村之弊，强化了父老在乡治中的作用。此时的"父老"虽以父老名之，实际上起得是汉"三老"的作用。唐代用"父老簿"的形式对父老进行了规范化管理，并且在待遇上对其也十分优厚。唐前期的昌盛与父老在乡治方面充分发挥的积极作用有重要关联。

（五）唐代乡职人员的动态分析　其主要内容为：唐代对乡村的统治采取"乡、里、村"的治理形式。其中乡、里是行政组织，村是居民聚落。乡、里虽同为行政组织，在行政过程中"里"的作用明显要强于"乡"；"里正"是乡村社会中事务最重的乡职人员。另外对村也实行行政化管理，"村正"负责一村的治安，同时协助"里正"催驱赋役。乡职人员中还有负责教化民众的"耆老"（或称"父老"），其受重视是在单纯依靠乡长、佐治理乡村失败后开始的；他们不负责具体乡里事务，但在乡治中有极大作用。唐代里正的任职人员在前期是严格遵照政令中"勋官六品以上、白丁清平强干者充"的规定选任的，中后期以后，其人员的选任已趋于混乱。里正与村正不是上下级关系，他们二者职责分工侧重不同，里正主要负责催驱赋役兼治安，村正主要负责治安兼催赋役，他们都直接对县府负责。

四　研究方法

目前在史学研究领域，方法的创新越来越受到学人的重视。近年来以杨念群教授为代表的一批人不断呼吁史学的重建，强调史学

（属人文科学）与社会科学进行多学科对话的方法创新，提出了"新史学"概念。① 当然，强调史学与社会科学的对话绝不是简单套用某学科的概念，或机械地搬用某学科的方法。史学与社会科学的对话不是要改变史学的本色而是更加突出史学的本色。史学的本色是什么？此问题跟"什么是历史？"的问题一样难回答，不同的人有着各自不同的理解，但有一点应是相通的：感知历史是人类享有记忆功能的本能反应。历史研究是史学工作者通过对理性史料和先人行为遗迹的理性辨知，而得出的历史解释。历史研究的研究对象和研究主体的理性特征，使研究成果不可避免体现多元化的价值观。因此对于史学研究，我们很难像判断自然科学知识那样单纯地进行是非判断。但历史是可知的，其可知性就在于史学工作者通过各种各样的方法深化对历史的理解，从而完成对历史的解释性重构。②

具体到"唐宋乡村控制问题研究"课题，笔者首先企图突破的东西，就是要摆脱旧有的从制度层面就事说事式的表述性研究范式，尝试那种互动式的、有历史人行为介入的、强调解释观念的新史学研究范式。"乡村控制"在本课题的含义，是指国家对乡村社会的控制。"国家"是指中国古代的历朝政权，但却不是传统将其性质倾向于反动性的习惯式理解。中国历史上国家与民间社会的关系不只有对立也有统一，国家可以保证社会的和谐，也可以破坏其安定；可以促进社会的进步，也可以导致其倒退；国家的组织形式会因社会结构的变迁而变化，同样民间社会群体与国家的对立并非都具有社会的正义性。当然，毋庸置疑的是国家利益与社会利益经常处于对立状态。在历史上的大多数时间中，乡村民众难以在政治与经济等方面都保持独立性。由于权利与义务的不对等性，常常导致他们对民间社会势力产生安全与生存依赖，因此形成民众的民间势力层支

---

① 参见杨念群、黄兴涛、毛丹主编《新史学——多学科对话的图景》，中国人民大学出版社2003年版。

② 这些论述有感于法国学者雷蒙·阿隆的启示。参见［法］雷蒙·阿隆著，冯学俊、吴泓缈译《论治史》，生活·读书·新知三联书店2003年版。

配。这种支配与政治层面的国家对民众的支配是严重对立的。我们所讲的"乡村控制",实际上就是讲国家与民间势力争夺乡村控制权问题。

因此,要深入理解唐宋时期的乡村控制问题,仅仅对史料的挖掘与语义辨析是不够的,还要根据行政学与社会学的基本原理对其阐释。本书从历史学与行政学和社会学对话的角度,对唐宋时期乡村控制的若干问题做了初步尝试。

上 篇

唐宋乡村控制问题

一 唐宋时期从"村坊制"到"城乡交相生养"

城市与乡村的出现是个历史过程。唐宋时期的一些新现象：如"村坊制"的推行，"乡村户"与"坊郭户"的出现，"城乡交相生养说"的产生等，都有理由使我们去关注这段被称为"社会转型期"的历史。其实这三个较为典型的历史新现象，就是使我们认识唐宋时期城乡变化的重要线索。本书就是想通过追踪这三个线索来钩沉唐宋时期从"村坊分立"到"城乡交相生养"的变化过程。唐初，朝廷采用了"村坊制"的新形式来加强对基层的控制。这种"村坊分立"的管理方式极易和随后出现的"乡村户"与"坊郭户""城乡交相生养说"联系起来。但追寻"乡村户"和"坊郭户"的来源，发现它们并不是伴随着"村坊分立"同时出现的。作为法定名称的"乡村户"和"坊郭户"，最早出现在唐宪宗时期而且多与赋税有关，之前的文献中尚未发现，之后的五代宋时期的文献出现较多。这说明唐初的"村坊分立"并不是"城乡相分"，也就是说其时的"村"并不是通常所理解的"乡村"，它只代表着农民的居住地；"城"也不是与乡村相对的"城市"。"乡村户"和"坊郭户"反映的是"城乡经济分工"问题，是"城乡相分"的重要依据，也是"城乡交相生养说"生成的基础，它反映着中国古代由"四民分业"向"城乡分业"的转化。其中探讨"村坊制"的因缘是追寻这种转变的起点。下面我们就分"村坊制因缘考略""城乡相分的两条依据""城市与乡村交相生养"三个部分来对此问题加以论述。

（一）村坊制因缘考略

唐代最早推行"村坊制"为高祖武德七年（624），《旧唐书》卷四十八《食货志上》载：

> 武德七年，始定律令：（先是颁布均田令和租庸调制，接着）凡天下人户，量其资产，定为九等。每三年，县司注定，州司覆之。百户为里，五里为乡。四家为邻，五家为保。在邑居者为坊，在田野者为村。村坊邻里，递相督察。士农工商，四人各业。食禄之家，不得与下人争利。工商杂类，不得预于士伍。①

首先我们必须明确，武德七年的律令是一个完整的体系，上述引文的目的，就是案检户口，限制人口流动，保证均田令和租庸调制的顺利实行。联系隋开皇初的政策：先整顿乡里制和颁布均田令［开皇元年（581）］，接着又推行团貌和输籍定样的辅助政策［开皇三年（583）］②，几乎和武德律令一样的事实，不难断定："村坊制"的动机和"团貌"一样，与案比和稳定户口有关。隋初的"团貌"是"随便近，五党、三党共为一团"，武德七年令是"在邑居者为坊，在田野者为村"，它们虽然形式不同，但以"本土断之"的原则却相同。宋代名臣陈靖对唐代"村坊制"有评论道："陈亡隋乱，纪纲纲颓。洎乎李唐，大革斯弊。……即乞据今村坊，加之保伍，随其土断，不问侨居，应是浮浪之徒，悉归版籍所管，然后按其人数，授以土田。五家为邻，五邻为保，递相检察，责以农桑……"③ 此论

---

① 《旧唐书》卷48《食货志上》，中华书局1975年版，第2088—2089页。
② 《隋书》卷24《食货志》，中华书局1973年版，第680—681页。
③ （宋）陈靖：《上太宗聚人议》，载（宋）赵汝愚编，北京大学中国中古史研究中心校点整理《宋朝诸臣奏议》卷105《财赋门·劝课》，上海古籍出版社1999年版，第1123页。

对唐代村坊制的性质和试推行的目的解说的甚为明了：所谓"在邑居者为坊，在田野者为村"，就是不管你是土户还是侨户，一律以现在所居为准，在城的就在城里居住，在村的就在村里居住，并以此作为户籍登记的依据，不准再随便迁移了。并且在贞观十五年（641）以后，又在村和坊分别设"村正"和"坊正"[1]，直接管理村和坊，从而和乡里制、邻保制一起，有效地加强了对基层的控制。这其中有一个问题，隋初和唐初从大的政治和社会背景来看并没有什么根本的不同，这从开皇和武德年间推行的各项政策也能看出来，但因何只在推行"村坊制"一点上有所不同？难道隋开皇年间的村落、城郭的现状跟唐武德年间有大的不同吗？由于隋文帝的励精图治，在政治和经济方面都取得了不小的进步，但审视一下有隋一代的方方面面的情况，和唐武德、贞观时期相比基本是大同小异。因此可断定唐初推行"村坊制"的原因不会是由于社会的变化所引起的，这之中肯定有一个人为的直接原因，并且这个直接原因还一定出现在隋末。翻检一下《隋书》中隋炀帝后期的史料会发现有隋炀帝强迫村民迁居城郭的害民之举。《隋书》卷二十四《食货志》中载：

> 是时［大业九年（613）］百姓废业，屯集城堡，无以自给。然所在仓库，犹大充牣，吏皆惧法，莫肯赈救，由是益困。[2]

同书卷四《炀帝本纪下》载：

> （大业）十一年（615）二月庚午，诏曰：设险守国，著自前经，重门御暴，事彰往策，所以宅土宁邦，禁邪固本。而近代战争，居人散逸，田畴无伍，郛郭不修，遂使游惰实繁，寇

---

[1] 关于此点，后文《唐代的村与村正》中有详细论述。
[2] 《隋书》卷24《食货志》，第688页。

攘未息。今天下平一，海内晏如，宜令人悉城居，田随近给，使强弱相容，力役兼济，穿窬无所厝其奸宄，萑蒲不得聚其逋逃。有司具为事条，务令得所。①

隋炀帝的这些举措，是非常不符合当时的社会实际的。城郭曾一度是人们居住的主要方式，②但魏晋以来，由于社会长期动荡，城居的状况被打破，人们的居住方式呈现"村居"和"城居"两种情况。③特别是在北朝时期，通过推行均田制，有意识地加强了农民的村居形式。北魏、北周、隋代的均田令文中给"宅居地"的内容应值得注意。《魏书》卷一一〇《食货志》载："（太和）九年（485），下诏均给天下民田。……诸民有新居者，三口给地一亩，

---

① 《隋书》卷4《炀帝本纪下》，第88页。
② 关于此点日本学者宫川尚志和宫崎市定是坚定的中国古代"都市论"的倡导者，谷川道雄也支持他们的观点。相关论著可参考：[日]宫川尚志《六朝时期的村》，载刘俊文主编《日本学者研究中国史论著选译》第4卷，中华书局1992年版，第67—108页；[日]宫崎市定《关于中国聚落形体的变迁》，载刘俊文主编《日本学者研究中国史论著选译》第3卷，中华书局1993年版，第1—29页；[日]谷川道雄《六朝时代的城市与农村的对立关系——从山东贵族的居住地入手》，《魏晋南北朝隋唐史资料》第15辑，武汉大学出版社1997年版。另外中国先贤尚秉和先生也持相似的观点，其在《历代社会风俗事物考》之"农田"部分中写道：《周礼·地官》："凡造都鄙，其制地域而封沟之，以其室数制之，不易之地家百亩，一易之地家二百亩，再易之地家三百亩。"著者按曰：古之人民尽居都邑，故按室数授田。其"古农民夏日出而就田情况"条曰："《诗》'田中有庐，疆场有瓜，是剥是菹'。《正义》云：'古者宅在都邑，田于野外，农时则出而就田，须有庐舍，故言中田，谓于田中作庐，又于田畔种瓜也。'"又《汉书·食货志》："春将出民，里胥平旦坐于右塾（里门侧之堂），邻长坐于左塾，毕出然后归，夕亦如之。"其"农毕归都邑状况"条曰：《诗》："穹窒薰鼠，塞向墐户，嗟我妇子，曰为改岁，入此室处。"著者按曰：此言秋后农事毕，将由亩市而归都邑，预先修治邑中住室，以为岁莫御寒计也。对上述先生之论，笔者尽管较为认同，但尚觉有可完善之处。笔者认为，古人对聚居地俗称为"邑"，何为邑？"邑"不单指"城郭"，而是以城郭为核心附及郭下的周边聚落。在中国古代，人口分布呈局部密集，总体上分散的特点。所谓的京邑、州郡邑、县邑、乡亭邑，实分别指以京都、州郡城、县城、乡亭城附及郭下的周边聚落。但魏晋以后由于社会动荡，这种局面被打破，宫川尚志《六朝时期的村》一文对此论述甚详。
③ 相关论著可参见宫川尚志、宫崎市定、谷川道雄前揭文。

以为居室，奴婢五口给一亩。"①《隋书》卷二十四《食货志》载："后周太祖作相，创制六官。……凡人口十已上，宅五亩，口九已上，宅四亩，五口已下，宅三亩。……（隋）高祖登庸……及颁新令，……其园宅，率三口给一亩，奴婢则五口给一亩。"②上述令文中，颁授"宅居地"与"田"的用词不同，涉及"田"时用"授"，而在"宅居地"上用"给"，"给"字内含着为新居和无宅农民无偿提供宅居地的精神，这一措施无疑达到了使农民"地著"的目的。依据隋代高颎"团貌"的方法，它不是使农民进居城郭，而是采用"各随便近，五党三党，共为一团"的聚居形式，这样便形成了"村"的居住形式。③隋之所承为魏周齐遗风，因此北朝的状况应和隋大同小异。至于南朝，永嘉之乱后，中原百姓纷纷南迁，多以族居或乡居的形式形成了村落。关于此点，史实极为明了无须赘言。由此而知隋炀帝时代无论是河东西还是江南北，村居甚为普遍。一旦居住地固定，村民便形成了安土重迁的意识，而隋炀帝无视这些客观事实，也不理解村民的情绪，一意孤行，倒行逆施，最终使本就危机四伏的隋政权，扩大为更进一步的众叛亲离，加剧了其覆亡的进程。李唐代隋后，高祖李渊吸取隋亡之教训，采取了符合实际的"村坊制"形式，村自村，坊自坊，一律以现所居断之。

唐初实行"村坊制"除上述的直接原因外，还有一个非常重要的社会背景：当时仍然强调的是"士农工商，四人各业"④，特别是那时的工商业者尚不属自由民，他们都有别籍和士、农相区别。"工人"属官户，奴役的性质十分明显；商人有"市籍"也颇受社会歧视，商业活动也大都限制在城中的"市"内。因此，从经济方式上

---

① 《魏书》卷110《食货志》，中华书局1974年版，第2853页。
② 《隋书》卷24《食货志》，第679—680页。
③ 关于"村"的形成，宫崎市定非常重视屯田制，认为屯田制对村的形成是一种促进力。谷川道雄对此甚为认同。笔者是在写出上述文字后，才看到二位先生的观点的，此观点和笔者愚见很是相同。在此附以说明。
④ 《旧唐书》卷48《食货志上》，第2089页。

讲，那时并没有城市与乡村之分，① 城郭居民与村民一样地受田，一样的耕作。因此村民和城郭民之间没有后来所谓的城乡差别，村民也不愿意到城里居住。武则天时的官员徐坚《论刑狱表》中载：

> 窃见关西户口，召募赴都。圣旨含宏，不言差送。是以乐

---

① 笔者认为"城市"与"乡村"的概念，只有二者在经济分工上有了区别之后才有意义。唐中期以前的中国社会是以"四民各业"作为经济分工的基础，特别是"工商食（sì）官"的政治理念很大程度地限制了工商业和城市的发展，限制了城乡的经济分工。因此用"城市"与"农村"的概念来表述唐中期以前的历史现象似有些不合适。谷川道雄在研究六朝"豪族共同体"时，认为六朝时期农村与城市发生了分离，工商业城市的性质得到深化。"城民"的构成包括守城军人及其家属和商业手工业者，山东贵族的居住地为村落。北魏末前废帝（公元531—532年）时发生的青、齐二州十万土民和青州州城东阳的城民发生了强烈冲突，对此事性质的解释，胡三省认为是"东阳之民，挟州家之势，陵暴属郡，恣纵之日久矣"所致，谷川先生将其定性为"城市与农村的对立"。参见［日］谷川道雄著，牟发松译《六朝时代城市与农村的对立关系——从山东贵族的居住地入手》，《魏晋南北朝隋唐史资料》第15辑，武汉大学出版社1997年版。笔者认为此观点值得商榷，其关键问题是六朝时期果真发生了城市与农村的分离吗？是否只要村落从城郭中剥离出来，就意味着城乡分离呢？"魏主如洛阳西宫。中书侍郎韩显宗上书陈四事……又上言……又，古者四民异居，欲其业专志定也。"胡三省注："管仲相齐，使士、农、工、商各群萃而州处。其言曰：四民者，勿使杂处，杂处则其言哤，其事易。昔圣王之处士也，使就闲燕；处工就官府；处商就市井；处农就田野。长而安焉，不见异物而迁焉。""太祖道武皇帝，创基拨乱，日不暇给，然犹分别士庶，不令杂居。工伎屠沽，各有攸处；但不设科禁，久而混淆。今闻洛邑居民之制，专以官位相从，不分族类。……今因迁徙之初，皆是空地，分别工伎，在于一言，何有可疑而厥盛美！"［载《资治通鉴》卷139《齐纪五·明帝建武元年（494）》，第4348—4350页］"太和元年（477）八月丙子诏：工商皂隶，各有厥分，而有司纵滥，或染清流。自今户内有工役者，推上本部丞，已下准次而授。"（载《魏书》卷7上《高祖孝文帝纪》，第144页）以上说明北朝时期的手工业者和商人"食官"的性质十分突出，它们不仅别籍于农民，而且社会地位极其低下，其自由性受到极大限制。这时出现的"城市"与"乡村"是何含义呢？试举例说明："（孝明帝）正光三年（522）十有二月丁亥……诏中尉端衡，肃厉威风，以见事纠劾，七品、六品，禄足代耕，亦不听锢贴店肆，争利城市。"其所言"城市"为城中之市的意思。（载《魏书》卷9《肃宗孝明帝纪》，第233—234页）"其一人醉不能归，逮二日乃反。余一囚十日不至，五官朱千期请见，欲白讨之。……囚逡巡墟里，不能自归，乡村责让之。率领将送，遂竟无逃亡者。"其所言"乡村"为家乡所在村之意。（载《宋书》卷53《谢方明传》，第1523—1524页）由此看，六朝时经济分工意义上的城市与乡村尚未出现。因此说当时的城市已从农业生产性城市发展为商业性的消费城市，是有些不妥的。就东阳城民与青齐土民之间的冲突应归结为是官民之间的偶发事件冲突，而不是由于经济分工致使的"城乡分离"和城市地位上升所引发的普遍的城乡的强弱对立。

住之色，数万余家。受使之人，苟徼劳效，务选高户，抑此陪郭。然高户之位，田业已成，安土重迁，人之恒性。使者强送，俛仰进途。一人怨嗟，或伤和气，数千余户，深且察之。臣望令检勘先投牒乐住者，并令赴都。其差定陪郭者，各任还贯。若神都须人，雍、同等州先有工商户在洛者甚众，令检括，兼简乐住之人，微有资财，情愿在洛城者，并酬其宅铺之地，令渐修立，则洛城不少于邑户黎庶得安于本业，此《管子》所谓"顺于人心，施弘均养之仁"，则臣希冀痊平，有朝觐之望。容居散秩，免负乘之艰，无任困迫之至。①

武则天强迫关西农户放弃田宅迁移神都之举，遭到农户的抵制，此举和前述隋炀帝移民入居城郭之事极为相似，为避免重蹈隋炀帝之覆辙，徐坚上疏力劝则天皇帝罢行此不合时宜之举。这和中晚唐时期乡村农户羡慕城市的心理形成强烈对比。村居富户连京都都不乐意迁居的例子，从一个侧面反映了当时城乡尚未有区分的史实。

（二）"城乡相分"的两条依据

那么城乡相分是从什么时候发生的呢？应当说这是一个渐进的过程。追踪其发生的起点应抓住两个线索：一是"乡村"一词的出现，二是"乡村户"与"坊郭户"的出现。这两点都是反映城乡相分重要依据。从唐史文献来看，"乡村"一词的出现要早于"乡村户"与"坊郭户"。"村坊分立"到"城乡相分"的转变的最主要表现就是村民与坊民的经济方式出现了不同。前者仍以农耕为业，后者主要以工商业为主。而导致这种情况发生的应是政策原因。中国古代向来是"重农抑商"，是什么因素能松动封建政府的这个立国之

---

① （宋）李昉等编：《文苑英华》卷617《刑法一·论刑狱表二首》，中华书局1966年版，第3202—3203页。

本呢？那就是中央财政对货币的大量需求，而政府货币需求最主要的方面是军费。就唐朝来说，其兵制分为两个时期："府兵制"时期和"募兵制"时期。其中"募兵制"的推行是导致财政货币需求增长的主要方面。从府兵制到募兵制的转变发生在玄宗天宝时期。① 但府兵制早在武则天时期就遭到破坏，玄宗开元年间就尝试了用招募的形式建立"彍骑"。而巧合的是，在开元二十五年（737）颁布的均田令中有了对工商业者授田的条款，"诸以工商为业者，永业口分田各减半给之，在狭乡者并不给"②。尽管其象征意义远大于实际意义③，但这足以表明政府用法令的形式提升了工商业者的社会地位。而促成政府改变一味歧视工商业者的动机则是财政的货币需求量增大，迫使政府加大对商业和商人的依赖。照此推理，唐代的"城乡相分"起始于玄宗时期极有可能。下面再看一下唐玄宗时期的文献中"乡村"的用法是否有了"农村"的含义。《全唐文》卷二十五元宗皇帝《安养百姓及诸改革制》载："其天下百姓，有灼然单贫不存济者，缘租庸先立长行，每乡量放十丁，犹恐编户之中，悬磬者众。限数既少，或未优洽。若有此色，尚轸于怀，特宜每乡前放三十丁，仍准旨条处分。待资产稍成，任依恒式。其所放丁，委县令对乡村一一审定，务须得实。……"④ 同书卷三十六元宗皇帝《均平户籍敕》载："自今已后，每至定户之时，宜委县令与乡村对定，审于众议……"⑤ 这两条制、敕文中的"乡村"显然是"乡里"之乡和"村落"之村的意思，而不是"乡"和"村"连起来合成一

---

① 陈寅恪：《隋唐制度渊源略论稿》，生活·读书·新知三联书店 2011 年版，第137页。

② （唐）杜佑撰，王文锦等点校：《通典》卷2《食货二·田制下》，中华书局1988年版，第31页。

③ 因为工商业者本就多集中在狭乡，而在狭乡者永业、口分田都不能得到，这实际上相当于工商业者并不能享受受田的权力。

④ 《全唐文》卷25元宗《安养百姓及诸改革制》，上海古籍出版社1990年版，第119页。

⑤ 《全唐文》卷36元宗《均平户籍敕》，第169页。

一 唐宋时期从"村坊制"到"城乡交相生养" 11

个词指农村。联系上述两个史实说明，尽管在玄宗时期出现了城乡相分的苗头，但城市与农村的分离尚未真正出现。但到肃宗、代宗时期的文献中"乡村"的含义就逐步含有"乡下""农村"的含义了。《文苑英华》卷四六五《诏敕七》常衮《敕天文图谶制》载："自今以后，宜令天下诸州府切加禁断。各委本道观察节度等使与刺史、县令，严加捉搦，仍令分明榜示乡村要路，并勒邻伍，递相为保。"① 此条文中的"乡村"显然已和前两条不同，已内含了"乡下"之义。德宗以后的文献中"乡村"用来指农村的含义就非常明确了。后文中谈"乡村户"与"坊郭户"时再加以详论。通过上述论证，我们基本可确定一个事实：政府对货币需求的增大，是导致城乡相分的导火线，其起点出现于玄宗时期。这也促使我们明白一个道理：村坊制突出的是政治问题，而城乡相分突出的是经济问题。

接着再看一下"城乡相分"的第二个线索："乡村户"与"坊郭户"的出现。"乡村户"与"坊郭户"最早出现于唐宪宗时期，其出现的原因到底是什么呢？究其原因的突破口有两点：一是它出现在唐中后期，即均田制崩溃之后；二是它的出现与赋役有关。从赋役角度讲，在唐代有一点是前后一致的，即划分户等。划分户等是以资产多少为依据的，而中后期的两税法也是以资产多少为依据的，再联系到"乡村户"与"坊郭户"的划分又与赋役有关，因此我们从与资产有关的赋役角度切入来分析这一问题，应该不会偏离大方向。

唐赋役制度中首次出现资产问题是在划分户等上，武德六年（623）三月令："天下户量其资产，定为三等。至九年（626）三月，诏：天下户立三等，未尽升降，宜为九等。""（开元）二十二年（734）五月敕：定户之时，百姓非商户郭外居宅及每丁一牛，不得将入货财数。"② 这两条资料中，后者值得注意，它的意思是

---

① （宋）李昉等编：《文苑英华》卷465《诏敕七·敕天文图谶制》，第2377页。
② （唐）杜佑撰，王文锦等点校：《通典》卷6《食货六·赋税下》，第106、107页。

讲,在什么条件下居宅和牛不算作划分户等的资产数。其中居宅不算作资产包括:郭内非商户百姓的郭外宅和乡村非商户百姓的居宅。换句话说,城里百姓的郭内居宅和商户的居宅是要算作划分户等的资产的。另外一层意思讲牛不算作划分户等时的资产,但对其数量有限制:免作资产的牛数和受田户的丁数一致。开元二十二年(734)的定户敕文,除对商户仍有职业上的歧视外,还显出乡村百姓与城郭百姓相区别的精神。但值得玩味的是,这里的"郭内非商户百姓"主要指哪些人呢?联系朝廷对其"郭外宅"不"将入货财数"的优待规定,不难推知,应主要是指城里的衣冠户。此外乡村百姓宅不算作资产的规定也对衣冠户有利。因此,此时的区分乡村百姓与城里百姓,不是从城乡经济形式不同的方面而言的。

安史乱后,均田制崩溃,相应的租庸调法也渐被两税法所代替。两税法的基本精神是:"户无主客,以见居为簿,人无丁中,以贫富为差。"在收税方式区分出"居者"和"不居者","不居处而行商者,在所郡县税三十之一,度所与居者均,使无侥利。居人之税,秋夏两征之"①。两税法加强了对行商的征税力度,但在开始时并未对乡村民与城居民区分收税。但由于两税法与先前租调制以收实物的根本不同是"凡百役之费,一钱之敛"。随着李唐中后期财政支出对货币需求的加大,两税法实行过程中也在不断地加强货币税收的比重。"钱"本属商业领域的东西,让主要以农业为主的乡村农民们用钱来缴税,无疑是件困难的事。由此在朝野上下激发矛盾也就不足为怪了。这一矛盾在宪宗时期表现尤为突出。《唐会要》卷五十八《户部尚书》载:

> 元和五年(810)二月,户部尚书李仁素,准元和四年(809)五月敕,厘革诸道州府应征留使、留州钱物色目,并带使州合送省钱,便充留州给用等。据诸道申报,除与敕文相当

---

① 《旧唐书》卷118《杨炎传》,第3421页。

一　唐宋时期从"村坊制"到"城乡交相生养"　　13

外，或称土宜不同，须重类会起置者。诸州府先配供军钱，回充送省，带使州府配送省钱，便留供军，则供军见钱，尽在带使州府，事颇偏并。宜令于管内州，据都征钱数，逐贯均配。其先不征见钱州郡，不在分配限。如坊郭户配见钱须多，乡村户配见钱须少，即但都配定见钱。一州数，任刺史于数内看百姓稳便处置。其敕文不加减者，即准州所申为定额。如于敕内见钱外，辄擅配一钱，及纳物不依送省中估，刺史、县令、录事参军，节级科贬焉。①

这条资料也是现在发现的有关"乡村户"和"坊郭户"的最早记载。它明确使用"乡村户"与"坊郭户"的用语，已与开元时期使用"郭内百姓"仅指居住域的含义有了根本不同。"乡村户"和"坊郭户"已不仅是城乡居民的代称，其主要含义，更多地反映在其从事职业结构不同的区别上。从两税法加强对商人的征税力度也可看出，商人的力量正在加强。政府在加大对其剥夺的同时，也加大了其合法性，反映了其社会地位的提高，这也与开元时期对商人的歧视形成鲜明对比。从开元时期的"郭内百姓"变为"坊郭户"，并且"坊郭户配见钱须多"变化可知，"坊郭户"已成为城郭内以从事工商业为主的一个职业群体，并且"坊郭户"的群体还在进一步加大。穆宗时规定："应属诸军、诸司、诸使人等，于城市及畿内村乡店铺经纪，自今以后，宜与百姓一例差科，不得妄有影占。"②到五代末，"坊郭户"的含义已基本变成城居平民的代称了。试举例以证。（后）晋少帝《收复青州大赦文》言："青州城市居人等，久经围闭，颇是凋残，……委本道以食粮赈恤。所有城内屋税，特赦一年。"③（后）周太祖《改定盐麹条法敕》载："凡城郭人户系屋

---

① （宋）王溥：《唐会要》卷58《户部尚书》，中华书局1960年版，第1011页。
② （宋）王溥：《唐会要》卷72《京城诸军》，第1296—1297页。
③ 《全唐文》卷119晋少帝《收复青州大赦文》，第530页。

税盐，并于城内请给。若外县镇郭下人户，亦许将所请盐归家供食；……其郭下户或城外有庄田合并户税者，亦本处官预前分说，勿令逐处都请。"① 这二例中的"城市居人"和"城郭人户"是指广大城镇平民，他们普遍成为政府的税户的事实不仅反映着"坊郭户"的内涵的扩大，还深刻地反映着"坊郭户"不再是一个地域概念，而转化为一个工商业群体的代称。这一点到宋代更为明显。

上述对唐五代时期"乡村户"与"坊郭户"的出现原因及发展情况做了简单论述，它表明唐中后期，特别是两税法颁布以后，随着政府工商业政策的逐渐宽松，随之工商业者的社会处境也不断得到改善，工商业队伍不断得到扩大，这有力地促进了城市经济方式迅速向工商业转化，从而使城市与乡村在经济功能上逐渐发生了分离，城市的政治优越性不断提升，相应的乡村的经济环境日益窘迫，政治地位也随之下降，到宋代城乡之间差距进一步拉大，以致出现了"城乡交相生养说"。

（三）"城乡交相生养"

"城乡交相生养说"出自宋哲宗朝的殿中御史孙升之口，其言："城郭、乡村之民交相生养。城郭财有余则百货有所售，乡村力有余则百货无所乏……"② 它反映出宋代城市与乡村已经完全经济分工的事实。而城乡分离的鲜活实例则是政府在赋役方面对"乡村户"与"坊郭户"的划分更加明确。特别是"坊郭户"的力量得到了飞速增长，其增长的意义诚如王曾瑜先生所言：坊郭户作为法定户名的出现，是城市人口增加、城市经济发展的一个重要标志，是中国古代城市史的一件大事，"……在相当程度上标志着工商业队伍的壮

---

① 《全唐文》卷123 周太祖《改定盐麹条法敕》，第544页。
② （宋）李焘：《续资治通鉴长编》卷394，哲宗元祐二年正月辛巳，中华书局2004年版，第9612页。（正文中简称《长编》）

大"①。此时的"乡村户"与"坊郭户"已可当作农民和工商业者的代名词，城乡交相生养的关系，完全可以通过对他们的分析来体现。

宋代文献中最早出现乡村、坊郭的名称是在宋太宗时。雍熙四年（987）诏说："沿边州军管属地分坊郭、乡村诸色人户。"②但在宋英宗以前的史料中，"乡村户""坊郭户"出现的频率少，神宗以后的史料中之类的名称出现的频率高起来，大略如下：

1. 神宗熙宁三年（1070）："乡村三等并坊郭有物业人户，乃从来兼并之家也。今皆多得借钱，每借一千，令纳一千三百，则是官放息钱也……"③

2. 元丰二年（1079）：诏："两浙路坊郭户役钱依乡村例，随产裁定免出之法。"初，诏坊郭户不及二百千、乡村户不及三十千，并免输役钱。续诏乡村合随逐县民户家业裁定免出之法。至是，提举司言："乡村下等有家业不及五十千而犹输钱者，坊郭户二百千以下乃悉免输钱，轻重不均。"故有是诏。④

3. 哲宗元祐二年（1087）："臣僚上言：……兴复州县，若别无大利害，则惟坊郭近上人户便之，乡村上户乃受其弊也。……州县既复，则井邑盛而商贾通，利皆归于坊郭，此坊郭上户所以为便也；复一小邑，添役人数百，役皆出于乡村，此乡村上户所以受其弊也。"⑤

4. 高宗绍兴五年（1135）十一月："以调度不足，诏诸路州县出卖户帖，令民具田宅之数而输其值。既而以苛扰稽缓，乃立价：凡坊郭乡村出等户皆三十千，乡村五等、坊郭九等户皆一千，凡六

---

① 王曾瑜：《宋朝阶级结构》，河北教育出版社1996年版，第4—5页。
② （清）徐松辑，刘琳、刁忠民、舒大刚等点校：《宋会要辑稿》兵27之2，上海古籍出版社2014年版，第9181页。（正文中简称《宋会要》）
③ （清）黄以周等辑注，顾吉辰点校：《续资治通鉴长编拾补》卷7，神宗熙宁三年二月壬戌，中华书局2004年版，第302页。（正文中简称《长编拾补》）
④ （清）徐松辑，刘琳、刁忠民、舒大刚等点校：《宋会要辑稿》食货65之21，第7808页。
⑤ （宋）李焘：《续资治通鉴长编》卷407，哲宗元祐二年十二月丙申，第9908页。

等……"①

　　由这些史料不难看出它们反映的都是王安石变法以后的事。王安石变法后,"乡村户"和"坊郭户"之所以频频被挂在宋朝皇帝和大臣们的嘴上,是因为他们想采取精确的方式获得粮食和货币。宋朝君臣们对自己需要什么心里非常清楚,在内忧外困的情况下,国家对货币的需求大大超过了以往,而所面临的税源就是生产粮食的乡村户和住在城镇以钱生钱的坊郭户。如何不激化矛盾又达到目的,这是王安石改革首先应该考虑的问题。他借鉴乡村户分等的办法,把坊郭户也分等。坊郭户的贫富差距比乡村户大得多,为免招人怨就必须分得更细,于是定为"坊郭十等"②,乡村五等。此法一直沿用到南宋亡。并且王安石还把纳税对象集中到"三等以上乡村户和坊郭有物业人户",因为他们"乃从来兼并之家也"③。三等以上乃"农夫之富者",他们"占田稍广,积谷稍多"但"未尝有积钱巨万于家者也"④。而有物力的坊郭上户又多是"日进千钱"的"无比户",只有长短互补,才能一举两得,于是定了个免输役钱的标准:乡村户在30千以下,坊郭户在200千以下。这里面是否有对乡村户照顾的因素呢?没有。乡村户除缴纳粮食外,还要负担职役和力役,而坊郭户的所有职责也就是纳钱,因此30千—200千的差距不能说明朝廷对乡村户和坊郭户有厚此薄彼的问题。神宗以后尽管熙丰改革的内容时废时兴,但在对待"乡村户""坊郭户"的纳赋税役的原则还是得到了保留。

　　但不可否认的是,坊郭户住在各级城中接近各级官吏;富裕的坊郭大户极易和官吏、官户勾结,抵制不利于他们政策的实施。"上初疑官户取助役钱少。安石因是白上曰:官户、坊郭,取役钱诚不

---

① 《宋史》卷174《食货上二·赋税》,中华书局1977年版,第4222页。
② (宋)李焘:《续资治通鉴长编》卷227,神宗熙宁四年十月壬子,第5522页。
③ (清)黄以周等辑注,顾吉辰点校:《续资治通鉴长编拾补》卷7,神宗熙宁三年二月壬戌,第302页。
④ (宋)李焘:《续资治通鉴长编》卷252,神宗熙宁七年四月甲申,第6165页。

多，然度时之宜，止可如此，故纷纷者少。不然，则在官者须作意坏法，造为论议，坊郭等第户，须纠合众人，打鼓截驾遮执政，恐陛下未能不为之动心。"① 因为"坊郭十等户自来已是承应官中配买之物，及饥馑、盗贼、河防、城垒缓急科率，郡县赖之……"② 神宗皇帝不明其中利害，只凭主观用事，认为"民供税敛已重，坊郭及官户等不须减"，但殊不知，这样只会遭到坊郭上户与官户的反抗，不仅不能使赋税增加，反而会减少。王安石深知其中奥妙，为保证税源的细水长流、源源不断，只能采取薄税长收之策："今取于税户固于不使过多，更过当减，但为厌人言即无当于义理。"③ 王安石深知，朝廷所需的是让坊郭户从口袋里掏钱，而不是使其破产；他用以柔克刚的欲擒故纵之法，显示了不小的威力。

宋代伴随着城乡分离的另一个事实是城乡差别加剧，农村残破、农民生活处境艰难和城市的繁华表象形成强烈对比。孙升言"城郭富则国富矣，……而差役之法，生于乡村而不及于城郭，非不知城郭之人优逸而乡村之民劳苦也。夫平居无事之时，使城郭之人日夜经营不息，流通财货，以售百物，以养乡村，由之而不知，乐之而不倦"④。即是其反映。其实这种差别在唐末五代时就开始了。时人杜光庭在其《录异记》卷二《异人·胡氏子》载："洪州北界大五埠，胡氏子，亡其名。胡本家贫，有子五人，其最小者，气状殊伟。此子既生，家稍充给，农桑营赡，力渐丰足，乡里咸异之。其家令此子以船载麦，泝流诣州市，……穴中得钱数百万，弃麦载钱而归。由是其家益富，市置仆马，营饰服装。咸言此子有福，不欲久居村落，因令来往城市。"⑤ 这反映出在那时人们的观念中城市应是富贵

---

① （宋）李焘：《续资治通鉴长编》卷223，神宗熙宁四年五月庚子，第5427页。
② （宋）李焘：《续资治通鉴长编》卷224，神宗熙宁四年六月庚申，第5448页。
③ （宋）李焘：《续资治通鉴长编》卷223，神宗熙宁四年五月丙午，第5433页。
④ （宋）李焘：《续资治通鉴长编》卷394，哲宗元祐二年正月辛巳，第9612页。
⑤ （唐）杜光庭撰，罗争鸣辑校：《杜光庭记传十种辑校》，中华书局2013年版，第36页。

人居住的地方。此点与武则天时富有的工商业者不愿意迁居城市的观念形成巨大的反差，从而在深层次中体现着城市与乡村在经济方式、政治地位和社会功能上发生的深刻变化，到宋代这一变化无疑进一步加剧了。尽管无论是坊郭户还是乡村户，除了有在经济地位上的贫富之别外，在政治地位上没有什么不同，他们同为朝廷的税户，都属"民"之列。孙御史说的好："朝廷之于民，犹父之与子。"① 亦即不管是乡村户还是坊郭户，也不论贫富如何，都是朝廷的子民，都必须向朝廷尽子民的义务。但是随着封建王朝对财富势力的依赖性加强，经济上的贫富对政治地位的影响越来越大。城乡差别也就变得不仅仅是经济上的贫富不同，而且还有政治地位上的不同。

结　语

以上我们从唐初的"村坊制"为切入点，以"乡村户"与"坊郭户"的出现和发展为基本脉络，勾勒了一下唐宋时期从城乡开始经济分工到交相生养的变化过程。唐初的"村坊制"虽为以后的城乡分离做了铺垫，但实际上二者却没有直接的因果关系。李唐王朝建立后，吸取隋炀帝施政失败的教训，尊重当时的城村各居的事实，推行了村自村、城自城的以土断之的管理方法，有效地维护了政权的稳定。"乡村户"与"坊郭户"的出现是真正意义上"城市"与"农村"生成的标志，其出现的直接原因是国家财政对货币的大量需求。随着国家财政对货币需求量的不断增长，迫使政府逐步放宽商业政策，提升工商业者地位，从而推动了工商业的发展和工商业队伍的扩大，刺激了城市的发展。与这个过程相伴随的则是城乡差别的出现并进一步拉大，宋代出现的"城乡交相生养说"则是其具体反映。

---

① （宋）李焘：《续资治通鉴长编》卷394，哲宗元祐二年正月辛巳，第9612页。

二　隋唐五代宋初由乡官到户役

中国古代的乡治经历了乡官制和户役制两种形式。隋唐五代宋初恰是这两种乡治形式的过渡阶段。对于两种乡治制度的具体内容，学界已有了太多的研究成果，而值得进一步深究的是由乡官治理乡村的形式因何会转变为户役制？换言之，是哪些因素促使统治者们改变了原有的乡治形式？笔者认为隋至唐初乡官制的乡治方式已呈式微之势，唐代乡野居民的村落化加速了乡治方式的变迁，为了保证皇权专制下的中央高度集权化的政权稳定，当权者不得不强化富户在乡治中的责任，推行户役制。

（一）隋至唐初乡官制的式微

自秦推行郡县制以来，对基层的治理方式采用了乡官制治理方式，"役民者官也，役于官者民也。郡有守，县有令，乡有长，里有正，其位不同而皆役民者也"[1]，是为乡官制也。它形式上渊源于《周礼·地官》，但在内容上却有了很大的不同。《周礼》的总原则是政教统一，即所谓的"政令教治，其人一也"。诚如马端临所言："及考《周礼·地官》，党正各掌其党之政令教治，孟月属民而读法，祭祀则以礼属民；州长掌其州之教治政令，考其德行道艺，纠其过恶而劝诫之。

---

[1] （宋）马端临著，上海师范大学古籍研究所、华东师范大学古籍研究所点校：《文献通考·自序》，中华书局2011年版，第5页。

然后知党正即一党之师也，州长即一州之师也，以至下之为比长、闾胥，上之为乡、遂大夫，莫不皆然。""秦汉以来，儒与吏始异趋，政与教始殊途。"① 于是形成了秦汉时期的乡亭制：三老主教化，乡佐、啬夫、游徼、亭长主治民。随着以后专制主义中央集权的不断加深，政府的治民原则越来越强调政治方面，而在教化方面则越来越流于形式。到唐代睿宗时乡官制的控制方式已逐渐趋于崩溃，"至唐睿宗时观监察御史韩琬之疏②，然后知乡职之不愿为，故有避免之人。唐宣宗时，观大中九年（855）之诏③，然后知乡职之不易为，故有轮差之举。自是以后，所谓乡亭之职至困至贱，贪官污吏非理征求，极意凌蔑，故虽足迹不离里闾之间，奉行不过文书之事，而期会追呼，笞棰比较，其困踣无聊之状，则与身任军旅、土木之徭役者无与异，而至于破家荡产，不能自保，则徭役之祸反不至此也"④。"而始命

---

① （宋）马端临著，上海师范大学古籍研究所、华东师范大学古籍研究所点校：《文献通考·自序》，第9页。

② 韩琬言："往年两京及天下州县学生、佐史、里正、坊正，每一员缺，先拟者辄十人。顷年差人以充，犹致亡逸，即知政令风化渐以弊也"，载（宋）马端临著，上海师范大学古籍研究所、华东师范大学古籍研究所点校《文献通考》卷13《职役二》同条注，第382页。"往者学生、佐史、里正，每一员缺，拟者辄十人，今当选者亡匿以免"，载《新唐书》卷112《韩思彦附子韩琬传》，中华书局1975年版，第4166页。

③ 其诏："以州县差役不均，自今每县据人贫富及差役轻重作差科簿，送刺史检署讫，锁于令厅，每有役事，委令据簿轮差。"载（宋）马端临著，上海师范大学古籍研究所、华东师范大学古籍研究所点校《文献通考》卷13《职役二》同条注，第382页。

④ 其中还言："至于乡有长，里有正，则非役也。柳子厚言：'有里胥而后有县大夫，有县大夫而后有诸侯，有诸侯而后有方伯连帅，有方伯连帅而后有天子。'然则天子之与里胥，其贵贱虽不侔，而其任长人之责则一也。其在成周，则五家设比长，二十五家设里宰，皆下士也。等而上之，则曰闾胥（掌二十五家，六乡），曰赞长（掌一百家，六遂），皆中士也。曰族师（掌一百家，六乡），曰鄙师（掌五百家，六遂），皆上士也。曰党正（掌五百家，六乡），曰县正（掌二千五百家，六遂），皆下大夫也。曰州长（掌二千五百家，六乡），则中大夫也。周时邻里乡党之事，皆已命官主之。至汉时，乡亭之任，则每乡有三老、孝悌、力田，掌观导乡里，助成风俗。每亭有亭长、啬夫，掌听狱讼、收赋税。又有游徼，掌巡禁盗贼。亦皆有禄秩，……亦皆见于为亭长、啬夫之时。盖上之人爱之重之，未尝有诛求无艺、迫胁不堪之举；下之人亦自爱自重，未尝有顽钝无耻、畏避苟免之事。故自汉以来，虽叔季昏乱之世，亦未闻有以任乡亭之职为苦者也。"载（宋）马端临著，上海师范大学古籍研究所、华东师范大学古籍研究所点校《文献通考》卷13《职役二》，第381—382页。

二 隋唐五代宋初由乡官到户役

之曰户役矣。"① 户役制到宋代则全面推行。

从乡官到户役是中国古代基层控制史上的重大变革。在这次大变革中,有隋建立后所采取的各种措施对此起到了摧枯拉朽的破坏作用。其中隋炀帝大业八年（612）九月己丑颁布的"勋官不得再授文武职事"诏书一事很值得注意。其诏:

> 自三方未一,四海交争,不遑文教,唯尚武功。设官分职,罕以才授,班朝治人,乃由勋叙,莫非拔足行阵,出自勇夫。敩学之道,既所不习,政事之方,故亦无取。是非暗于在己,威福专于下吏,贪冒货贿,不知纪极。蠹政害民,实由于此。自今已后,诸受勋官者,并不得回授文武职事,庶遵彼更张,取类于调瑟,求诸名制,不伤于美锦。若吏部辄拟用者,御史即宜纠弹。②

为什么说这条诏书值得注意呢？因为我们发现它与乡官制的崩溃有十分重要的关系。北魏宣武帝时（公元500—514年在位）为消除治安状况混乱的局面,接受了河南尹甄琛的建议提升了里正的官资。《北史》卷四十《甄琛传》载:

> （宣武时）迁河南尹,黄门、中正如故。琛表曰:"国家居代,患多盗窃。世祖太武皇帝亲自发愤,广置主司,里宰皆以下代令长及五等散男有经略者乃得为之。又多置吏士,为其羽翼。崇而重之,始得禁止。今迁都已来,天下转广,四远赴会,事过代都。寇盗公行,劫害不绝。此由诸坊混杂,厘比不精,主司暗弱,不堪检察故也。今择尹既非南金,里尉铅刀而割,

---

① （宋）马端临著,上海师范大学古籍研究所、华东师范大学古籍研究所点校:《文献通考·自序》,第5页。

② 《隋书》卷4《炀帝本纪下》,第83页。

欲望清肃都邑，不可得也。里正乃流外四品，职轻任碎，多是下才，人怀苟且，不能督察，故使盗得容奸，百赋失理。边外小县，所领不过百户，而令长皆以将军居之。京邑诸坊，大者或千户、五百户，其中皆王公卿尹，贵势姻戚，豪猾仆隶，荫养奸徒，高门邃宇，不可干问。比之边县，难易不同。今难彼易此，实为未惬。

王者立法，随时从宜，先朝立品，不必即定，施而观之，不便则改。今闲官静任，犹听长兼，况烦剧要务，不得简能下领。请取武官中八品将军以下干用贞济者，以本官俸恤领里尉之任，各食其禄。高者领六部尉，中者领经途尉，下者领里正。不尔，请少高里尉之品，选下品中应迁者，进而为之，则督责有所，辇毂可清。

诏曰："里正可进至勋品，经途从九品、六部尉正九品诸职中简取，何必须武人也。"①

在朝政严肃之时，军功评定严格，勋品品定属实，在此背景下让有勋品的人任里正之职，能有效地实现政令的目的。这种措施无疑反映了北魏宣武时对乡官制的重视。但在其后孝明帝时（公元516—528年在位），此诏令的执行已面临着很大困难。重要原因之一即在于：此时勋品之评定十分混乱，已严重失实。"（北魏孝）明帝世，朝政稍稀，人多窃冒军功。（卢）同阅吏部勋书，因加检覆，得窃阶者三百余人。乃表言：'窃见吏部勋簿，多皆改换。……从前以来，勋书上省，唯列姓名，不载本属。致令窃滥之徒，轻为苟且。今请征职白身，具列本州郡县三长之所；其实官正职者，亦列官名曹别录历。皆仰本军印记其上，然后印缝，各上所司。……顷来，非但偷阶冒名，改换勋簿而已，或一阶再取，或易名受级，凡如此

---

① 《北史》卷40《甄琛传》，中华书局1974年版，第1472—1473页。

者，其人不少。良由吏部无法，防塞失方。"① 这种勋品混乱情况一直延续到北魏分裂，就前述史实看，由勋品混乱而致社会治安状况再度恶化，也未尝不是北魏最终走向分裂的重要原因。

北魏分裂为东魏、西魏，而后又各自衍化为北齐、北周。周、齐交战之际，北周为激励将士的士气，提高战斗力，创立了勋官。而后伴随着受勋者军将数量的增多，勋官渐沦为有名无实的散职。② 有隋建立后为加强皇权，一是采取了军政分离的政策，（隋炀帝）取消了刺史的军权，③ 二是削弱武职，颁布勋官不再授文武职事的诏令。唐承隋制，在唐初，勋官一般还享有散职及蠲免等优待权。乡官多由低级勋官担任④，"诸里正，县司选勋官六品以下白丁清平强干者充"⑤。但唐代的勋官比隋代更众，因此其权利也就越流于形式，特别是对于六品以下的低级勋官而言。他们虽有乡官之任，但唐代的里正、坊正等乡官已大不同于北魏时之乡官，更无论两汉了。《唐律疏议》卷十一《职制》载："里正、坊正，职在驱催，既无官品，并不同监临之例。"⑥ 同书卷二十四《斗讼》中言："监临，谓统摄之官。"⑦ 这部完备的唐代法典中规定了里正、坊正、村正等乡官们太多的职责和义务，而对其权利却很少提及。它不仅反映着勋品和勋官的没落，而且还显著体现着自秦汉以来实行了 900 多年的

---

① 《北史》卷30《卢同传》，第1095—1096页。

② 详见王仲荦《北周六典》卷9《勋官》，中华书局1979年版，第571—580页。

③ "旧有兵处，则刺史带诸军事以统之，至是（隋炀帝时）别置都尉、副都尉。都尉正四品，领兵，与郡不相知。"载《隋书》卷28《百官志下》，第802页。

④ "凡勋十有二等：十二转为上柱国，比正二品；……四转为骁骑尉，比正六品；三转为飞骑尉，比从六品；二转为云骑尉，比正七品；一转为武骑尉，比从七品。"载（唐）李林甫等撰，陈仲夫点校《唐六典》卷2《尚书·吏部·司勋郎中》，中华书局1992年版，第40—41页。"凡酬功之等：……勋官六品以下，曰下资；白丁、卫士，曰无资。""诸州授勋人，岁第勋之高下，三月一报户部，有蠲免必验。"载《新唐书》卷46《百官志一》，第1189、1190页。

⑤ （唐）杜佑撰，王文锦等点校：《通典》卷3《食货三·乡党》，第64页。

⑥ （唐）长孙无忌等撰，刘俊文点校：《唐律疏议》卷11《职制》，中华书局1983年版，第228页。

⑦ （唐）长孙无忌等撰，刘俊文点校：《唐律疏议》卷24《斗讼》，第449页。

乡官制面临崩溃的边缘。

另外，从隋代在对基层控制方式不断反复的过程，也可觉察出乡官制日益衰落的情况。有隋建立之初，恢复了汉以来传统的乡里制："（高祖）及受禅，……及颁新令，制人五家为保，保有长。保五为闾，闾四为族，皆有正。畿外置里正，比闾正，党长比族正，以相检察焉。"① 这种十分严密的乡党连环控制方式，对政府准确掌握户口数量，维护政权稳定是十分有利的。但在乡官制背景下，有效的行政效率是以巨大的行政成本为代价的。因为每百户中就必须有25人享有蠲免赋役的优待，这对并不充足的财政收入来讲是一笔不容忽视的损失。东魏孝静帝时，淮阳王元孝友曾论及此：

> 令制百家为党族，二十家为闾，五家为比邻。百家之内，有帅二十五，征发皆免，苦乐不均。羊少狼多，复有蚕食。此之为弊久矣。京邑诸坊，或七八百家，唯一里正、二史，庶事无缺，而况外州乎？请依旧置，三正之名不改，而百家为族，四闾，闾二比，计族少十二丁，得十二匹赀绢。略计见管之户，应二万余族，一岁出赀绢二十四万匹。十五丁出一番兵，计得一万六千兵。此富国安人之道也。……省人帅以出兵丁，立仓储以丰谷食，设赏格以禽奸盗，行典令以示朝章，庶使足食足兵，人信之矣。……诏付有司，议奏不同。②

这是北魏分裂为东、西魏后，东魏放弃了旧有的三长制，而施行汉以来的传统乡里制，此时的东魏政权早已为权臣高欢所把控，淮阳王的建议，最终未被采纳。因此之后的北齐于河清三年（564）定令也大力推行传统的乡里制。③ 而与此相对的西魏、北周却在苏绰

---

① 《隋书》卷24《食货志》，第680页。
② 《北史》卷16《太武五王传·临淮王传附淮阳王孝友传》，第609—610页。
③ "至河清三年定令，乃命人居十家为比邻，五十家为闾里，百家为族党"，载《隋书》卷24《食货志》，第677页。

的主导下推行了比三长制更简约的二长制。《周书》卷二十三《苏绰传》载："太祖方欲革易时政，务弘强国富民之道，故绰得尽其智能，赞成其事。减官员，置二长，……又为《六条诏书》，……其三，尽地力，曰：……若有游手怠惰，早归晚出，好逸恶劳，不勤事业者，则正长牒名郡县，守令随事加罚，罪一劝百。此则明宰之教也。……其四，擢贤良，曰：……非直州郡之官，宜须善人，爰至党族闾里正长之职，皆当审择，各得一乡之选，以相监统。夫正长者，治民之基，基不倾者，上必安。……其六，均赋役，曰：……租税之时，虽有大式，至于斟酌贫富，差次先后，皆事起于正长，而系之于守令。"① 尽管曾经弱小的北周能够征服强大的北齐是由于多种因素所致，但推行强有力的二长制无论如何也应该算作重要原因之一。因此苏绰之子苏威至隋辅佐隋文帝后，仍步其父之后尘，在得到文帝的宠臣高颎的支持后，不顾其他众臣反对，力劝文帝杨坚推行二长制。"隋承战争之后，宪章蹉驳，上令朝臣厘改旧法，为一代通典。律令格式，多威所定，世以为能。"② "格令班后，……（苏）威又奏置五百家乡正，即令理民间辞讼。"③ 当时的另一重臣李德林（即为唐臣李百药之父）以为不可，他认为开皇元年（581）已颁布推行汉以来的乡党制，"格式已颁，义须画一。纵令小有蹉驳，非过蠹政害民者，不可数有改张"④。他尽管列举了一系列实行乡正理民辞讼的弊端，但最终由于隋文帝对苏、高二人的宠信，于开皇九年（589）二月丙申，"制五百家为乡，正一人；百家为里，长一人"⑤。但实行一年后，便因不便废除了乡正理民间辞讼之权力。"（开皇）十年（590），虞庆则等于关东诸道巡省使还，并奏云：'五百家乡正，专理辞讼，不便于民。党与爱憎，公行货

---

① 《周书》卷23《苏绰传》，中华书局1974年版，第382—390页。
② 《隋书》卷41《苏威传》，第1186页。
③ 《隋书》卷42《李德林传》，第1200页。
④ 《隋书》卷42《李德林传》，第1200页。
⑤ 《隋书》卷2《高祖本纪下》，第32页。

贿.'上仍令废之。"① 这里所说的"废之",并非废掉了整个二长制,而是废除了五百家乡正专理民间辞讼的权力。五百家之乡正,百家之里长,开皇十年(590)以后仍一直存在,只不过其作为官的色彩日益淡化,越来越具有了役的功能。如《北史》卷七十四《裴蕴传》载:"时犹承(隋)文帝和平后,禁网疏阔,户口多漏。或年及成丁,犹诈为小,未至于老,已免租赋。蕴历为刺史,素知其情,因是条奏,皆令貌阅。若一人不实,则官司解职,乡正、里长皆远流配。又许民相告,若纠得一丁者,令被纠之家代输赋役。是岁大业五年也。"② 类似情况到唐代以后又出现了一次。唐太宗再次加强乡官制的乡治形式,于贞观九年(635)置乡长、佐,"每乡置长一人,佐二人"③。但也不长命,在实行了六年后,也于贞观十五年(641)省。因为这种乡长、佐制不仅没有使社会治安状况有所改善,相反则有恶化之势。诚如贞观十六年(642)诏令所言:"盗贼之作,为害实深。州县官人,多求虚誉,苟言盗发,不欲陈告;乡村长正,知其此情,递相劝止,十不言一。假有被论,先劫物主,爰及邻伍,久婴缧绁。有一于斯,实亏政化。自今以后,勿使更然。"④ 太宗采用乡官制控制基层的失败,又一次证明了乡官制的衰落已是大势所趋,基层控制方式的变革已不容回避。

上述情况已充分说明,历史发展至此,无论是汉以来传统的乡党制,还是北魏以来的三长、二长制的乡治方式都已不合时宜。户口控制,是乡治的核心。特别是在两税法实行以前的以人丁为主的赋役制下,何种乡治形式能更有效地提高户口控制率,是统治者们所殚精竭虑的问题。作为传统的乡官制,其控制效果好,但控制成

---

① 《隋书》卷42《李德林传》,第1207页。
② 《北史》卷74《裴蕴传》,第2552页。
③ 《旧唐书》卷3《太宗本纪下》,第44页。
④ (宋)王溥:《唐会要》卷41《杂记》,第745—746页。

本太高，融合了北方游牧民族内容的三长、二长制①，虽减少了控制成本，但扩大了行政层级，又不利于中央集权，影响了行政效率。而更主要的问题是北周、北齐以来不少郡、县职员都由令长自辟本土人为之，常常是官、吏勾结，因缘为奸，严重影响着中央政令的执行。"旧周、齐州郡县职，自州都、郡县正已下，皆州郡将县令至而调用，理时事。至是［开皇三年（583）］不知时事，直谓之乡官。别置品官，皆吏部除授……（开皇）十五年（595），罢州县乡官。"②此乡官仅指先前经郡守、县令自辟的官，后由于形势的变化，州县自辟吏员制度越来越被中央命官所取代，这些因失去实职的本地僚属被称之为乡官。开皇十五年（595）所罢去的"乡官"，也是指这些人。③这些"乡官"的门资、身份一般高于乡党制下的乡官，他们都是本土人。前种乡官为地方官府服务，后种乡官为中央官府服务；前种乡官的徇私舞弊，必然导致后种乡官的职责难负，而一旦他们互相结合，所形成的结果又必然威胁中央政权的生存，实际情况恰恰就是这样的。北魏末以来"将选乡官，皆依贵势，竞来请托"④，乡官辟举日益混乱，北齐末，"赋敛日重，徭役日烦。人力既殚，帑藏空竭，乃赐诸佞幸卖官，或得郡两三，或得县六七，各分州郡，下逮乡官，亦多降中旨。故有敕用州主簿，敕用郡功曹。

---

①　日本史学家池田温言："三长和二长制与传统的地方组织最大的不同之点，在于乡里制是以地缘的聚落为基础，三长和二长则是以'长'个人的私人关系为中心。从来虽是以'某县某乡某里'和乡里的地名记载着，但按三长和二长制看来，党、里（邻）都是以'长'的姓名来表示的。""同样，就连百户的组织也是以地名的里，以及党长和族正的人名记载的，但其间性质的差异很大。至于与原有的地缘组织有别，按照与若干户数为一单位，任命一新的首长，以支配其人格为目标的三长制，从广义的方面看来，是对当时征服华北的鲜卑族固有的北方游牧民族的制度与《周官》以来的汉族制度的两相融合成新制赋予一种应有的地位。就这一点说，始于北魏直至隋初实行了约百年的三长及二长制，可说是中国史上独特的制度。"载［日］池田温著，龚泽铣译《中国古代籍帐研究》，中华书局1984年版，第119—120页。
②　《隋书》卷28《百官志下》，第792—793页。
③　详见［日］滨口重国《所谓隋的废止乡官》，载刘俊文主编《日本学者研究中国史论著选译》第4卷，中华书局1992年版，第315—333页。
④　《北史》卷64《柳虬附弟柳庆传》，第2282页。

于是州县职司，多出富商大贾，竞为贪纵，人不聊生"①。如此情况虽是魏齐末世之状，但它恰预见着乡官制乡治方式的颓势。传统乡官制的乡治方式既是中央集权制国家形式的基础，又需要强有力的皇权和高度的中央集权来保障。而由地方长官自辟属僚——乡官制度恰是中央集权的反动，这种乡官们的势力越强，就对传统的乡官制乡治形式破坏越大。

前有淮阳王元孝友的"控制成本论"，后有魏齐覆亡之辙，因此在有隋初建时在采用何种乡治方式问题上，苏威与李德林发生了激烈的争论。苏威有其父苏绰采用二长制的成功经验，故对二长制执信不疑。"初，威父在西魏，以国用不足，为征税之法，颇称为重。既而叹曰：'今所为者，正如张弓，非平世法也。后之君子，谁能弛乎？'威闻其言，每以为己任。"②尽管文帝受禅之初就颁布了恢复汉以来传统的乡党制的诏令，但当苏威提出推行二长制的建议时，还是冲破李德林等人的极力阻挠被采纳了。降低行政成本，扩大财政，均平税赋，是苏威坚持采用二长制的出发点。从省官减政角度言，苏威的初衷是正确的。但他低估了李德林所指出的问题。"德林以为本废乡官判事，为其里闾亲戚，剖断不平，今令乡正专治五百家，恐为害更甚。且今时吏部，总选人物，天下不过数百县，于六七百万户内，诠简数百县令，犹不能称其才，乃欲于一乡之内，选一人能治五百家者，必恐难得。"③一年后，虞庆则巡察关东诸道后回报，印证了李德林意见的正确性。但这并不意味着李德林有多高明，只不过他乃北齐旧臣，对齐败亡之由有切肤之痛罢了。苏、李政见之争很大程度上有地域士族集团之争的因素。苏威、高颎属关陇士族集团，李德林属山东士族集团，关陇集团注重事功，垂青霸道策略；山东集团倾向复古，偏爱王道方略。二者互有长短。尽管

---

① 《北史》卷8《齐幼主本纪》，第301页。
② 《隋书》卷41《苏威传》，第1185页。
③ 《隋书》卷42《李德林传》，第1200页。

二　隋唐五代宋初由乡官到户役　　29

李德林不主张二长制，但力主维护旧有乡里党正制。岂不知，此制和二长制一样都已不合时宜。隋文帝虽然废除了五百家乡正专理民间辞讼的先诏，但又实在找不到一种比二长制和传统乡里制更好的乡治方式来，只好采用削弱乡正、里长的为官权力方面，强调其职役义务方面的做法，因此有官之名而役之实的乡正、里长在整个有隋一代都存在。唐代隋后，这种做法基本被保留下来，贞观十五年废除乡长后，里正成为乡治的主角。

乡官制的衰退还与魏晋以来官制中"重内官轻外职"倾向密切相关。西晋时，官制中的重内轻外倾向已严重，《晋书》卷四十六《李重传》载："于时内官重，外官轻，兼阶级繁多。"[1] 北朝时情况更加不妙，北魏太和以后，"令长用人益杂，但选勤旧令史为之，而缙绅之流，耻居其位"[2]。北齐"因循后魏，（县令、长）用人滥杂，至于士流耻居之"[3]。到唐代此风仍然不减，贞观十一年（637）八月侍御史马周上疏曰："今朝廷独重内官，刺史县令，颇轻其选"[4]，长安四年（704）三月，则天与宰相论及州县官，纳言李峤等奏曰："窃见朝廷物议，莫不重内官，轻外职"[5]，由此形成的结果是"庸人皆任县令"[6]，以致"百姓未安""风俗不澄"，"天下和洽，因不可得也"。因此唐人孙樵感叹"举今州县皆驿也。……今朝廷命官，既已轻任刺史、县令，而又促数于更易。且刺史、县令，远者三岁一更，近者一二岁再更。故州县之政，苟有不利于民，可以出意革去者。其在刺史，则曰：明日我即去，何用如此？在县令，亦曰：明日我即去，何用如此？愁当醉，饥当饱，囊帛匮金，笑与秩终。呜呼！州县者，其驿耶。矧更代之隙，黠吏因缘恣为奸欺，以卖州

---

[1]《晋书》卷46《李重传》，中华书局1974年版，第1312页。
[2]（唐）杜佑撰，王文锦等点校：《通典》卷33《职官十五·县令》，第919页。
[3]（唐）杜佑撰，王文锦等点校：《通典》卷33《职官十五·县令》，第919页。
[4]（宋）王溥：《唐会要》卷68《刺史上》，第1197页。
[5]（宋）王溥：《唐会要》卷68《刺史上》，第1198页。
[6]《新唐书》卷107《陈子昂传》，第4071页。

县者乎？如此而欲望生民不困，财力不竭，户口不破，垦田不寡？难哉！"① 在此种情况下，乡官们要想尽好其催赋役、案比户口等职责，恐怕太困难了；而如不能尽职，依《唐律》他们将受到严厉惩处。因此在唐睿宗、宣宗时出现里正等乡官不愿当和不易当的情况也就不难理解了。这种情况的严重性也加快了乡官制崩溃的步伐。

乡官制源远流长，它本属《周礼》的一部分。战国以降，随着旧有周官体系的瓦解和以郡县制为主体的专制主义中央集权的新制度体系的形成，县以下行政控制方式仍保留了传统的乡里制。小农经济是专制主义中央集权制国家存在的经济基础，维护个体小农家庭的普遍性和长期性是维系以皇权为中心的帝制大厦坚固耸立的根本保证。因此，商鞅变法的第一步便是分大户为个体家庭。第二步才是集合小都、乡邑聚而为县，数县而为郡。把因战乱而分散的聚落团并起来，形成"里""乡"等居民区，再用比邻、里闾、乡党的编户组织，通过设正和连带负责的制度，实行对户口特别是丁的登录与监视。② 汉代时建立了完善的乡亭制。通过乡三老、乡佐、啬夫、游徼、亭长等乡官负责监控编户、收取税赋、理民间辞讼、禁盗等职责。乡官制的健康发展需要两个基本条件：一是乡官们必须有忠于皇权的操守；二是编户家庭之间不能出现巨大的贫富反差。这两个条件只要缺一都会导致这种乡治方式出现问题。实际上这两个条件都是不能完全保证的。对于第一个条件，除了灌输忠君思想外，还必须既要用上级官员监控和法律约束，还要用权利诱惑；而第二个条件，实际上是用任何手段都难以行之有效而又能长期保证下去的，即使再严格的制度或措施也只能维持短期行为。因此理论上讲，从乡官制在专制主义中央集权制国家中确立那天起，它就开

---

① （宋）李昉等编：《文苑英华》卷374《讽谕二·书褒城驿屋壁》，第1911—1912页。

② 这种论断参照了池田温先生的意见，参见［日］池田温著，龚泽铣译《中国古代籍帐研究》，第48、73、74页。

始了走向覆亡的历程。在以人丁为赋税对象的阶段，乡官制既是维持帝国大厦的基础，又需要强有力的专制主义中央集权体制来保障。但再强有力的皇权政治也阻止不了贫富分化的态势；在这样的态势下，实际上已消灭了乡官制生存的条件，因此任凭怎么变换乡官制的形式，无论是推行三长制或二长制，其效果也只能是昙花一现。在"富者田连阡陌，贫者无立锥之地"的社会中，只会出现贫者依贵或依富，那些贵者、富者便互相勾结，形成豪族等地方势力集团，对中央集权形成威胁。在这种情况下，唯一的办法是改变税人的赋税制，从而放弃乡官制的乡治方式，针对富户阶层采用新的控制方式。有隋以降，贫富分化的大势已无从改变，均田制已逐渐走向尾声，以人丁为对象的税制也已走向末路。因此在李唐建立不久，便逐渐开始了乡官制向户役转化的变革前奏。

（二）乡野居民的村落化与乡治方式的变迁

考察乡治方式的变迁，还应该注意一个角度，即人们居住方式的变化。唐中期以前税赋以人丁为对象，因此特别注重户口的管理。而自周秦以来的乡官制最主要职责就是防止户口的散失，诸如邻比、闾里、乡党等编民的组织方式都是为此服务的。要避免户口散失，最好的办法就是让编民集中居住，承袭上古国野分治的传统，秦汉以来对编民采用了城居和里居的居住方式。这两种方式无论是城居还是里居都有一个共同特点，即封闭性。其中城居的基本单位也称为"里"或"坊"，①"里"居的形式多在城外，秦汉时期，十里一亭，十亭一乡，其中亭属警察区，乡为行政区，分属两种不同的管理系统。对于此时的"里"而言，既是一个最小的居住区也是国家最基本的行政区。南北朝以后，由于战乱，这种封闭的居住方式不

---

① 杨鸿年先生言："盖汉世只有里未有坊，晋时坊出现，魏晋之时，则坊里并行。"参见杨鸿年《隋唐两京考》，武汉大学出版社2000年版，第207—209页。

断被打破,一些人从"里"或战时的"坞壁"中分离出来,以宗族聚居的方式形成新的居住区——"村"。① 到唐代,"村"已成为城外普遍的居住形式。因此唐代的乡里制政令也调整为:"百户为里,五里为乡。两京及州县之郭内,分为坊,郊外为村。"② 很明显,这时的"村"是居民区,而"里"已从原先的居住区转变为一种行政区了。形势至此,唐政权只好适应形势采取了"村坊分治"的治理办法,从而奠定了城乡分野的基础,而后随着城乡居民从业方式的异化,经济意义上的城市与农村开始形成。在国家的政令中城乡居民也各自有了不同的称呼——坊郭户与乡村户。③

乡野居民区的村落化直接导致了民户居住的分散性,从而增大了政府管理户口的难度。在仍然以人丁为基础的税制下,要想保证财政收入,唯有通过增加管理户口的人员、严格户籍法律等措施,来强化人口管理。这无疑会增大行政成本。为此,唐政府降低乡官的资历,充当乡官的里正、坊正与村正,多是已没落的低级勋官或白丁。唐代的低级勋官已越来越接近白丁,已很难享受到政府的优待了,因此会使乡官们在效忠职责的主观能动性上大打折扣。尽管唐廷为此制定了严格的防卫乡官们失职或渎职的重典,但面对乡官制日呈淘汰之大势,此举也只能是权宜之计。唐代均田制允许部分土地买卖的规定,为以后土地兼并、贫富分化、户口版荡,以致最后覆亡埋下了隐患。唐天宝年间的安史之乱,及以后的藩镇叛乱又加剧了户口散乱的进程。"天下兵起,始以兵役,因之饥疠,征求运输,百役并作,人户凋耗,版图空虚。""权臣猾吏,因缘为奸,或公讬进献,私为赃盗者动万万计。""吏因其苛,蚕食于人。凡富人

---

① 参见〔日〕宫川尚志《六朝时期的村》,载刘俊文主编《日本学者研究中国史论著选译》第4卷,第67—108页;韩昇《魏晋隋唐时期的坞壁和村》,《厦门大学学报》(哲学社会科学版)1997年第2期。
② 《旧唐书》卷43《职官志二》,第1825页。
③ 参见谷更有《唐宋时期从"村坊制"到"城乡交相生养"》,《思想战线》2004年第6期。

多丁者，率为官为僧，以色役免；贫人无所入则丁存。故课免于上，而赋增于下。是以天下残瘁，荡为浮人。乡居地著者百不四五，如是者殆三十年。"① 此即宣告旧有的租庸调制彻底破产了。而后，在杨炎的主持下唐政府完成了向以税地为主的两税法的转型。两税法虽然保留了"丁额不废，申报出入如旧式"的规定，但对丁额的管理已转变为"户无主客，以见居为簿"的层面，而其核心是民户的"贫富为差"②。

两税法以"贫富为差"作为基本征收原则，即意味着政府把税源更多地倾向在"富户"身上。然而去向富户征税仍依靠旧有的徒有虚名的低级勋官或"清平强干"的白丁的话，显然已不合时宜了。这些富户要么依靠权势户躲避赋役或降低赋税标准，要么本身就是权势户或地头蛇，政府要想仅凭那些少财无势的里正、村正们达到从富户手中征取更多的赋税来，无疑是痴人说梦。惧于权势，权衡利弊，里正、村正们也纷纷与权势合流，由此受到直接损害的是贫户，而最终受损害的却是政权的经济基础。历史发展到唐中后期，国家政权的命运越来越和"富户"们紧密联系在一起，国家财政需要从他们的财富中争取更多的分值，而要做到这一点，其中之一的举措就是必须改革乡官制的乡治方式，让富户去承担催驱赋役、监控户口、维护治安等一系列乡治责任来。

（三）户役制与富户乡治责任的强化

乡治方式从乡官到户役的变化，从另一个角度言，是贵族制社会逐渐沦落的结果。马端临言："按：《周官》之法，贵者、贤者及新甿之迁徙者，皆复其征役，后世因之。故六朝议征役之法，必以土断侨寓、釐正谱籍为先。然自晋至梁、陈，且三百年，贵者之泽

---

① 《旧唐书》卷118《杨炎传》，第3421页。
② 《旧唐书》卷118《杨炎传》，第3421页。

既斩,则同于编氓;侨者之居既久,则同于土著,难到稽考。此所以伪冒滋多,而议论纷纷也。"①"斩断贵者之泽",用"土断"的办法将尽可能多的民户纳入户籍中,是恢复秦汉以来以皇权专制为核心的中央集权体制的重要举措。从此以士庶贵贱来区分征役与否的方式逐渐让位于以官民区分与否,和以民贫富区别轻重的新方式。这种新方式就是划分户等。

较早采用此办法的是北魏太武帝拓跋焘。《北史》卷二《太武帝本纪》载:"延和三年(434)二月戊寅,诏以频年屡征,有事西北,运输之役,百姓勤劳,令郡县括贫富以为三级,富者租赋如常,中者复二年,下穷者复三年。"②太延元年(435)十二月又下诏:"州郡县不得妄遣吏卒,烦扰民庶。若有发调,县宰集乡邑三老计赀定课,衰多益寡,九品混通。不得纵富督贫,避强侵弱。"③魏初之行"九品混通"是以后推行九等户等制的基础。但此时"宗主督护"的乡治方式制约了九品混通的推行效果。此时的情况是:"自昔以来,诸州户口,籍贯不实。包藏隐漏,废公罔私。富强者并兼有余,贫弱者糊口不足。赋税齐等,无轻重之殊;力役同科,无众寡之别。虽建九品之格,而丰埆之土未融;虽立均输之楷,而蚕绩之乡无异。"④其原因就在于因"宗主督护"而致"民多荫附,荫附者皆无官役。豪强征敛,倍于公赋"⑤。为此李冲建议,废除具有特权性质的宗主督护制,推行"三长制"。孝文帝因此而下诏:"邻里乡党之制,所由来久。欲使风教易周,家至日见,以大督小,从近及远,如身之使手,干之总条,然后口算平均,义兴讼息。……今革旧从新,为里党之法,在所牧守,宜以喻民,使知去烦即简之

---

① (宋)马端临著,上海师范大学古籍研究所、华东师范大学古籍研究所点校:《文献通考》卷12《职役一》,第337页。
② 《北史》卷2《太武帝本纪》,第49页。
③ 《魏书》卷4上《世祖太武帝纪》,第86页。
④ 《魏书》卷110《食货志》,第2856页。
⑤ 《魏书》卷110《食货志》,第2855页。

要。"① 李冲所立三长，皆取"乡人强谨者"，使他们享有免服兵役的权利，"邻长复一夫，里长二，党长三。所复复征戍，余若民"；并且还有升迁的机会，"三载无愆则陟用，陟之一等"②。由于大利所系，本来应由"强谨者"才能任三长的规定逐渐蜕变为具文，而实际担任三长的多是一些豪强大户，"又以顷来差兵，不尽强壮。今（孝昌间）之三长，皆是豪门多丁为之"③。足兵足食是政权稳定两大条件，豪门多丁者为三长虽无损于国家之"足食"，但却大损于国家之"足兵"。孝昌之际，北魏已呈颓势，但明帝对"足兵"之大事并不糊涂，很坚决地接受了常景的削弱三长之复兵役优待，"权发为兵"的建议。④ 北魏推行三长制，实际是对秦汉以来乡官制的恢复。但面对贫富分化难以遏制的态势，再仅仅以品行划定乡官的任职标准，已逐渐不合时宜。官府对乡官之优待，必然会成为豪门大户们趋之若鹜的目标，而豪门大户们为三长又使国家的兵源受损。但完全置豪门大户们于三长之外的话，又会使国家的财赋受损。显然到南北朝时，历史的发展已经将富民阶层推到了社会的前台。如何正确处理与富民阶层的关系？已经到了统治者们认真考虑该问题的时候了。

北齐是历史上明确确立户等制的开始，"及文宣受禅，多所创革。……始立九等之户。富者税其钱，贫者役其力"⑤。而后的隋唐二代沿袭了更加严格的户等制。隋初建，就开始"大索貌阅"和"输籍定样"；唐"武德六年（624）三月，令天下户量其赀产，定为三等。至九年三月二十四日诏，天下户三等，未尽升降，依为九等"⑥。户等制的加强所体现出的不仅是皇权专制下的中央集权的加强，而

---

① 《魏书》卷110《食货志》，第2855—2856页。
② 《魏书》卷110《食货志》，第2855页。
③ 《北史》卷42《常爽传附其孙景传》，第1558—1559页。
④ 《北史》卷42《常爽传附其孙景传》，第1559页。
⑤ 《隋书》卷24《食货志》，第676页。
⑥ （宋）王溥：《唐会要》卷85《定户等第》，第1557页。

且从中我们更应该体会出的是：富民阶层对政治的重要性越来越大。恰当的乡治方式是有效推行户等制的基石。在依然以乡官制为特征的乡治方式下，要维护二者的均衡，无非是适当降低乡官的优待与加大富民的负担相结合。自隋开皇十年（590）废除乡正的"专理辞讼"权和唐贞观十五年（641）废除乡长、佐后，充当乡官的乡长（正）、里正、坊正、村正们，已逐渐失去了"官"的色彩。在强化富民责任方面，到唐代已十分明显。唐政府让富户承担了多种色役，其中主要有漕挽、捉驿、仓督、捉官钱等。① 这些色役都无一例外地带有高风险性，因为一旦造成官钱物的损失，就必须由他们连本带息来赔偿。官府之所以让富户承担这样的色役，就是看好了他们的丰厚资产。为引诱富户捉官钱的主动性，曾制定免其他差遣，并给可承传优及后代的"牒身"的优惠政策②。但时间一长，"比缘诸司食利钱出举，岁深为弊颇甚"③。官府贪婪无度，息利竟达十倍，致使富户们纷纷破产。捉官钱的富户如此，其他像督漕、捉驿、仓督的富户也无不如此。在此情况下，富户们不是行贿官人降低户等④，就是揭

---

① "初，州县取富人督漕挽，谓之'船头'；主邮递，谓之'捉驿'；税外横取，谓之'白著'。人不堪命，皆去为盗贼。"载《新唐书》卷149《刘晏传》，第4797—4798页；"义仓斛斗，本防灾年。所贮积岁多，翻成侵害。又差重丁大户充仓督，子弟主管。"载《全唐文》卷89僖宗《南郊赦文》，第408页；贞观十一年"以天下上户七千人为胥士，视防阁制，而收其课，计官多少而给之"。永徽元年，"以天下租脚直为京官俸料。其后又薄敛一岁税，以高户主之，月收息给俸"，"开元十八年，御史大夫李朝隐奏，请籍百姓一年税钱充本，依旧令高户及典正等捉，随月收利。"载（宋）王溥《唐会要》卷93《诸司诸色本钱上》，第1675、1676、1676页。

② 《唐会要》载："宝应元年敕，诸色本钱，比来将放与人，或府县自取。及贫人将捉，非惟积利不纳，亦且兼本破除。今请一切不得与官人及穷百姓并贫典吏，拣择当处殷富干了者三五人，均使翻转回易，仍放其诸色差遣。庶符永存官物，又冀免破家。"载（宋）王溥《唐会要》卷93《诸司诸色本钱上》，第1677页。

③ 《册府元龟》卷507《邦计部·俸禄三》，中华书局1960年版，第6086页。

④ "开元十八年，敕：'天下户等第未平，升降须实。比来，富商大贾多与官吏往还，递相凭嘱，求居下等。自后如有嘱请，委御史弹奏'。"载（宋）马端临著，上海师范大学古籍研究所、华东师范大学古籍研究所点校《文献通考》卷12《职役二》，第340页。

竿而起，走上了造反之路。①

在唐代开元年间，富户与官人勾结降低户等的现象就十分突出，迫使唐明皇不得不下诏对此情况加以制止，"开元十八年，敕：'天下户等第未平，升降须实。比来，富商大贾多与官吏往还，递相凭嘱，求居下等。自后如有嘱请，委御史弹奏。'"② 同时唐睿宗以后，像以前"里正每一员缺，拟者十人"的现象已经不再，现实的情况是"今当选者亡匿以免"③。到代宗时，先时选拔乡官的办法已彻底无法推行了。选任里正的作法被迫改为和其他色役一样，量贫富等第科差，"广德二年（764），敕：'天下户口委刺史、县令据见在实户，量贫富等第科差，不得依旧籍帐。'"④ 更至宣宗以后，就连科差也出现了困难，选任里正等人又改为了"轮差"制，"宣宗大中九年（855），诏以州县差役不均，自今每县据人贫富及役轻重作差科簿，送刺史检署讫，锁于令厅。每有役事，委令据簿轮差"⑤。从此在唐代充当乡治主体的里正、村正等完全由旧制的乡官沦为户役了。到五代时，更明确规定了充当乡治主体的村长、耆长等必须为"有力人户"（或称大户），"（后唐）长兴二年（931）六月敕，委诸道观察使属县，于每村定有力人户充村长，与村人议，有力人户出剩田苗，补贫下不迨顷苗者。肯者即具状征收，有词者即排段检括"⑥。后周时，"显德五年（958）十月诏：'诸道州府，令团并乡村，大率以百户为一团，选三大户为耆长。凡民家之有奸盗者，三大户察之；民田之有耗登者，三大户均之。仍每

---

① 《新唐书》述及漕督和捉驿富户时，云："人不堪命，皆去为盗贼"，载《新唐书》卷149《刘晏传》，第4798页。
② （宋）马端临著，上海师范大学古籍研究所、华东师范大学古籍研究所点校：《文献通考》卷12《职役一》，第340页。
③ 《新唐书》卷112《韩思彦附子琬传》，第4166页。
④ （宋）马端临著，上海师范大学古籍研究所、华东师范大学古籍研究所点校：《文献通考》卷12《职役一》，第340页。
⑤ （宋）马端临著，上海师范大学古籍研究所、华东师范大学古籍研究所点校：《文献通考》卷12《职役一》，第340页。
⑥ （宋）王溥：《五代会要》卷25《租税》，上海古籍出版社1978年版，第401页。

及三载，即一如是。'"① 至此，乡治主体已与富户统一起来。

赵宋建立后，把富户与乡治更加紧密地联系在一起。一方面解除了唐以来让富户辇运官物、督驿等杂役，"建隆三年（962），旧制：凡有课役，皆出于户民，郡国辇运官物，率以侨居人充。至是，始令文武官、内诸司、台、省、寺、监、诸军、诸使，不得占州县课役户，及诸州不得役道路居民为递夫。五月，诏令、佐检察差役有不平者，许民自相纠举。京百官补吏，须不碍役乃听"②。另一方面重新完备了乡治制度，"诸乡置里正主赋役，州县郭内旧置坊正，主科税。开宝七年（974）废乡分为管，置户长主纳赋，耆长主盗贼、词讼"③。从表面上看，宋初的乡治方式十分类似于汉时的乡官制，但实际上二者已有了显著的不同。宋代的乡治主体，诸如里正、户长、耆长等已不同于汉时的乡官，已演变为职役的形式。"国初循旧制，衙前以主官物；里正、户长、乡书手以课督赋税；耆长、弓手、壮丁以逐捕盗贼，承符、人力、手力、散从官以奔走驱使；在县曹司至押、录，在州曹司至孔目官，下至杂职、虞候、拣、搯等人，各以乡户等第差充。"④ 职役是指那些免除其他杂役，专职供役于诸司寺府省监等衙门的人员。⑤ 比较重要的职役诸如里正、户长、

---

① 《全唐文·唐文拾遗》卷11周世宗《选大户为耆长诏》，第51页。
② （宋）马端临著，上海师范大学古籍研究所、华东师范大学古籍研究所点校：《文献通考》卷12《职役一》，第340页。
③ （清）徐松辑，刘琳、刁忠民、舒大刚等点校：《宋会要辑稿》职官48之25，第4321页。
④ （宋）马端临著，上海师范大学古籍研究所、华东师范大学古籍研究所点校：《文献通考》卷12《职役一》，第340页。
⑤ "职役"一词，明确出现于后唐世宗的敕令中。"周显德三年（956）十月敕：'应诸司寺监，今后收补职役人等，并须人材俊敏，身言可采，书札分明，履行清谨。勒本司关送吏部，引验人材，校考笔札。其中选者，具引验可否，连所试书迹，并本州府不系色役回文，及正身引送中书后，吏部具夹名闻奏。候敕下，勒本司收补，余依前后格敕处分。每年只得一度奏补。其诸司寺监旧额人数，仍令所司量公事繁省，于未奏补人数内酌详增损，别为定额。'"载（宋）王溥《五代会要》卷17《杂录》，第278页。但实际上职役之现象，唐代就存在，"唐崔亚郎中典眉州，程贺以乡役充厅仆"。载（宋）李昉等编《太平广记》卷183《贡举·程贺》，中华书局1961年版，第1369页。

耆长等，原则上是由富户承担的，宋太祖免富户杂役的举动，并不是给富户减轻负担，而是为了能使他们更专心投入官府的职役当中去。为了更加明确服役人员的类别，太宗太平兴国三年（978），依转运使程能建议，把原来的九等户等制转为五等制，"以上四等量轻重给役，余五等免之"①。从此户等制从九等户变成了五等户。"淳化五年，令天下诸县以第一等户为里正，第二等户为户长，勿得冒名以给役。"② 此令更加严格了富户与职役性质的乡治主体的一体化。

结　语

隋唐五代宋初乡治方式从乡官到户役的变化是中国历史上的一件大事。这一变化反映了秦汉以来国家控制社会的方式正在经历着一个前所未有的大变化：弱化基层的政治权力，强化中央对地方行政的高度集权。这一弱一强变化的背后反映的却是隋唐以来的统治集团，为提高行政效率，不断寻求扩大君主专制中央集权与降低行政成本间的最佳均衡点的极大努力。

宋以后，国家权力直接到县一级。作为最直接的亲民官，宋代的县令得到了前所未有的重视，开创了由中央官员知县事的先例，中央集权由此也到了空前的加强。但同时乡里基层国家权力的弱化，为此时因科举制而生成的乡绅提供了发挥空间。皇权与绅权相融与相离成为宋以后乡治中的新问题。

---

① （宋）马端临著，上海师范大学古籍研究所、华东师范大学古籍研究所点校：《文献通考》卷12《职役一》，第341页。
② （宋）马端临著，上海师范大学古籍研究所、华东师范大学古籍研究所点校：《文献通考》卷12《职役一》，第341页。

三　隋唐五代宋初国家对乡村控制权的争夺

户口与土地是中国古代历朝政权维系的根本。因此牢牢掌握乡村的控制权也就成为历朝政府行政的根本出发点。秦汉时期，乡里亭制是国家对乡村控制的基本手段。直至西汉前期，乡里亭制对乡村的控制是十分有效的。但以后，随着豪族势力的崛起，他们成为国家对乡村控制的有力争夺者。东汉的豪强势力十分突出，晋以来，特别是永嘉南渡以后，形成了与皇权分庭抗礼的门阀政治。豪族们占有了相当多的户口和土地，使旧有的乡里亭制徒具形式。南北朝以来，无论是江南的宋、齐、梁、陈，还是迁居中土的北魏拓跋氏，都为争夺乡村控制权采取了强有力的措施。对于南朝来说，同豪族手里争夺户口和土地的最有力措施就是"土断"，然后是重建秦汉以来的乡党制。对于北魏而言，对皇权形成威胁的是"宗主督护制"，那些宗主们控制相当数量的土地与人口。文明太后时，在李冲的建议下，首先颁行了均田制。接着推行了类似乡党制性质的"三长制"。南北朝的上述措施都取得了很好的效果，但在完全消除豪族势力上还很不够。要从根本上消除这一威胁皇权的势力，需要一强有力的统一的中央政权。隋王朝的建立开辟了中国历史的又一新纪元。从隋开始至北宋，期间进行了一系列的制度改革，这一阶段是继春秋战国后的中国历史上的又一个社会转型期，也即俗称的"唐宋转型期"。唐宋转型中的许多问题对后世的中国产生了重大影响。仅就乡村控制这一问题而言，如果说隋代是继续解决豪族问题的话，那么唐至宋初，需要解决的最大问题则是消除军阀势力。我们的论题就是从隋代继续解决豪族问题开始的。

（一）从隋罢郡说起

隋文帝受禅伊始，便颁新令："制人五家为保，保有长。保五为闾，闾四为族，皆有正。畿外置里正，比闾正，党长比族正，以相检察焉。"① 这是隋文帝加强人口控制的开始。开皇三年（583）正月，又采取了"大索貌阅"和"输籍定样"的手段，来强化对人口与土地的控制。尽管最终隋文帝此举取得了很大的成效，但此成效的取得却是很费了一番周折。对隋统治集团形成威胁的，是北周以来的功臣豪族，以及旧有的门阀豪族，他们常常以统治本郡县的形式，控制着相当数量的土地与人口。如何消除这一影响皇帝专制和中央集权的障碍，已成为隋统治集团必须解决的首要问题。隋政府对此问题的解决是从"罢郡"开始的，"开皇三年四月，罢郡，以州统县"②。从此一改东汉以来的州—郡—县三级行政区而为州—县二级。为什么东汉以来执行了500多年的三级行政区制度到隋时要改为州县二级制呢？当时情况是："郡县倍多于古，或地无百里，数县并置，或户不满千，二郡分领。具僚以众，资费日多，吏卒又倍，租赋岁减。清干良才，百分无一，动须数万，如何可充！所谓人少官多，十羊九牧。"③ 这种状况太不利于新创建的隋王朝的长治久安了。为此度支尚书杨尚希建议对现有的州郡应"存要去闲，并小为大"，这样做，"国家，则不亏粟帛；选用，则易得贤才"。"帝览而嘉之，遂罢天下诸郡。"④ 罢郡固然可以起到去冗简政的效果，但问

---

① 《隋书》卷24《食货志》，第680页。
② 《隋书》卷28《百官志下》，第792页。
③ 《北史》卷75《杨尚希传》，第2579页。
④ 《北史》卷75《杨尚希传》，第2579页。

题是因何只罢郡而不罢州呢？其中一个主要原因是，自北魏以来郡的行政区地位已逐渐沦为虚名。北魏道武帝拓跋珪于天赐二年（405）制，"诸州置三刺史，刺史用品第六者，宗室一人，异姓二人，比古之上中下三大夫也。郡置三太守，用七品者。县置三令长，八品者。刺史、令长各之州县，以太守上有刺史，下有令长，虽置而未临民"①。其中的"虽置而未临民"一语很值得玩味。对于早期的北魏而言，朝廷并不负担官员们的俸禄，因此即使出现冗官现象对政局的影响也不是太大。但在北魏推行俸禄制以后，依然容忍"虽置而未临民"的郡守的存在，确实值得注意。

在隋代罢郡以前，各朝都曾出现过冗官现象，但解决冗官的方法，却更多地倾向于"帖领"和"并省州郡县"。如东晋时王彪之认为：

> 职事之修，在于省官；朝风之澄，在于并职。……今内外百官，较而计之，固应有并省者矣。六卿之任，太常望雅而职重，然其所司，义高务约。宗正所统盖少，可以并太常。宿卫之重，二卫任之，其次骁骑、左军，各有所领，无兵军校皆应罢废。四军皆罢，则左军之名不宜独立，宜改游击以对骁骑。内官自侍中以下，旧员皆四，中兴之初，二人而已。二人对直，或有不周，愚谓三人，于事则无缺也。凡余诸官，无综事实者，可令大官随才位所帖而领之。若未能顿废，自可因缺而省之。委之以职分，责之以有成，能否因考绩而著，清浊随黜陟而彰。虽缉熙之隆、康哉之歌未可，使庶官之选差清，莅职之日差久，无俸禄之虚费，简吏寺之烦役矣。②

但王彪之所建议的方法非但没有解决官冗职乱的局面，反而使

---

① 《魏书》卷113《官氏志》，第2974页。
② 《晋书》卷76《王廙传》，第2008—2009页。

三 隋唐五代宋初国家对乡村控制权的争夺　43

此情况有加剧之势。其中最引起争议的便是"帖领"之举。帖领之弊端如范宁言：

> 顷者选举，惟以恤贫为先，虽制有六年，而富足便退。又郡守长吏，牵置无常，或兼台职，或带府官。夫府以统州，州以监郡，郡以莅县，如令互相领帖，则是下官反为上司，赋调役使无复节限。且牵曳百姓，营起廨舍，东西流迁，人人易处。文书簿籍，少有存者。先之室宇，皆为私家，后来新官，复应修立。其为弊也，胡可胜言！①

依前者王彪之的本意是想用帖领的办法，解决冗官和地方官员能力低下的问题，哪知却带来了因上下级权限不清而导致政令不畅通的新问题。众所周知，东晋政治的最显著特点是门阀政治，不仅在朝廷呈"王与马共天下"的局面，就连地方的政治权力也一样掌控在豪族手里。在中央，皇权受到门阀士族的很大限制，在地方，州郡县的各级行政首领的制约关系也非常复杂。魏晋以来在选官制度上一直推行的九品中正制，也即意味着九等士族独占了中央与地方的各种权力资源。同时州郡各级长官又有自辟僚佐的权力，②他们又把地方上的中低等士族纳入各自的势力圈中。因此在行政上下级的制约中，不仅表现于上下级长官的服从与被服从，而且还表现于下级长官对上级长官僚佐的服从关系。例如郡县间统属关系，本应县令长直接服从于郡守，但实际上郡守的僚佐"督邮"为郡对县的监督官。③县令为朝廷命官，而督邮为郡守自辟的属僚，但因督邮有监县之责，所以县令不得不讨好他们。但身为朝廷命官的县令却向非命官的上级属僚低头，其滋味恐怕是不会好受的。为大家所熟知

---

① 《晋书》卷75《范汪传》，第1986—1987页。
② 参考《通典》卷32《职官十四·总论州佐》和卷33《职官十五·总论郡佐》。
③ "督邮，汉有之，掌监属县，有东西南北中部，谓之五部督邮也。"载（唐）杜佑撰，王文锦等点校《通典》卷33《职官十五·总论郡佐》，第915页。

的东晋彭泽令陶潜不为五斗米折腰的故事，即是县令与邮督之间矛盾的一种反映。

东晋以来国家权力的豪族支配，不仅因在中央与皇权分庭抗礼，影响了政令的畅通，还有一种不能忽视的情况是地方豪族对本地地方权力的支配，有时甚至是世袭支配。如东晋以来泉氏世袭上洛丰阳县令之事就很典型，《北史》卷六十六《泉企传》载：

> 泉企字思道，上洛丰阳人也。世雄商洛，自晋东渡，常贡属江东。曾祖景言，魏太延五年率乡里归化，仍引王师平商洛。拜建节将军，假宜阳郡守，世袭本县令，封丹水侯。父安志，复为建节将军、宜阳郡守，领本县令，降爵为伯。
>
> ……（企）年十二，乡人皇平、陈合等三百余人诣州，请企为县令。州为申上。时吏部尚书郭祚以企年少，请别选遣，终此一限，令企代之。宣武诏依皇平等所请。①

此种情况到北齐、北周时已是司空见惯的事了。北齐文宣帝于天保七年（556）十一月壬子诏中写道："魏自孝昌之季，数钟浇否，禄去公室，政出多门，衣冠道尽，黔首涂炭。……彝章因此而紊。是使豪家大族，鸠率乡部，诧迹勤王，规自署置。……牧守令长，虚增其数，求功录实，谅足为烦，损害公私，为弊殊久。既乖为政之礼，徒有驱羊之费。"②北齐文宣帝所忧虑的豪族规自署置的情况，在西魏北周时却成为奖励功臣之举，甚至有不惜让一家支配一郡的大手笔，《北史》卷五十九《李贤传附弟穆传》载："俄（李穆）除原州刺史，拜世子惇为仪同三司，以（兄）贤子为平高郡守，（兄）远子为平高县令，并加鼓吹。"③最后尽管由于李穆担心

---

① 《北史》卷66《泉企传》，第2331页。
② 《北齐书》卷4《文宣帝纪》，中华书局1972年版，第62—63页。
③ 《北史》卷59《李贤传附弟穆传》，第2115页。

三 隋唐五代宋初国家对乡村控制权的争夺　　45

"恩遇过隆"而固辞，但并不排除其他功臣而欣然恭受的情况。从西魏北周由弱小到壮大再到最后战败北齐的历史看，不能不归功于宇文氏的"关中本位"政策。而关中本位政策的一项核心内容，就是尽最大努力，团结关陇地区的豪族。其实李穆叔侄一家三人受到牧宰乡里的隆恩，就是宇文氏为团结关陇豪族所采取的重大举动。这与北齐文宣皇帝（高洋）称帝伊始就宣布并省多由豪族支配的郡县的举措形成了鲜明的对比。①

　　北周赐封豪族郡县而强盛，北齐并省豪族郡县而亡国。此教训对由北周手里夺得帝位的隋文帝而言，不能不说刻骨铭心。有隋初建时的情况，诚如前文度支尚书杨尚希所言，郡县繁杂的情况十分严重，和北齐文宣时的情况非常类似。但隋文帝却未敢贸然采取并省的手段，而是采取了罢郡的手法。罢郡与并省郡县最大的区别是，避免直接损害太多豪族的利益。罢郡只是废除郡一级的行政区，对于郡守而言，他们不是依赖于州刺史，就是刺史或其僚属兼领；隋虽然废了郡，但却仍然允许刺史的属僚——州官的存在②，而州官多为当地的豪族，因此既避免了跟豪族的直接冲突，又为下一步削弱豪族势力作了准备。隋文帝的第一个步骤是废除刺史、县令自辟属僚的权力。州县佐职改由朝廷任命异乡人担任，原来的属僚们变成了不知时事的"乡官"，到开皇十五年（595）就连不知时事的乡官也被废除了。③ 之后隋炀帝又采取了废除刺史的兵权，改州为郡，刺

---

① 前文曾叙述了北齐初豪家大族规自署置的情况，对此文宣皇帝甚为焦虑，痛下决心要清除此弊。"将欲镇躁归静，反薄还淳。……周曰成、康，汉称文、景，编户之多，古今为最。而丁口减于畴日，守令倍于昔辰。……百室之邑，便立州名，三户之民，空张郡目。……今所并省，一依别制。"载《北齐书》卷4《文宣帝纪》，第63页。

② 北周时刺史的府官"则命于天朝"，州吏并牧守自置。至隋以州为郡，"无复军府，则州府之吏变为郡官矣"。载（唐）杜佑撰，王文锦等点校《通典》卷32《职官十四·总论州佐》，第890页。

③ "旧周、齐州郡县职，自州都、郡县正已下，皆州郡将县令至而调用，理时事。至是不知时事，直谓之乡官……开皇十五年，罢州县乡官。"载《隋书》卷28《百官志下》，第792—793页。另参见［日］滨口重国《所谓隋的废止乡官》，载刘俊文主编《日本学者研究中国史论著选译》第4卷，第315—333页。

史为太守的重大举措。① 从此，中央对地方的控制更加直接，地方上下级之间的统属关系也更加清晰。东晋以来的国家权力的豪族支配现象越来越弱了，皇帝专制、中央支配的专制集权特色越来越强。从"罢郡"开始，隋政府逐渐从豪族手中争夺了大量的户口与土地，取得了对乡村的绝对控制权。但到唐代以后，又一个削弱中央绝对支配乡村控制的因素开始凸显出来，即军将专横。

（二）唐代"道"由"军控区"变"监察区"引出的问题

唐代是继汉以后中国历史上又一个幅员辽阔的朝代。《新唐书》卷三十七《地理志一》言："然举唐之盛时，开元、天宝之际，东至安东，西至安西，南至日南，北至单于府，盖南北如汉之盛，东不及而西过之。"② 如此辽阔的国土，唐政府是用怎样的办法来掌控的呢？那就是严密的军事与行政合一的控制体系。除了建立系统的州县地方行政体系外，唐政府还实行了上配之于"道"，下辅之于乡里村坊的控制方式。

因何到唐代会在州县之上设"道"这样一个机构呢？要回答这个问题，就必须先弄明白，"道"是什么。何谓之"道"？我们试从不同的角度看一下。《新唐书》卷五十《兵志》中言：

> 唐初，兵之戍边者，大曰军，小曰守捉，曰城，曰镇，而总之者曰道。③

> 武德初，始置军府，以骠骑、车骑两将军府领之。析关中为十二道，……皆置府。三年（620），（改道为军），军置将、

---

① "旧有兵处，则刺史带诸军事以统之，至是（炀帝时）别置都尉、副都尉。都尉正四品，领兵，与郡不相知。"载《隋书》卷28《百官志下》，第802页。
② 《新唐书》卷37《地理志一》，第960页。
③ 《新唐书》卷50《兵志》，第1328页。

副各一人，以督耕战，以车骑府统之。①

太宗贞观十年（636），更号统军为折冲都尉，别将为果毅都尉，诸府总曰折冲府。凡天下十道，置府六百三十四，皆有名号，而关内二百六十有一，皆以隶诸卫。②

其隶于卫也，左、右卫皆领六十府，诸卫领五十至四十，其余以隶东宫六率。③

由这几条资料可知，唐初的"道"是军事防控区。起先只在边地设置，太宗以后扩大到全国。"道"的最高长官叫"总管"，后改曰"大都督"。④ 这是我们从"兵"的角度看到的"道"。

另外，《新唐书》卷三十七《地理志一》对"道"有这样的记载：

唐兴，高祖改郡为州，太守为刺史，又置都督府以治之。然天下初定，权置州郡颇多。太宗元年，始命并省，又因山川形便，分天下为十道：一曰关内，二曰河南，三曰河东，四曰河北，五曰山南，六曰陇右，七曰淮南，八曰江南，九曰剑南，十曰岭南。至十三年定簿，凡州府三百五十八，县一千五百五十一。……景云二年，分天下郡县，置二十四都督府以统之。既而以其权重不便，罢之。开元二十一年，又因十道分山南、江南为东西道，增置黔中道及京畿、都畿，置十五采访使，检察如汉刺史之职。……开元二十八年户部帐，凡郡府三百二十

---

① 《新唐书》卷50《兵志》，第1324—1325页。
② 《新唐书》卷50《兵志》，第1325页。
③ 《新唐书》卷50《兵志》，第1326页。
④ 据《新唐书》卷50《兵志》所载，"总管"，本名都督诸军事，是东汉以来拥有军事指挥大权的统帅。北周时，因兼有地方治民的权力，所以称总管。隋炀帝时为削弱武人政治，采取了包括废除刺史领兵、勋官不得授文武职官、废除大总管及诸州总管等措施，使北魏以来政治中的武强文弱现象得到了很大改观。或许是鉴于隋之短命而亡的教训，高祖李渊兴唐后，一反隋之弱武之政，采用了州、县加大总管府（大都督府）、总管府（都督府）等的地方控制体系。

有八，县千五百七十三……①

这条资料是从中央对地方管理的角度来谈"道"的。从管理的角度言，太宗时为加强对州、县的监督，"因山川形便，分天下为十道"，即为十个监察区。其中负责监察的官员为"巡察"，也称"按抚"或"抚存"。《新唐书》卷四十九下《百官志四下》载："贞观初，遣大使十三人巡省天下诸州，水旱则遣使，有巡察、安抚、抚存之名。"②而其时的都督府之都督，不仅掌控军权，而且还有对州刺史负监督之责。"景云二年（711），置都督二十四人，察刺史以下善恶，置司举从事二人，秩比侍御史。扬、益、并、荆四州为大都督，汴、兖、魏、冀、蒲、绵、秦、洪、润、越十州为中都督，皆正三品；齐、鄜、泾、襄、安、潭、遂、通、梁、夔十州为下都督，从三品。"③让都督来治刺史，无疑使本就权重的都督更加得势。都督不仅掌控着军权，实质上也掌控着刺史的行政权，这非常不利于中央的集权统治。因此，实行当年就宣布除保留由亲王遥领的四大都督府外，其余的上、中、下都督府全部罢之。恢复太宗时期"巡抚"监察刺史的制度，只是把太宗的"巡抚"改称"按察"。都督府的罢废，标志着"道"的"军控区"功能的终结。"道"就只保留了"监察区"的性质。开元二十年（732），把"道"由十增至十五，乾元元年（758），巡察官员的名称也逐渐固定下来，称作"观察处置使"，简称"观察使"。④观察使的职责是"掌察所部善恶，举大纲"。但实际事务由州刺史来处理，"凡奏请，皆属于州"⑤。

---

① 《新唐书》卷37《地理志一》，第959—960页。
② 《新唐书》卷49下《百官志四下》，第1310页。
③ 《新唐书》卷49下《百官志四下》，第1311页。
④ "开元二年，曰十道按察采访处置使，至四年罢，八年复置十道按察使，秋、冬巡视州县，十年又罢。十七年复置十道、京都、两畿按察使，二十年曰采访处置使，分十五道，天宝末，又兼黜陟使，乾元元年，改曰观察处置使。"载《新唐书》卷49下《百官志四下》，第1311页。
⑤ 《新唐书》卷49下《百官志四下》，第1310页。

"道"由"军控区"变"监察区"的过程,也就是都督变观察使的过程。这个过程是唐政府为加强皇权专制下的中央集权的一个必然过程。但问题是唐初的"道"不是一个独立的存在,它是包括全国军防系列:军、守捉、城、镇在内的一个完整体系。前文我们讲过"唐初,兵之戍边者,大曰军,小曰守捉,曰城,曰镇,而总之于曰道"。后来,随着"道"由边戍进入内地,逐渐由都督府取代了"道"的原有功能,但后来罢废都督府,用观察使来取代都督监督刺史的权力以后,旧有的军、城、镇等军备区系列与州、县行政区系列的关系,就日益变得复杂起来。

在旧有制度下,"其军、城、镇、守捉皆有使,而道有大将一人,曰大总管,已而更曰大都督"①。这时诸军、城、镇、守捉使等都服从于大都督和各都督。在都督府被废除,府兵制仍然存在的一段时间里,诸军使多由刺史兼领。② 在府兵制下,军队的马匹等物资的筹措,刺史常参与其中,"当给马者,官予其直市之,每匹予钱二万五千。刺史、折冲、果毅岁阅不任战事者鬻之,以其钱更市,不足则一府共足之"③。或由于刺史领军使,或由于折冲、果毅等军官对刺史的部分物质依赖,在唐前期,地方行政官员与军官们的矛盾还不突出。府兵制崩溃后,募兵制下的军队完全由朝廷支配,随着军将对刺史依赖的降低,和州县官在朝廷不被重视等原因,军官与地方官员的矛盾越来越突出。安史乱后,"方镇相望于内地,大者连州十余,小者犹兼三四"④。方镇之兵权,完全被节度使控制。从此一方面形成了"河朔三镇"式的藩镇割据,这些藩镇公然背叛朝廷,其"土地、民赋非天子有"⑤。另一方面其他的方镇虽然表面上尚服

---

① 《新唐书》卷50《兵志》,第1329页。
② "诸军各置使一人,五千人以上有副使一人,万人以上有营田副使一人。……刺史领使,则置副使、推官、衙官、州衙推、军衙推。"载《新唐书》卷49下《百官志四下》,第1318页。
③ 《新唐书》卷50《兵志》,第1326页。
④ 《新唐书》卷50《兵志》,第1329页。
⑤ 《新唐书》卷50《兵志》,第1330页。

从于朝廷，但凭借其军事实力常常与所在地方的行政官员明争暗斗。因此唐中后期在乡村控制方面的显著特色是：一方面是方镇割据，一方面是各级防守军将同地方行政官员争夺民赋与人丁。

（三）安史乱后乡村控制的多元支配及其终结

唐初为了加强对户口与土地的控制，除了沿用传统的乡里制外，还辅之于村坊制来加强控制。《旧唐书》卷四十八《食货志上》载：

> 武德七年（624）始定律令。（先是颁布均田令和租庸调制，接着）凡天下人户，量其资产，定为九等。每三年，县司注定，州司覆之。百户为里，五里为乡。四家为邻，五家为保。在邑居者为坊，在田野居者为村。村坊邻里，递相督察。①

笔者曾在《唐宋时期从"村坊制"到"城乡交相生养"》② 一文中详论了村坊制实行的缘由，是李唐王朝建立后，吸取隋炀帝施政失败的教训，尊重当时的城村各居的事实，推行了村自村、城自城的以土断之的管理方法。它有效地维护了李唐政权的稳定。唐中期以后，这种由朝廷完全支配乡村的局面被打破。依杨炎的话说，乡村控制朝廷支配的局面被打破的缘由是从唐玄宗放松户籍管理开始的。"开元中，玄宗修道德，以宽仁为理本，故不为版籍之书，人户浸溢，堤防不禁。丁口转死，非旧名矣；田亩移换，非旧额矣；贫富升降，非旧第矣。户部徒以空文总其故书，盖得非当时之实。"③ 其实更严重的情况发生在安史乱后。"迨至德之后，天下兵起，始以

---

① 《旧唐书》卷48《食货志上》，第2088—2089页。唐代的乡里村坊制也鲜明地体现着武人政治的因素，规定"里正"由"勋官六品以下、白丁清平强干者"充。
② 谷更有：《唐宋时期从"村坊制"到"城乡交相生养"》，《思想战线》2004年第6期。
③ 《旧唐书》卷118《杨炎传》，第3420页。

三　隋唐五代宋初国家对乡村控制权的争夺　　51

兵役，因之饥疹。征求运输，百役并作，人户凋耗，版图空虚。军国之用，仰给于度支、转运二使；四方征镇，又自给于节度、都团练使。赋敛之司数四，而莫相统摄，于是纲目大坏，朝廷不能覆诸使，诸使不能覆诸州，四方贡献，悉入内库。权臣猾吏，因缘为奸，或公托进献，私为赃盗者动为万计。河南、山东、荆襄、剑南有重兵处，皆厚自奉养。王赋所入无几。"① 杨炎所分析"王赋所入无几"的原因主要有两点，一是由于唐前期的经济制度即均田制和租庸调制已不适应社会经济发展的要求，因户籍不实，致使王赋多流入私家，而导致中央财赋减少，对此可以用调整经济制度的方法来解决。杨炎根据土地私有的实际，适时调整赋税政策，由以税人丁为主的租调制改为以税地为主的两税法的做法，对遏制因户籍不实而导致王赋大量流失的状况是很见成效的。至于杨炎提到的另一原因即方镇专权，实际是由于唐前期军政不分的政治体制所造成的，这靠调整税法的办法是根本解决不了的。唐前期军政不分的实质，是长期以来强调武人政治的反映。武人政治的负面影响，其实在北魏末年就早有体现，② 但还未等惩此恶瘤，却随着北周靠崇尚武功的重大胜利，而又被隐藏了。隋炀帝时曾为军政分立和抑制武人采取了一系列重要措施，但却由于其迅速亡国，其本来正确的措施反被代隋而兴的李唐王朝错误地当作亡国之鉴。在治国策略上一反隋炀帝之措施，而更加重视武人政治。唐睿宗于景云年间废除都督府的举动，已证明唐统治者意识到武人政治的弊端，但其改革的时机却

---

① 《旧唐书》卷118《杨炎传》，第3421页。
② "（后魏）初，孝明嗣位幼冲，灵太后临朝。征西将军、冀州大中正张彝之子仲瑀上封事，请铨别选格，排抑武夫，不使在清品。于是武夫怨怒，声喧道路，乃悬榜于衢，会期屠害。彝父子不以为怀。神龟二年，羽林、虎贲相率千余人，至尚书省诉曾，求彝长子、尚书郎始均不获，以瓦砾投击台门，声如雷霆，京师慑震，莫敢讨遏。遂聚火就焚其第，拽彝于庭，捶辱恣心，而呼声动京邑。其子叩头流血，为父请命，羽林乃执始均，生投火中，灼为煨尽。仲瑀被创以窜免，彝宿信而死。既而诏斩其尤凶者八人，余大赦以安之。天下冤痛，闻者惊骇。灵太后于是乃命武官得依资人选。"载（唐）杜佑撰，王文锦等点校《通典》卷14《选举二·历代制中》，第337—338页。

又一次因玄宗皇帝的文治武功而错失了。等安史乱后，武人政治的所有弊端便一览无余，成为最终亡唐的重要因素。

唐代的武人政治，一方面造成了军政不分，致使军官常常干涉行政事务；另一方面造成了藩镇割据，直接与朝廷分庭抗礼。从乡村控制的角度言，藩镇割据的情形已无须再赘言，节度使们直接从所辖领域中剥夺了朝廷的控制权。而在朝廷控辖范围内，由于军官们对行政事务的干涉，也大大削弱了朝廷对乡村的控制权。我们下面就重点看一下这方面的情况。

前文我们谈过，唐建立后采用军戍防守和行政控制两种方式来统治幅员辽阔的疆域。军戍防守的设置是军、镇、戍，行政区的设置是州、县。军戍的长官是军使、镇将、戍主等，由朝廷委派使职担任；州、县的长官是刺史、县令等，由吏部任命。他们有各自不同的统属体系，《唐律疏议》卷二十一《斗讼》中明言："若省寺监管局、署，州管县，镇管戍，卫管诸府之类，是所统属。"① 并且同书卷十六《擅兴》中明确现定军防人的职责："依《军防令》：'防人在防，守固之外，唯得修理军器、城隍、公廨、屋宇'"；其物资供给，除部分官给外，还营田自给，"各量防人多少，于当处侧近给空闲地，逐水陆所宜，斟酌营种，并杂蔬菜，以充粮贮及充防人等食"②。他们从原则上讲不具有治民权，治民权在州县。对于州刺史而言，唐代较为复杂，有一部分是观察、节度、防御等使兼所治州刺史，但不检校民事。对于其他刺史，有些兼州军使；安史乱后，有些刺史还兼都团练使，负责招募地方乡团。③ 县令是最基本的亲民

---

① （唐）长孙无忌等撰，刘俊文点校：《唐律疏议》卷21《斗讼》，第396—397页。
② （唐）长孙无忌等撰，刘俊文点校：《唐律疏议》卷16《擅兴》，第312页。
③ "（武德）七年，改总管曰都督，总十州者为大都督。贞观二年，去大字，凡都督府有刺史以下如故，然大都督又兼刺史，而不检校州事。……乾元元年，置团练守捉使、都团练守捉使，大者领州十余，小者二三州。代宗即位，……元载秉政，思结人心，刺史皆得兼团练守捉使。……大率节度、观察、防御、团练使，皆兼所治州刺史。"载《新唐书》卷49下《百官志四下》，第1315—1316页。

官，其治民事的职责比较明确①，一般不兼军团类的使职。

唐代在用官方面重内轻外的情况本就十分突出，这已很不利于中央对地方的控制；武夫、勋人兼刺史的作法，使这种不利形势进一步加剧。《旧唐书》卷一一一《房琯传》载："时［乾元元年（758）］邠州久屯军旅，多以武将兼领刺史，法度毁废，州县廨宇，并为军营，官吏侵夺百姓室屋以居，人甚弊之。"②越到唐后期，军官们的气焰越加嚣张。武将兼刺史既造成了行政不力，又造成了军政不分。在此形势下，对于刺史的下属县令（长）而言，遭受镇将的凌弱也就不难理解了。镇的管辖范围本应限于其管城③，职责也仅是防守事宜，不享有对城外乡的治民权。但实际情况远不是这样，唐大中年间的进士孙樵在其《兴元新路记》记载了军府侵夺郿县户口与民田的情况：

> 郿多美田，不为中贵人所并，则籍东西军，居民百一系县。自郿南平行二十五里，至临溪驿，驿抱谷口，夹道居民皆籍东西军。④

更有甚者，大梁一地军侯不仅侵占民、田，还欺凌观察使及州县官员，孙樵在《寓汴观察判官书》中写道：

> 大梁居东诸侯，兵最为雄。军侯乘权肆豪，奴视州县官。

---

① "县令掌导风化，察冤滞，听狱讼。凡民田收授，县令给之。每岁季冬，行乡饮酒礼。籍帐、传驿、仓库、盗贼、堤道，虽有专官，皆通知。县丞为之贰，县尉分判众曹，收率课调。"载《新唐书》卷49下《百官志四下》，第1319页。

② 《旧唐书》卷111《房琯传》，第3324页。在乾元之前，这种情况就已十分突出，贞观时侍御史马周、开元时左拾遗张九龄等多次上书谈到此点，可参见（宋）王溥《唐会要》卷68《刺史上》，第1201页；（宋）李昉等编《文苑英华》卷676《谏诤下·上封事书》，第3476—3478页。

③ "诸州及镇、戍之所，各自有城。"载（唐）长孙无忌等撰，刘俊文点校《唐律疏议》卷8《卫禁》，第170页。

④ 《全唐文》卷794孙樵《兴元新路记》，第3691页。

州县官即慄缩自下。美言立闻观察使，往往得上下考。即欲认官为治，必为军侯所倾折。大者至夺观察使，小者至为军人所击辱。州县官格手失职，不敢与抗。由是军侯得侵绳平民。鞫讯受辞，往往狱至数百。不以时省，以故平民益畏军侯，至不知有观察使，矧州县官耶？国家设州县官以治平民，岂以属之军乎？今京兆二十四县，半为东西军所夺，然亦不过籍占编氓，翼蔽垦田，其辞狱曲直，尚归京兆。今汴军所侵州县者，反愈东西军。①

五代以后，节度使专横跋扈，公然补署亲随为镇将与县令抗礼，"凡公事专达于州，县吏失职"②。由此导致镇将掌握大部分的乡村控制权，后梁王延在《请方镇不判县务奏》中写道："一县之内所管乡村，而有割属镇务者。转为烦扰，益困生民。请直属县司，镇唯司贼盗。"③在镇将控制下的乡村，镇将对乡民征加重科。在唐后期曾出现镇将对在县部分乡里征科的现象，"唐天祐三年（906），本道（江南西道）以镇（嘉鱼镇）界所管怀仁、宣化（疑此有遗漏）三里合为一乡，属镇征科。"④进入五代十国后，镇将征科的范围扩大了。后唐时，"长兴三年（932）二月，秦州奏：见管长道、成纪、清水三县外，有十一镇，征科并系镇将"。"后唐清泰三年（936）六月，秦州奏：……欲并其四镇地于栗亭县，其征科委县司，捕盗委镇司。"⑤对镇将征科现象，当权者显然明白其弊端，尽管从主管上极力想加以改变，但事实上，面对军将的强大势力，他们却心有余而力不足。为限制镇将的权力，后梁时曾敕令："天下诸

---

① 《全唐文》卷794孙樵《寓汴观察判官书》，第3689页。
② （宋）李焘：《续资治通鉴长编》卷3，太祖建隆三年十二月癸巳，第76页。
③ 《全唐文》卷842王延《请方镇不判县务奏》，第3925页。
④ （宋）乐史撰，王文楚等点校：《太平寰宇记》卷112《江南西道·鄂州》，中华书局2007年版，第2285页。
⑤ （宋）王溥：《五代会要》卷20《州县分道改置·陇右道》，第332—333页。

州镇使，官秩无高卑，在县令之下。"① 后唐时期曾颁布让军事、防御与行政分治的敕令：

> 天成二年（927）九月十九日敕："近闻藩镇幕职内，或有带录事参军，兼邺都管内诸州录事参军，从前并兼防御判官。设官分职，激浊扬清，若网在纲，各司其局。督邮从事，兼处尤难，没阶则宾主之道亏，下榻则军州之礼失。须从改革，式振纪纲。宜令今后诸州府录事参军，不得兼职。如或才堪佐幕，节度使须具闻奏，不得兼录事参军。邺都管内刺史州，不合有防御判官之职，今后改为军事判官。如刺史带防御团练使额，即得奏署防御、团练判官，仍不得兼职录事参军。如此则珠履玳簪，全归客礼，提纲振领，不紊公途。"②

但所有这些诏令在五代军阀纷争的大背景下，想要从根本上限制军将的势力，实在是不可能的。到后周时，周世宗为加强国势和提高军队战斗力，反而提高了军将的地位，如为节度使者，除辖诸军事外，还兼民事，集军事、行政大权于一身。如武平节度使周行逢就有选命州县刺史、县令的权力，《资治通鉴》卷二九三《后周纪》世宗显德三年（956）秋七月辛卯朔条载："以周行逢为武平节度使，制置武安、静江等军事。行逢既兼总湖、湘，乃矫前人之弊，留心民事，悉除马事横赋，贪吏滑民为民害者皆去之，择廉平吏为刺史、县令。"③ 如为县令者则兼知镇事，《五代会要》卷二十《县令下》载："显德五年（958）十月诏：'淮南诸县令仍旧兼知镇事。'从江南之旧制也。"④ 这样一来，对于节度使等军将来说就掌有很大的地方控制权。控制地方的行政权，最主要的就是掌控本地

---

① （宋）王溥：《五代会要》卷19《县令上》，第313页。
② （宋）王溥：《五代会要》卷19《县令上》，第314页。
③ 《资治通鉴》卷293《后周纪四》，周世宗显德三年（956），第9555页。
④ （宋）王溥：《五代会要》卷20《县令下》，第322页。

的民户与田赋。在以农业税赋为主要经济支撑的时代，乡村就是国家的经济命脉。地方行政的最主要目的就是牢固地掌握乡村控制权，一旦地方行政权被分割，也即意味着朝廷对乡村控制的削弱。如果这样的话，离改朝换代的日子就不远了。唐中后期以后直至周世宗以前，军将侵夺州县职权的弊端历历在目，五代以来历代当权者都在为消除此弊而处心积虑，周世宗却反其道而行之。当然凭周世宗之雄武，即使对那些豪猾的军吏而言，也有着极大的威慑力。在此情况下用军将兼行政的做法，可以起到消除军、政官员矛盾从而加强对地方控制的作用。但这种建筑在周世宗威慑力作用下的方法，必然决定了它只能是权宜之计而不能成为长期国策。周世宗死亡之日，也就是柴氏王朝让位之时。宋太祖从被黄袍加身那天起，就已明白了一个道理：要想不再使"黄袍加身"的闹剧重演，就必须永远地解除武人政治。

赵匡胤建宋伊始，就近似疯狂地采用了"杯酒释兵权"和"欢宴罢节镇"的手法，将那些曾经驰骋沙场、东挡西杀为大宋朝的建立和统一立下了赫赫战功的元勋们排除在核心统治集团之外，让以赵普等为代表的文臣们担起治国的重任。由此把节度使控制地方的权力收回朝廷。然而要想使民户和田赋完全掌控在朝廷手中，就必须彻底清除各县镇的权力，废除镇将，划镇为县管理。这个事情从太祖即位时就开始了。建隆三年（962）十二月颁布了《置县尉诏》，宋太祖首先复设县尉，使节度使所置镇将的职权，限于镇郭之内，而将乡村的治安权收归朝廷新设的县尉。[①] 从此镇将与县令抗礼的事不再出现了。宋真宗前期，镇的新镇官"监镇"开始出现，原先作为军事要地的"镇"也逐渐变成乡村的经济中心。五代时期镇将的职权分别让位于监镇和县尉。元丰五年（1082），由县尉通管

---

① "五代以来，节度使补署亲随为镇将，与县令抗礼，凡公事专达于州，县吏失职。自是还统于县，镇将所主，不及乡村，但郭内而矣。"载（宋）李焘《续资治通鉴长编》卷3，太祖建隆三年二月癸巳，第76页。

全县治安。① 这标志着县府完全掌控了乡村的控制权；乡村的县府掌控亦即乡村的朝廷支配标志着长期以来朝廷同威胁势力争夺乡村控制权局面的终结。

---

① 陈振：《论宋代的县尉》，载邓广铭等主编《宋史研究论文集·1984年年会编刊》，浙江人民出版社1987年版，第308—323页。

四 汉唐时期的父老与乡村控制

　　本部分旨在考察乡村社会势力与国家乡村政治之间的关系，以图从更深的层次上理解战国秦汉以来至唐中叶五代宋初期间，发生在中国古代历史上两次重要的社会转型中的乡村控制方式的变迁。战国秦汉时期完成了国家组织形式从分封制到郡县制的转型，唐五代宋初期间就国家控制方式而言，则实现了皇帝绝对专制下的高度中央集权统治，形成了完善的官僚政治。从政治学角度看，这两个社会阶段的比较突出的共同点在于确立了君主国家至上的政治观念——专制主义中央集权。从对社会的控制方式而言，越来越要求用一个庞大而坚固的国家官僚系统来消除或消融旧有的宗族、地域和社会势力，实现国家对社会的直接统治。但在依靠国家力量远未能惠及每个被统治个体的情况下，民间的社会势力不仅不会被国家权力消灭，反而其会成为国家对社会统治的介体。民间的某种社会势力可能会被消除或消融，但随之会新生出另一种社会势力，民间的社会势力是会绝对存在的。国家对社会的控制不可能实现直接的绝对控制，只能通过既限制又利用某种社会势力的方法，实现国家对社会半直接统治。"父老"就是这样一支与国家相对的重要的社会势力，他从战国产生以来至明清，都一直存在。尽管从宋代以后"父老"，只是作为国家"恤老"的一种象征而存在。但父老势力的弱化不是表征着民间社会势力的弱化，而是被一种更为强大的社会势力——集族权与绅权于一身的乡绅所代替。因此分析汉唐间的"父老"势力与国家的关系，对我们深刻理解这期间的乡村控制方式

四　汉唐时期的父老与乡村控制　　59

的变迁有着十分重要的意义。

现有对于父老问题的相关研究，日本学者着力颇多。自20世纪中期以后日本中国史研究学界分为"历研派"和"京都学派"两大阵营。历研派和京都学派在反对中国古代社会"停滞论"的立场上是一致的，但在有关历史分期问题上却意见各异，甚至针锋相对，两大阵营为捍卫各自的观点展开了激烈论战。为寻求佐证，他们都从中国古代社会最基层的社会组织和社会群体出发进行了不遗余力的研究。其中"里"和"父老"也就非常自然进入他们的研究视野。其中专门把"父老"当作问题来研究的是守屋都美雄。1968年日本东洋史研究会出版了其专著《中国古代的家族与国家》，其中有一章专门以"父老"为题，从分析父老在刘邦建汉和维系汉政权稳定中的重要作用为视角，指出汉代（主要指西汉初）国家权力的基础是原来的地缘协同体——里。"里"中自律秩序是习俗的"父老—子弟"关系，父老是里中的领袖，充分连结和利用好父老是汉高祖对以里聚居的民众的一种最迅速、最有效的掌握手段。① 另外池田雄一从中国古代聚落发展的角度也表达了相同的观点。池田氏认为秦朝二世而亡的重要原因不仅在于郡县制度的不完善，更在于没有去连结和利用"里"组织中的父老势力。相反汉朝的统治历史长达四百年，其建国初期的组织和选用官吏等情况，和秦政大致相同，但却没有重蹈秦亡的覆辙，其原因之一是建立了三老制，官府从里父老中选出乡三老、县三老、郡三老纳入国家权力体系。让三老与父老并列的行政二重性，尽管在制度上是不完善的，但国家却通过这样的方式掌控了里聚落的自律秩序。② 池田温从国家对户口的严密控制角度，对秦汉政府重视里和里父老的现象给予关注，认为："秦的里典（正）和里老的后身理应存在于汉代，若将里的父老置于念头

---

① ［日］守屋都美雄：《父老》，载刘俊文主编《日本学者研究中国史论著选译》第3卷，中华书局1993年版，第564—584页。

② ［日］池田雄一：《中国古代社会聚落的发展情况》，载李范文等主编《国外中国学研究译丛》，青海人民出版社1986年版，第36—62页。

的话，那么这个最小规模的自治共同体，通过造籍就可与郡县结合起来（必须考虑介于乡之间），而被作为国家管理的基层单位。"①谷川道雄也从认可中国古代社会发展的观点出发，提出中国中世的"豪族共同体"是取代秦汉时代"里父老共同体"的结果。②东晋次则对从里父老共同体向豪族共同体转变的过程和原因做了详尽地阐明。认为中国中世贵族制的形成，是由于西汉武帝以后豪族日渐雄起，不断对乡里社会的父老秩序加以破坏。到东汉，乡里社会的自律秩序，已呈由豪族统治与父老秩序并存和角逐向豪族置父老秩序于自己支配之下的方向变化发展。这种父老秩序遭破坏的趋势在守屋都美雄的"父老"一文中已有所揭示：秦末汉初的里相比较原有的传统形态已发生了许多变化。一方面出现了威胁父老权威的游侠集团。另一方面随着生产技术的进步，产生了富裕阶级，也出现了破产农民和商人。这些富裕层形成里中的豪族，出现了豪族武断乡曲的事，因此父老的地位受到挑战。父老、三老也渐与官府、豪族结合，逐渐与民众相脱离而走向首领化。③

中国中世以后，由于乡里社会中豪族对民众的人身或经济支配，父老的权威受到了极大的削弱。北魏、南朝以来，当权者出于加强皇帝专制和中央集权的目的，重建了乡里社会的父老秩序。但此时的父老与秦汉及以前的父老已不能同日而语，此时的父老多由政府选命，他们已成为国家权力体系的重要组成部分。国家往往借助乡里的父老一方面对地方官进行监督，另一方面协同地方官加强地方行政。在豪族已削弱而地方乡绅尚未长成的唐五代时期，父老在辅助地方行政方面的作用是明显的。宋以后，由于形成了集族权、绅权于一身的乡绅势力，父老的一些作用尽管还存在，但其重要性已明显削弱了。但柳田节子仍认为宋代父老对地方行政的影响是明显

---

① ［日］池田温著，龚泽铣译：《中国古代籍帐研究》，第73—74页。
② ［日］谷川道雄著，马彪译：《中国中世社会与共同体》，中华书局2002年版。
③ ［日］东晋次：《东汉的乡里社会及其政治的变迁》，《中国史研究》1989年第1期。

的，父老在当地乡村社会中是领导阶层，与地方行政关系密切。他们从基层支持地方官对农民的统治，起到了维持民间社会秩序的作用。宋王朝对农民的支配权力或许可以说是以父老为中介而实施的。① 柳田文针锋相对的是宋代国家权力对农民的直接支配的观点，在此点上笔者的观点与柳田先生一致。但国家权力对农民支配的中介是父老，还是乡绅？父老与乡绅是怎样的关系？还需要进一步探讨。

国内学者在父老相关问题上，更多的是关注秦汉乡官中的三老，早期论文如苏莹辉的《论我国三老制度》，其对秦汉时期的三老制度作了概括性阐述。② 20世纪50年代末，陈直充分利用出土实物文献与传统文献相结合的方法撰写了《汉代三老在政治上特殊地位》一文，认为在汉代的乡官中三老的地位远高于同列的乡佐、啬夫、游徼等。③ 近些年秦进才也对秦汉时代三老的产生、职能等问题作了考察，认为三老制度产生于战国，盛行于秦汉，既带有春秋战国时的遗风，又同自耕农阶层的兴衰，紧密地联系在一起。人数众多的乡、县三老，职参百政，无所不涉。德高望重的国三老，年耆学明，为天子与臣民所尊。三老制度，在当时的历史条件下，发挥了重要作用，对以后的历史进程，也有着深远的影响。④

上述研究成果有助于我们更全面、更深入地理解"父老"问题。日本学者侧重于用以小见大的手法，以父老为切入点，探究民间势力与国家统治之间的内在关系，从而解释中国古代社会的性质与特点。国内学者擅长用微观实证的方法，细致地考究出历史现象的真实，从而加深对这一历史问题的理解。美中不足的是，现有的对父

---

① [日] 柳田节子撰，游彪译：《宋代的父老——关于宋代专制权力对农民的支配》，载本书编委会编《漆侠先生纪念文集》，河北大学出版社2002年版，第331—338页。

② 苏莹辉：《论我国三老制度》，载《三代秦汉魏晋史研究论集》，台北：大陆杂志社1970年版，第37—44页。

③ 陈直：《汉书新证》，天津人民出版社1979年版，第173—174页。

④ 秦进才：《试论秦汉时代的三老》，载河北师范学院历史系编《中国古史论丛》，河北教育出版社1995年版。

老问题的研究，仍过多地局限在断代研究。众所周知，"父老"现象直到明清时代都一直存在，但他们的社会地位在从战国至明清二千多年的历史中是发生了很大变化的。这种变化突出表现在国家对父老的态度从外在联合到内在抚恤的变化。国家对父老的外在联合态度反映了父老势力在国家与民众之间的独特的社会地位。诚如前述谷川道雄等人的观点，父老与民众结成共同体联盟，也即意味着，民众的父老共同体意识要强于国家意识，这对战国以来形成的皇权专制与中央集权的国家政体而言，不是帮助而是威胁。但对于这种威胁因素，如果只是武断地采取一味地抹杀手段，不仅不能灭他存己，反而会灭己存他。秦国通过商鞅变法而短期强大和秦始皇的极端统治而短命而亡的教训为后起者敲响了警钟。两汉特别是前汉对父老的高度重视和优待，不能不说对两汉长达四百多年的统治有着积极作用。三国至魏晋期间，父老对国家统治的重要影响被强大的豪族势力所取代，豪族共同体的存在和士大夫豪族在政治中的强大势力使魏晋的皇帝专制中央集权的国家政体受到严重破坏。南北朝以后，统治者开始了新一轮的专制—集权国家政体的重建。北魏的"三长制"、北周的"苏绰新政"及南朝的"土断"政策，是此时期重建专制—集权政体的重大举措。其中最为突出的北周的"苏绰新政"，其核心内容在政治方面有二：一是改革选官制度，树立贤能优先的选官原则；二是建立了遍布全国的国家权力网络，特别重视基层乡里社会的国家权力的渗透。这一有效的政治举措辅之以得力的经济政策，大大强化了北周的国力，为北周统一北方和隋朝统一全国奠定了良好的政治与经济基础。

  历史发展至此，仿佛驶进了中国社会前进的第二个轮回。秦国—秦朝—汉是第一个轮回，北周—隋朝—唐是第二个轮回。秦国通过商鞅变法统一六国，建立了秦王朝，秦朝短命而亡后，进入了中国历史上第一个强盛时代汉朝。北周通过苏绰新政统一了北方，促进了隋王朝的建立，隋朝短命而亡后，进入了中国历史上又一个强盛时代唐朝。唐承隋制，隋制又是对汉制的全面恢复，因此从制度本源上讲，汉唐是一致的。汉唐是中国古代君主专制中央集权政体发展史上的两个重要阶段。这两个阶段在发展专制集权政体所持的理念是相似的，即融儒家的礼治思想与法家的法治思想于一体。从对地方控制的方面看突出表现在郡县制与乡里制的结合。汉惩秦亡之弊，在地方控制方面充分尊重了当时的社会现实，在对乡村社会势力——父老的态度上给予了足够高的重视和优待。前人的研究成果告诉我们汉王朝（主要指西汉）的创建和长期统治与重视和利用父老阶层密切相关。汉武帝以后随着专制—集权体制的加强，以及地方上豪族势力的兴起，父老的性质和父老之于地方行政的重要性也在悄悄地发生着变化。唐前期在基层控制方面建立了比乡里制更完善的乡里村坊制。其中的村坊分治具有开创性意义。唐太宗在尝试设乡长、佐控制乡村的方式失败后，又一次把目光转向利用乡村父老上。因此唐王朝的昌盛与长存也与当权者对乡里社会父老层的重视十分有关。唐中期以后，随着土地兼并情况的加剧，乡村中出现了新的社会势力——富豪层。富豪层的出现成为影响国家乡村控制的新威胁。五代时乡村豪富兼并势力不仅呈加强之势，而且其构成逐渐掺杂了一些权势层；进入宋代，乡村的社会构成又发生了很大变化，集富豪、族权、绅权于一体的乡绅势力开始形成，他们对地方行政权力的威胁比一般富豪层更大。唐中后期至五代宋初的这些变化，都使国家对父老的态度发生了变化：从原先的真重视、真优待，日渐变为只具象征意义的恤老。汉唐时期父老在乡村控制中身份地位的变化，突出反映了当时社会的变动。从基层社会的父老切入，通过对其在国家中社会地位的变动，不仅能管窥汉唐时期乡村社会的真实状况，还能从一个侧面了解到汉唐政治、经济与社会的互动变化。本部分拟从两个方面加以阐释：（一）两汉乡村从父老支配到豪强逞雄；（二）隋唐乡村的长正专控与父老参政。

（一）两汉乡村从父老支配到豪族逞雄

两汉的乡村控制方式，从制度层面讲，是秦以来的乡里亭制。《汉书》卷十九上《百官公卿表第七上》言："大率十里一亭，亭有长；十亭一乡，乡有三老、有秩、啬夫、游徼。三老掌教化。啬夫职听讼，收赋税。游徼徼循禁贼盗。"①《后汉书》志第二十八《百官志五》云："乡置有秩、三老、游徼。本注曰：有秩，郡所署，秩百石，掌一乡人；其乡小者，县置啬夫一人。皆主知民善恶，为役先后，知民贫富，为赋多少，平其差品。三老掌教化。凡有孝子顺孙，贞女义妇，让财救患，及学士为民法式者，皆扁表其门，以兴善行。游徼掌徼循，禁司奸盗。又有乡佐，属乡，主民收赋税。亭有亭长，以禁盗贼。本注曰：亭长，主求捕盗贼，承望都尉。"② 这种由乡里亭控制乡村的方式是国家权力介入基层社会的典型表现，符合专制—集权政体的治国精神。三老、有秩、啬夫、游徼、亭长虽排除在正式官僚之外，但与国家的官僚体系紧密相连，素有乡官之称。乡官无正式官位，不属于朝廷命官，但仍属国家官僚体系的延伸部分，它起着联系官府与民间社会的纽带作用。

陈直在《汉书新证》中认为："三老是领袖，其职位等于乡长，其身份不类似于县长之属官，其职权有时超出县令长之上。"③ 三老之权威当源自《周礼》中之"乡老"，其"地官"篇中载："乡老：二乡则公一人。"今人钱玄等注曰："乡老：老，尊称。六乡（王城之外百里之地分为六乡）置公三人，称为乡老。乡老无专职，惟礼宾贤能，献书于王，退行乡射之礼等。"④ 春秋以后，因之礼崩乐坏，到战国"乡"之含义已不再是大于州县的行政区了，沦为郡县

---

① 《汉书》卷19上《百官公卿表》，中华书局1962年版，第742页。
② 《后汉书》志28《百官志》，中华书局1965年版，第3624页。
③ 陈直：《汉书新证》，第172页。
④ 钱玄等注译：《周礼》，岳麓书社2001年版，第77页。

制下次县级行政区。《周礼》制下位高德隆的乡老也变为基层社会的无正式名位的教化官。与"乡老"地位巨大变迁相比较，最底层的"里"组织中的"父老"的含义与地位却被基本完整地因袭下来。战国秦汉时期作为民间代言人一级的"里父老"成为官方代言人"三老"的社会基础。[1] 父老与三老的这种对立统一关系在战国时期就已很明显，众所周知的西门豹治邺的故事中对此有着很好地反映。《史记》卷一二六《滑稽列传》载："魏文侯时，西门豹为邺令。豹往到邺，会长老，问之民所疾苦。长老曰：'苦为河伯娶妇，以故贫。'豹问其故，对曰：'邺三老、廷掾常岁赋敛百姓，收取其钱得数百万，用其二三十万为河伯娶妇，与祝巫共分其余钱持归。'"[2] 其中的"长老"即为里父老，父老在"里"中的地位，西汉何休在注《春秋公羊传》时十分详细的提及："在田曰庐，在邑曰里。一里八十户，八家共一巷。中里为校室，选其耆老有高德者名曰父老，其有辩护伉健者为里正，皆受倍田，得乘马。父老比三老、孝悌官属，里正比庶人在官之吏。民春夏出田，秋冬入保城郭。田作之时，春，父老及里正旦开门坐塾上，晏出后时者不得出，莫不持樵者不得入。……十月事讫，父老教于校室，八岁者学小学，十五者学大学，其有秀者移于乡学，乡学之秀者移于庠，庠之秀者移于国学。学于小学，诸侯岁贡小学之秀者于天子；学于大学，其有秀者命曰造士。行同而能偶，别之以射，然后爵之。士以才能进取，君以考功授官。"[3] 里中的社会秩序为"父老—子弟"关系，唐颜师古对此注解道："乡邑之人，老及长者父兄之行，少及幼者子弟之党，故总而言之。"[4] 因里父老在里中的精神领袖地位，里民的举动唯父老的马首

---

[1] 尽管三老与父老为社会基础，但二者所持的基本立场还是有区别的。日本学者守屋都美雄在《父老》文中论述"汉代国家与父老"时，将二者混同起来，是值得商榷的。
[2] 《史记》卷126《滑稽列传》，中华书局1959年版，第3211页。
[3] （汉）公羊寿传，（汉）何休解诂，（唐）徐彦疏，浦卫忠整理：《春秋公羊传注疏》卷16，北京大学出版社1999年版，第360—361页。
[4] 《汉书》卷1上《高帝纪第一上》，第10页。

是瞻，父老和里民的人身、利益关系紧密联系，故以谷川道雄为代表的一批日本学者，将其称作"里父老共同体"。三老为官方代言人，其和县令的属僚负责部乡的廷掾①勾搭为奸，损害里民的利益。尽管西门豹事例中所反映的情况不一定代表普遍性，但足以反映民间社会势力的代表父老与官方利益的代表三老之间出现对立的可能性。这种对立对政权稳定的维持极为不利。消除父老与三老之间的对立，是保持政权与社会稳定的特别重要的条件。

里父老共同体兴盛的黄金期在《周礼》时代，它以井田制为存在基础。春秋以来，社会各阶层发生了迅速变化，到战国时期，井田制在当时人的心目中已变成了一种理想。里组织中曾经牢固的父老—子弟秩序遭到了破坏，一批不安于旧秩序束缚的人从中脱逸出来，互相集结，形成游侠集团。他们成功地推翻暴秦而统治天下。父老—子弟的民间内律秩序和帝国所要求的君臣—子民的法律统治秩序，是相容还是相斥？从帝制所要求的对社会绝对统治而言，是不希望民间内律秩序的存在的，但里民对父老的权威的服从心理，短时期难以消除。汉高祖刘邦为了取得王者所必需的绝对支配，选择了与里父老相连结的手段，由此迅速获得了建立帝国所必需的广大的社会基础。②建国后，刘邦集团上升为统治集团，与父老势力层的关系由过去的合作变为统治与被统治关系。父老阶层由礼制时代统治集团的成员变为帝制的附庸。帝制政权不希望父老权威超越于帝王权威和国家法律。为消除父老权威，汉高祖采取提高战国以来生成的三老权势的做法。三老身份的取得不是靠习俗，而是由国家选命，其职责是向里灌输统治集团的意识形态，即所谓的教化，为维系国家政权的稳定服务。父老一般为"耆老有高德者"，所以也常称作长老。而国家选命的三老则是"举民年五十以上，有修行，能

---

① 汉晋时期，郡设督邮部县，县设廷掾部乡。督邮、廷掾分别为郡守和县令的属僚，意即隋文帝时所罢的"乡官"，身为朝廷命官的县令却常受制于"乡官"身份的督邮，由此导致督邮与县令之间常出现矛盾。

② 这些论述部分观点采用了日本学者守屋都美雄《父老》文中的观点。

四　汉唐时期的父老与乡村控制

帅众为善"者，并且是每乡一人；另外，还"择乡三老一人为县三老，与县令丞尉以事相教，复勿徭戍"①。由此比较不难看出，充任三老之人正值壮年，已有了丰富的人生经历，因为识相所以能"有修行"，帅众为有利于国家政权统治之善。从何休注"父老比三老、孝悌官属"的话语中，也能体会出三老优越于父老。何休为西汉初人，因此何休对父老的解读是当时官方意识形态的反映。到汉文帝时，官府的统治方式愈来愈重视意识形态对民众的导向作用。而充当普及官方意识形态的践行者，除廉吏外，便是三老、孝悌和力田。《汉书》卷四《文帝纪》载："十二年（公元前168）三月，诏曰：……孝悌，天下之大顺也；力田，为生之本也。三老，众民之师也。廉吏，民之表也。朕甚嘉此二三大夫之行。今万家之县，云无应令，岂实人情？是吏举贤之道未备也。其遣谒者劳赐三老、孝者帛人五匹，悌者、力田二匹，廉吏二百石以上率百石者三匹。及问民所不便安，而以户口率置三老孝悌力田常员，令各率其意以道民焉。"② 这条诏令最大的特点是把本来华夏民族固有的孝悌、力田等自然意志上升为国家意志，并且选出一定数量的典型作为民众行为的楷模。而负责塑造楷模的则是被敕令为"民师"的三老。朝廷对三老的有意识提升，对孝悌、力田者的优抚，在极大地破坏着里组织中旧有的父老—子弟秩序，国家的名利诱惑在逐渐颠覆着父老的精神领袖的权威地位。加之，随着"里"由住所含义向行政组织的转化，旧有的"里共同体"也在遭受着破坏。③ 汉初的乡村社会中父老—子弟内律秩序逐渐让位于国家控制秩序，父老势力也就自然被以三老为首的政治势力所取代。此后父老身份是以国家恤老的

---

① 《汉书》卷1上《高帝纪上》，第33—34页。
② 《汉书》卷4《文帝纪》，第124页。
③ 从何休对"里"的注解看，里的本义是集住所与组织的统一体。而据池田温对长沙马王堆出土帛书驻军图的研究认为："前汉前期的里，是以数十户小村落为主的，……而被作为国家管理的基层单位。"载［日］池田温著，龚泽铣译《中国古代籍帐研究》，第73—74页。由此可知，"里"的内涵在西汉时期已同《周礼》时代有了很大变迁。

象征而存在的。

西汉前期通过消融父老的做法，巧妙地实现了国家对乡村的控制权。国家对乡村控制权的掌控突出表现在以三老为首的乡官们对民众的全面支配。①乡官们负责维系政权生存和稳定所需的包括社会治安、赋役征纳、户口掌控等方面的事务。武帝以前，尚属秦末战争后的恢复期，乡村社会呈残破之状，汉政府为发展农业，积极推行扶植自耕农之政策，农户之间没有出现大的贫富差距。此种均平的农户势态十分有利于乡官制的管理。但武帝以后乡村的农户贫富均衡状况被打破，再次出现了董仲舒所描述的战国末期"富者田连阡陌，贫者无立锥之地"的情况，那些富民们"役财骄溢，或至并兼豪党之徒以武断于乡曲"②，他们被称之为"豪族"。豪族继战国时期再次出现，意味着像西门豹治邺事例中三老与豪长们因缘为奸的现象已不可避免。身为县令的西门豹与三老、豪长、巫师等人发生冲突，表明三老走上了国家利益的对立面，他们与乡村新势力豪长等人以权财交易的形式结成地方利益集团，对汉帝国大厦的根基起了很大的破坏作用。我们知道，西汉乡官中以三老为首，国家对其的选任标准是品行和才能。而让这样一个群体去负责管理贫富已巨大分化的乡村时，豪族势力是不会轻易就范的。当掌权者与财富者在各自所希图需求的财权不对等时，就必然产生交易。这种交易就是经济学上所讲的"博弈"，博弈的结果导致吴思所言的"潜规则"出现。"潜规则"对国家政治制度的"正式规则"起着很大的腐蚀作用。

三老与富豪势力对国家与民众利益的双重侵犯，对国家和社会都引起了不小的震动。对国家来说，对三老的选任逐渐走上与富豪势力相结合的道路，如西汉末的湖阳县三老樊重便是一个典型事例。

---

① 关于汉代由三老取代父老和后来三老异化问题，日本学者鹰取祐司有着与笔者相近的论述，参见［日］鹰取祐司《汉代三老的变化与教化》，《东洋史研究》1994年第53卷第2号。

② 《汉书》卷24上《食货志》，第1136页。

《后汉书》卷三十二《樊宏传》载：

> 樊宏字靡卿，南阳湖阳人也，世祖之舅。……为乡里著姓。父重，字君云。世善农稼，好货殖。重性温厚，有法度。三世共财，子孙朝夕礼敬，常若公家。其营理产业，物无所弃，课役童隶，各得其宜，故能上下勠力，财利岁倍，至乃开广田土三百余顷。其所起庐舍，皆有重堂高阁，陂渠灌注。又池鱼牧畜，有求必给。尝欲作器物，先种梓漆，时人嗤之，然积以岁月，皆得其用。向之笑者咸求假焉。赀至巨万，而赈赡宗族，恩加乡闾。……县中称美，推为三老。①

这种由于"恩加乡闾"所导致的乡民对豪族的物质依赖，进一步改造了乡民对父老精神依赖的传统观念，迅速促进了以豪族为中心的共同体的形成。国家企图以豪富层之有德者为三老破解部分富豪与旧三老因缘为奸的做法，在消灭了一个旧对手的同时，为自己培育了一个新对手。三老对民众利益的侵犯，还导致了民众对旧有的"父老—子弟"秩序的向往与回归。西汉末的反政府军事集团赤眉军和绿林军的组织构成就以此为基础。赤眉军（前期）是由三老、从事、卒吏、臣人诸等级构成的，赤眉军的头领被称为三老。这意味着赤眉军与由父老—子弟的统制关系维持秩序的乡里是具有相同性质的集团。②赤眉军的领导机构显然是模仿乡官制而成，只不过其三老不是由官府任命，而由民众推举。此点对于与赤眉军构成相似的绿林军来说也是相同的。王匡、王凤之所以成为绿林军首领是因为其有威望，被民众推举而成。《后汉书》卷十一《刘玄传》载："新市人王匡、王凤为平理诤讼，遂推为渠帅，众数百人。"③与绿

---

① 《后汉书》卷32《樊宏传》，第1119页。
② ［日］东晋次：《东汉的乡里社会及其政治的变迁》，《中国史研究》1989年第1期。
③ 《后汉书》卷11《刘玄传》，第467页。

林、赤眉同时反王莽新朝政府的还有南阳光武集团。光武集团是一支以豪族为中心的反政府集团。西汉末期两支反政府集团的出现，典型地反映了乡村社会的构成及其与国家的关系。两集团在反政府的同时，他们之间也展开了权力的争夺。其争夺的性质是豪族与旧父老势力之间为争夺乡村民众的支配权而战。两支集团争斗的事实反映了豪族集团很难强有力的迫使农民叛乱集团屈服其手下，这体现出豪族要打破乡里父老—子弟统制关系而使乡里民众置身于自己的统治之下是很不容易的。① 因此东晋次将此时期称为乡村社会从"里父老共同体"向"豪族共同体"过渡的"豪族的里共同体"时期。之所以称为"豪族的里共同体"，是因为此时的豪族对乡里的支配是不完全的，这与魏晋时期豪族共同体下豪族对乡里的完全支配不同。②

时代进入东汉后，其乡里社会开始由豪族统治与父老秩序并存和角逐向豪族置父老于自己的支配下的方向变化发展。在征辟、察举选官制的影响下导致了豪族分裂为士大夫豪族和地方土豪，由此到东汉末期，形成全国性的士大夫豪族、土豪、小农的阶层构造。从官僚制的身份来看，有中央官僚、州郡吏、县吏、乡吏、庶人的序列与前者相对应。士大夫豪族层以出身郡的士大夫圈为基盘形成了全国性的圈子，他们升入中央官界，结成儒家官僚集团，致力于建立以皇帝为中心的豪族联合政权体制。士大夫豪族的这一目标最终因汉末战乱被打断了。但在混乱中残存的士大夫豪族阶层作为魏晋国家政治的统治阶层——贵族，又在后段时代之中不断发展壮大而成为主角③，即典型的门阀政治。对于乡里社会而言则形成了典型的豪族共同体。

---

① ［日］东晋次：《东汉的乡里社会及其政治的变迁》，《中国史研究》1989 年第 1 期。
② 参见［日］东晋次《东汉的乡里社会及其政治的变迁》，《中国史研究》1989 年第 1 期。
③ 此段主要采纳了东晋次的观点，参见其前揭文。

（二）隋唐乡村的长正专控与父老参政

自汉帝国瓦解以来，饱受社会矛盾、天灾、战乱等威胁的民众，依附于地方上拥有势力的豪族，以谋求生活的安定，形成了由乡村名望家支配的豪族共同体。[1] 彻底改变了之前里父老控制乡村社会的局面。[2] 六朝时代，乡村社会的名望家豪族支配是当时贵族门阀政治的重要组成部分，是中国中世社会的重要特征。六朝末期的南北朝阶段，门阀制度日渐衰落，江南的刘宋政权和北魏文明太后—孝文帝执政时代，为重建专制—集权体制进行一系列旨在削弱门阀士族势力的改革。其中尤以南朝的"土断"政策和北魏"三长制"的建立为最有效，它们又重新明确了秦汉以来的乡里制。[3] 有乡里制是否意味着"父老支配"的再回归？这不仅从传世文献中没发现此现象，而且从理论推导层面也极易将其否定。一是父老—子弟支配关系产

---

[1] 参见［日］谷川道雄著，马彪译《中国中世社会与共同体》，中华书局2002年版。

[2] 汉代三老取代父老协同政府对乡村进行政治控制，三老的政治教化取代了传统父老的礼治教化。前汉的乡里制中三老的排名居于乡佐等乡官位置之首，显示出其在乡里中的首要地位；进入后汉，其在乡官中的排序已移置乡佐之后，这表明三老的优势地位已经动摇；而到晋代，《晋书》卷24《职官志》中则只载有"乡置啬夫一人。乡户不满千以下，置治书史一人；千以上置史、佐各一人，正一人；五千五百以上，置史一人，佐二人"，已完全没有对三老的记载了，详见《晋书》卷24《职官志》，第746页。这说明政府对乡村的控制权已受到削弱，豪族对乡村的强势支配排斥了三老的存在。

[3] 南朝建立乡里制的文献记载比较明确，而对北朝而言，是否因前段的宗主督护制和后段的三长制而判断为没有设立乡里制？对此侯旭东予以了否定回答。他对北朝时期乡村因实行三长制而不存在乡里编制的普遍说法进行了纠正，认为：北朝乡村在实行三长制的同时，依然存在广泛的乡里编制。约自北魏太和年间开始直到北朝末，除北齐时京畿地区不设乡里之外，其他地区均设有乡里编制。不同于前代的是，北朝的乡里具有划定的地域，这可能与实行均田制有关。乡里编制虽然普遍存在，但在实际生活中似乎未受到村民的普遍认同。相反，他们对世代生活于其中的村落表现出更强的归属感，并依托"村"组织活动，官方的乡里设置在村落中被架空。参见侯旭东《北朝乡里制与村民的生活世界——以石刻为中心的考察》，《历史研究》2001年第6期。

生的土壤——乡村贫富均势的土地分配制度①已不存在，二是当权者重建专制—集权政体的要求，也极力排斥地方社会势力交替出现。

南北朝末期，将政治与社会交织在一起的门阀制度已走到了尽头。西魏北周时期由苏绰倡导的《六条诏令》②的颁布，对旧有的政治制度起了巨大的颠覆作用。《六条诏令》在选官方面主张"贤才主义"而不是门阀的高低。在对基层的治理上推行"二长制"：县以下划分乡、里，各由乡正和里长统领。二长制的推行试图对原有的乡村豪族支配状况予以纠正。苏绰的新政在宇文泰的大力支持下获得了巨大的成功，迅速促进了北周的强大，不仅一举吞并了北齐，一统北方，而且为后来的杨隋实现南北统一奠定了坚实基础。

杨隋建立后，苏绰之子苏威得到隋文帝的宠任，继续在乡里社会中推行二长制。"隋承战争之后，宪章蹐跛，上令朝臣厘改旧法，为一代通典。律令格式，多威所定，世以为能。"③"格令颁后……（苏）威又奏置五百家乡正，即令理民间辞讼。"④当时的另一重臣李德林（即为唐臣李百药之父）以为不可，他认为开皇元年已颁布推行汉以来的乡党制，"格式已颁，义须画一。纵令小有蹐驳，非过蠹政害民者，不可数有改张"⑤。他尽管列举了一系列实行乡正理民辞讼的弊端，但最终由于隋文帝对苏、高二人的宠信，于开皇九年（589）丙申制："五百家为乡正一人，百家为里长一人。"⑥但实行一年后，便因不便废除了乡正理民间辞讼之权力。"开皇十年

---

① 北魏太和以来推行的均田制，不是绝对平均分配土地，当然也就不是否定大土地所有制，其核心在于限制土地的兼并。因此均田的前提是保持现有的地权关系不变，再按身份的不同，由国家对公共土地进行收授。因此均田制的实行，并未改变原有的大土地所有制十分突出的局面。

② 《周书》对《六条诏书》实施的经过有详细记载。其六条略为：其一，先治心；其二，敦教化；其三，尽地利；其四，擢贤良；其五，恤狱讼；其六，均赋役。详见《周书》卷23《苏绰传》，第382—391页。

③ 《隋书》卷41《苏威传》，第1186页。

④ 《隋书》卷42《李德林传》，第1200页。

⑤ 《隋书》卷42《李德林传》，第1200页。

⑥ 《隋书》卷2《高祖本纪下》，第32页。

（590），虞庆则等于关东诸道巡省使还，并奏云：'五百家乡正，专理辞讼，不便于民。党与爱憎，公行货贿。'上仍令废之。"① 这里所说的"废之"，并非言废掉了整个二长制，而是废除了五百家乡正专理民间辞讼的权力。类似情况到唐代以后又出现了一次。唐太宗再次加强乡官制的乡治形式，于贞观九年（635）置乡长、佐，"每乡置长一人，佐二人"②。但也不长命，在实行了6年后，也于贞观十五年（641）省。因为这种乡长、佐制不仅没有使社会治安状况有所改善，相反则有恶化之势。诚如贞观十六年（642）诏令所言："盗贼之作，为害实深。州县官人，多求虚誉。苟言盗发，不欲陈告。村乡长正，知其此情，递相劝止，十不言一。假有被论，先劾物主，爰及邻伍，久婴缧绁。有一于斯，实亏政化。自今以后，勿使更然。"③ 二长制在北周成功推行的事例，并没有在隋唐时代得到应验。在唐太宗推行乡长、佐制控制乡村社会失败后，不得不转而依靠"父老"上。

唐代在建立之初，曾恢复了乡里父老的设置。《通典》卷三十三《职官十五·乡官》载："大唐凡百户为一里，里置正一人；五里为一乡，乡置耆老一人。以耆年平谨者，县补之，亦曰父老。"④ 但开始并没有看到父老在乡村控制所起的作用，偏重于依赖乡长佐、里正等乡官。在用乡长、佐控制乡村受挫后，才意识到应该发挥父老的教化功能。唐太宗首先从劝勉其发迹之地——并州父老入手，让其在乡村控制方面发挥出作用来。太宗在《存问并州父老玺书》中写道："父老宜约勤乡党，教导后生，亲疎子弟，务在忠孝，必使风俗敦厚，异于他方，副朕此怀，光示远迩，使旌表门闾，荣辱家国，书名竹帛，岂不美乎！"⑤

---

① 《隋书》卷42《李德林传》，第1207页。
② 《旧唐书》卷3《太宗本纪下》，第44页。
③ （宋）王溥：《唐会要》卷41《杂记》，第745—746页。
④ （唐）杜佑撰，王文锦等点校：《通典》卷33《职官十五·乡官》，第924页。
⑤ 《全唐文》卷10 太宗《存问并州父老玺书》，第45页。

重视乡"耆老"的目的是利用其威望加强当地的教化,通过授予其选贤举能和评论官员优劣的职责,使其发挥着一种既约束官吏又威服百姓的独特功能。具体情况如下:

乡"耆老"对县令吏的约束,表现在县令吏的升降很大程度上取决于乡老们的舆论。而县令为了升迁获得乡老的好评,就必须做到起码不胡作非为。史例中有不少县令借助乡老的美言而得以彰显的。王谠《唐语林》卷二《政事下》载:

> 宣宗猎城西,及渭水,见父老数十人于佛祠设斋。上问之,父老曰:"臣醴泉县百姓,本县令李君奭有异政,考秩已满,百姓借留,诣府乞未替,来此祈佛。"上归,于御扆大书君奭名。中书两拟醴泉令,上皆抹去之。逾岁,怀州刺史缺,请用人。御笔曰:"醴泉县令李君奭可为怀州刺史。"人莫测也。君奭中谢,上谕其事。①

这是一件县令借父老的相助而升至刺史的事例。还有本该解职的县令借父老的相助而又留任的事例,《全唐文补遗》第三辑曹琰《程思义墓志》载:

> (武周时程思义)出为兖州龚丘县令,十有余年,邹鲁化洽,洙泗风高。入境扬其善声,鸣琴悲其调下。氓俗欣戴,如承父母之恩;里巷讴歌,似奉神明之化。暨乎汶阳代至,解印来归。三老上书,惜焦延之去职,百姓垂泣,愿曹褒之更还。吏人拜谒,不绝而已。②

---

① (宋)王谠撰,周勋初校证:《唐语林校证》卷2《政事下》,中华书局1987年版,第88页。
② 吴钢主编,王京阳等点校:《全唐文补遗》第三辑,三秦出版社1996年版,第35页。

当然墓志的详情不必深信，但程县令本该去职，却借助三老的力量延长任期的事实应不容置疑。此时程县令的年岁已很大，墓志载其长安三年（703）卒，春秋75岁。上述二例，尽管表面上反映的是乡耆老偏袒于县令的一面，但深层面却反映着乡耆老对县令有制约作用。既然上级能相信耆老的话，使县令升职或留职，当然也会相信耆老的话，使县令降职或去职。

乡耆老还兼有当地选贤举能的职责。《全唐文》卷五四六张嗣初《乡老献贤能书赋》云：

> 皇上尊教本，旌艺能，征乡举里选之人则哲……时乃正月初吉，乡老旁戾，奉简牍之词诣阙，倾葵藿之心献岁，且曰：君不可以独理，必敷求以兼济，贤不可以失时，故修己而献艺。①

同书卷九四六封殷《乡老献贤能书赋》也云：

> 至哉，求士之方，稽彼侧陋，书乎善良，备采择于乡老，爰升荐于天王。②

朝廷官员们对耆老的意见也十分重视，常通过耆老来了解当地政治状况，制定适宜的政策。陈子昂《上蜀中军事》云：

> 愚臣窃见蜀中耆老平议：剑南诸州，比来以夫运粮者，且一切并停。请为九等税钱，以市骡马，差州县富户，各为驮主，税钱者以充脚价，各次第四番运辇，不用一年夫运之费，可得

---

① 《全唐文》卷546张嗣初《乡老献贤能书赋》，第2452—2453页。
② 《全唐文》卷946封殷《乡老献贤能书赋》，第4353页。

数年军食盈足。①

另外朝廷旌表百姓时，也主要靠当地乡老来加以证实。"深州司功参军李自伦六世义居，奉敕准格处分。按格敕节文，孝义旌表……准令申举方得旌表，当司当本州审到乡老呈言等……六从弟兄，同居不妄。"②

耆老还起着向民众正确宣传上级政令的作用。陈子昂《汉州雒县令张君吏人颂德碑》中提到"公以柔远能迩，政之大端，乃下令曰：……其长正耆老，可明喻此诚，使被幽谷"③。

乡耆老在乡村控制中的作用，通过上述论述已看得十分清楚，不仅不是可有可无的，而是缺之不可的。但乡老的作用并不体现在其包揽乡中具体事务方面，乡中的具体事务的操作主要由当执里正执行。乡老除了对具体事务加以参谋外，其主要精力便放在了与教化有关的事务上，包括参与乡饮礼、乡学（校）、乡社、劝农等方面。牛僧孺《玄怪录》中记载的郭元振除怪一事很典型：

> 代国公郭元振，开元中下第，自晋之汾，夜行阴晦失道，久而绝远有灯火之光，以为人居也。……俄闻堂中东阁有女子哭声，呜咽不已。公问曰：……曰："妾此乡之祠，有乌将军者，能祸福人。每岁求偶于乡人，乡人必择处女之美者而嫁焉。妾虽陋拙，父利乡人之五百缗，潜以应选。……"（代国公为之斫跑妖怪后）俄闻哭泣之声渐近，乃女之父母兄弟及乡中耆老，相与舁榇而来，将收其尸以备殡殓。见公及女，乃生人也。咸惊以问之，公具告焉。乡老共怒公残其神，曰："乌将军，此乡

---

① 彭庆生校注：《陈子昂集校注》卷8《杂著·上蜀中军事》，黄山书社2015年版，第1256—1257页。
② 《全唐文》卷974阙名《奏李自伦孝义状》，第4481页。
③ 彭庆生校注：《陈子昂集校注》卷5《碑文·汉州雒县令张君吏人颂德碑并序》，第841页。

四　汉唐时期的父老与乡村控制　　77

镇神，乡人奉之久矣。……当杀公以祭乌将军，不尔，亦缚送本县。"挥少年将令执公，公谕之曰："尔徒老于年，未老于事……夫神，承天而为镇也，不若诸侯受命于天子而疆理天下乎？"……乡人悟而喜之曰："愿从命。"①

这件事中所提及的乡耆老所热心的就是礼祭神灵之类的事。《唐会要》卷十上《后土·诸里祭社稷仪》②中，对里社祭社的仪式作了详尽的描述，其中提到了社祭的核心人物——社正，社正是由什么样的人担任呢？文中没提及，但估计不会是里正。因为在唐代里尹（即里正）主丧都被视为违礼，③像社祭这样的大事更不会为里尹。那会是些什么人呢？《全唐文补遗》第四辑缺名《张岳墓志》中写道："君讳岳，字昆仑，南阳西鄂人……君天性慷慨，清操可观，进退举容，莫不合礼，年卅，乡闾举为社平正。"④此为贞观二年事。意即能为社正者必须为情操可观，举止合礼之人。在乡、里、村、坊社祭时，既然里村坊正一般不能充当社正，而最有资格的充当社正的必为"耆年平谨"的乡老及与之相似的里、村老了。

在唐代耆老虽然不是官，但其存在的重要性并不亚于官员。大到军国大事，如"（天宝）十五载，玄宗避贼，行至马嵬，父老遮

---

①　（唐）牛僧孺撰，程毅中点校：《玄怪录》卷2《郭代公》，中华书局2006年版，第19—20页。
②　其略言："前一日，社正及诸社人应祭者，各清斋一日，……掌事者设社正位于稷座西北十步，东面；诸社人位于其后，……祭日……掌事者以席入，社神之席，设于神树下，稷神之席，设于神树西，俱北向。质明，社正以下各服其服。掌事者以盥水器入……执尊者立于尊后……祝及执尊者入……赞礼者引社正以下，俱就位……（社正）跪读祝文曰：维某年岁次月朔日子，某坊（村则云某村，以下准此）社正姓名合社若干人等，今昭告于社神……（礼仪毕）出余馔，社人等俱于此饮，如常会之仪。"见（宋）王溥《唐会要》卷10上《后土·诸里祭社稷仪》，第239—240页。
③　《全唐文》中提到："乙妹无子，寡而死，请里尹为主决，曹橡科其违礼，诉云：其夫无族。"见《全唐文》卷957景少游《对里尹为主判》，第4403页。
④　吴钢主编，王京阳等点校：《全唐文补遗》第四辑，三秦出版社1997年版，第295页。

道请留太子讨贼，玄宗许之"①。中到官员升迁、州县废迁②，小到乡里村间的日常细事，都有他们活动的身影。正是认识到耆老的重要性，朝廷对他们非常优待。前面提到的太宗《存问并州父老玺书》便是一例。以后历任帝王都曾给过父老荣誉性和物质性优惠。如玄宗时期，

开元六年（718）十月癸亥，赐河南府、怀汝郑三州父老帛。③

十三年（725）十月庚午，次濮州，赐河南、北五百里内父老帛。……十一月丁酉，赐徐、曹、亳、许、仙、豫六州父老帛。④

开元二十九年（741），还置"望乡"：

每乡置望乡，天下诸州，上县不得过二十人，中县不得过十五人，下县不得过十人。其长安、万年每县以五十人为限。太原、上党、晋阳三县，各以三十人为限，并取耆年、宿望，谙识事宜，灼然有景行者充。⑤

何为"望乡"？日本学者中村治兵卫认为：在唐贞元九年（793）至十五年（799）间，乡一级除设乡长一名、乡佐二名以

---

① 《新唐书》卷6《肃宗本纪》，第156页。
② 此举一例，"皇唐垂拱二年十二月九日，（陈元光）平潮州寇，奏置州县，敕割福州西南地置漳州。初在漳浦水北，因水为名，寻以地多瘴疠，吏民苦之。耆寿余恭讷等乞迁他所。开元四年，敕移就李澳州置郡"。载《全唐文》卷513吴与《漳州图经序》，第2306页。按：这里的耆寿即为耆老，"天宝十二载七月十三日敕，诸郡父老，宜改为耆寿"。载（宋）王溥《唐会要》卷59《户部员外郎》，第1019页。
③ 《新唐书》卷5《玄宗本纪》，第126页。
④ 《新唐书》卷5《玄宗本纪》，第131—132页。
⑤ （宋）王溥：《唐会要》卷59《户部员外郎》，第1019页。

四 汉唐时期的父老与乡村控制

外,没有设其他吏员。开元二十九年(741)设置的望乡,是与地方豪强的乡望相对应的,相当于《通典·乡官》条中的耆老、父老,其实质是作为长老而成为乡村的象征与代表者,仅承担教化训导的任务,是一个名誉性的职务,与隋朝的乡正、乡佐等乡官不同。① 唐代对父老的礼遇不仅有类似赐帛方面的物质优待,更有版授官衔的特殊奖赏。如《新唐书》卷五《玄宗本纪》中载:"(天宝七载,748)……赐京城父老物人十段。七十以上版授本县令,妇人县君;六十以上县丞。"② 同书卷六《肃宗本纪》中也载:"(至德二载,757)十月癸亥,给复凤翔五载,版授父老官。"③ 朝廷对乡耆老们的高待遇,对有效地加强乡村控制,获得足够丰裕的财政储备,起了十分重要的作用。

对唐代父老,还有一个值得注意的现象就是政府用造"父老簿"(或称"耆老簿")的形式,对父老进行了存档式的规范管理。如大谷文书编号第1087中有《西州交河县耆老名簿》④

(前欠)
1. [前缺] 白阿 [后缺]
2. [缺] 见
3. 永安乡横城里户白延亮　八十一
4. 安乐乡长垣里户竹胡尾　八十三
5. 龙泉乡独树里户宋武幸　八十六
6. 龙泉乡新坞里户白马居　八十二
7. 龙泉乡新坞里户贾伯欢　八十一

---

① 参见[日]中村治兵卫《唐代的乡——据〈元和郡县图志〉所见》,载《铃木教授还历纪念东洋史论丛》,1964年;[日]中村治兵卫《再论唐代的乡》,《史渊》1966年第96卷。
② 《新唐书》卷5《玄宗本纪》,第146页。
③ 《新唐书》卷6《肃宗本纪》,第159页。
④ 日本龙谷大学佛教文化研究所编,小田义久主编:《大谷文书集成》第一卷,京都:法藏馆1984年版。

8. ［缺］人

（后欠）

另吐鲁番阿斯塔那第 20 号墓出土文书中有《唐老人名籍》①：

（一）

［前缺］

1. 老人［缺］

2. 老人张延大

3. 老人索水洗

［后缺］

（二）

［前缺］

1. 老人郭隆□

2. 老人高海隆

3. 老人和崇欢

4. 老人［缺］

［后缺］

（三）

［前缺］

1. 老人周庆怀

2. 老人□□廷

3. 老人［缺］

［后缺］

（四）

---

① 四个老人簿的文书编号分别为：64TAM20：41/2；64TAM20：42/1；64TAM20：42/2；64TAM20：41/1，具体参见国家文物局古文献研究室、新疆维吾尔自治区博物馆、武汉大学历史系编《吐鲁番出土文书》第七册，文物出版社 1986 年版，第 382—384 页。

四　汉唐时期的父老与乡村控制　　81

［前缺］

1. 老［缺］
2. 老人阴欢龙
3. 老人牛宏□
4. 付司建唯示

［后缺］

官府把这些"父老簿"与"乡官簿"① 一起作为重要档案存放，标志着到唐代对乡的政治与教化的控制体系日臻完善。唐代父老制度融合了礼治下的父老制度与政治下的三老制的长处，充当"父老"之人，由官府遴选那些耆年有威望、并能宣化当权者意志之教者为之。他执行的是汉时"三老"的教化职能，有利于国家意志的宣扬；同时又因是"耆年有德者"被民众公认为权威，起着精神领袖的作用。②

规范而严格的父老制度对唐前期政治与社会的繁荣与稳定，发挥了十分有效的作用。"贞观之治"与"开元盛世"的出现，很难说与此没有联系。玄宗以后，尽管不乏朝廷优待父老的记录，但由于安史乱后，藩镇割据与朝廷分庭抗礼，中央权威受到极大的挑战。有的地方州县政府还被迫屈服于军镇将领，乡村居民为躲避战乱，纷纷逃亡，乡里制度受到极大的破坏，乡老的作用比起以前来也逊

---

① 《大谷文书集成》第二卷编号第4026为《乡官名簿》：
1. 老人康虔毛
2. 乡官前别将卫虔兴
3. 乡官前别将卫吉讫
4. 乡官前别将张元德
（后欠）

② 唐政府对"父老"是这样定义的："乡置耆老一人。以耆年平谨者，县补之，亦曰父老。"载（唐）杜佑撰，王文锦等点校《通典》卷33《职官十五·乡官》，第924页；通过前文所讲的父老的功能可知，唐前期的父老有与《周礼》中"乡老"职责相同的一面，其在乡村政治中的优越性可堪与汉代的三老相媲美。"乡老无专职，惟礼宾贤能，献书于王，退行乡射之礼等"，载钱玄等注译《周礼》，第77页。

色不少。宋代以后父老仍然存在,并且诚如柳田节子认为的那样对国家控制乡村方面的确在起着一定的作用;但值得注意的是,应该进一步看一下父老与新兴势力乡绅是一种怎样的关系。因为从柳田先生所言的父老作用的几方面,如:父老与农田、父老与水利、父老与户籍户口及地方官治理对父老的依赖等[1],都不同程度地适用于乡绅身上。宋代如此,以后的明清更是如此。因此对宋以后的父老有更深入研究的必要。

---

[1] [日]柳田节子撰,游彪译:《宋代的父老——关于宋代专制权力对农民的支配》,载本书编委会编《漆侠先生纪念文集》,第331—338页。顺便附带说一下,唐前期父老对国家乡村控制所起的作用比较明显,是否与此时村中没有较强的地方势力有关?笔者在此暂作一肯定假设吧。另外,唐代是否有一乡绅阶层也很值得研究。

五　唐代乡职人员的动态分析

（一）耆老、乡长和里正之动态关系

在中国古代，所谓乡村控制也就是控制民户和田赋，要做到既防止叛乱又保证赋役需要。但在具体监控民户和征收赋役的方式各个朝代并不相同。从乡官到户役变迁的角度看，在乡官制时代（其中以秦汉尤为典型），民户监控和赋役征收主要由乡官直接操办。如《汉书》卷十九上《百官公卿表》所载："大率十里一亭，亭有长；十亭一乡，乡有三老、有秩、啬夫、游徼。三老掌教化；啬夫职听讼，收赋税；游徼徼循禁贼盗。"[①] 在这种乡里亭制下，乡是作为次县级的政权机构出现的，特别是大乡的有秩还是由郡一级长官委任。乡级机构有对民户的狱讼审判权，赋役的征收权和治安的维护权。其中的乡三老、啬夫、游徼都是高其他编民一等的乡官，甚至有禄秩。但在户役制下（宋以后为典型），对民户的狱讼权、赋役征收权等都归县级政府支配，乡不再是一级政府权力机关，而是作为征收赋役和编制户籍的基本单位。负责乡里政府公务的多由职役性质的里正等人员来完成。在选择执行乡里公务人员的方式上，已与乡官制下凭德行或勋品为资质的标准不同，完全变为以户等高低亦即以贫富为标准。唐代正处在从乡官到户役的过渡阶段，其乡里的公务人员包括耆老、乡长、里正、村正等，其性质都体现着从官到役的

---

① 《汉书》卷19上《百官公卿表》，第742页。

过渡性。以往对乡职人员的研究从乡里制角度侧重于人，在依据资料方面，特别偏重于敦煌、吐鲁番文书，由此取得了不小的成绩。①但毋庸讳言，这样做未免有很大的局限性。如果单利用文书的话，一般只能反映唐前期北方推行均田制下的情况，而对于南方和唐中后期的情况却体现很少。因此出现成果数量不少但却不够深入的情况也就不可避免了。如关于唐代"乡"的性质，在依据资料基本相同的前提下，20世纪80年代何汝泉、赵吕甫二先生先后撰文却得出截然相反的结论。再有，所取得的成果中尚未看到从乡官到户役变化的角度进行研究的，另外就乡、里、村的单方面研究多，而把三者联系起来考察它们之间关系的少。本部分提出论述唐代的乡耆老、乡长和里正（村正将另设专篇讨论），其出发点就是想利用更多的资料，联系唐前后各代的情况，从乡村控制的角度和变化的方面来认识三者的关系。

1. 耆老和乡长

以乡分县是唐代行政的重要特点，《新唐书》卷一四六《李吉甫传》载："由汉至隋，未有多于今者，……今（元和年间）列州三百，县千四百，以邑设州，以乡分县……"② 而唐代的乡究竟是何性质呢？《唐六典》卷三《尚书户部》载：

> 凡天下之户八百一万八千七百一十，口四千六百二十八万五千一百六十一（开元二十二年数）。百户为里，五里为乡。③

《通典》卷三十三《职官十五·乡官》载：

---

① 关于唐代乡里村坊的研究现状，可参见胡戟、张弓、李斌城等主编《二十世纪唐研究》，中国社会科学出版社2002年版。
② 《新唐书》卷146《李吉甫传》，第4741页。
③ （唐）李林甫等撰，陈仲夫点校：《唐六典》卷3《尚书户部》，第73页。

大唐凡百户为一里，里置正一人；五里为一乡，乡置耆老一人。以耆年平谨者，县补之，亦曰父老。贞观九年，每乡置长一人，佐二人，至十五年省。①

《旧唐书》卷三《太宗本纪下》载：

（贞观）九年（635）春三日壬午，每乡置长一人，佐二人。②

上述资料典型地反映了唐代乡的性质："以乡分县"突出的是乡的区域性质；《唐六典》突出的是乡的户籍单位性质；乡设长、佐又反映了乡曾作为一个次县级行政区的性质。但存在时间短，只在贞观九年到十五年存在了七年。那么，乡长和耆老是怎样一个顺序呢？照《通典·乡官》的记载样式，应是设耆老在前，设乡长在后。唐代的乡耆老也应是沿袭了隋朝的制度。《全唐文》卷十太宗皇帝《存问并州父老玺书》载："况并部之地创业之基，与诸父老首立大事，引领北望，感慕兼深，思与父老一日叙旧，怀之在心，所不忘也。"③ 其言"与诸父老首立大事"是指李氏反隋一事，而在这样的大事中，小小的乡长能起什么作用值得太宗皇帝如此看重呢？温大雅《大唐创业起居注》卷一载：

初，帝（指高祖）遣兽牙郎将高君雅与马邑守王仁恭防遏突厥，雅违帝旨，失利而还。帝恐炀帝有责，便欲据法绳雅。雅是炀帝旧左右，虑被猜嫌，忍而弗问。雅性庸很，不知渐屈。帝甚得太原内外人心，瞻仰龙颜。疑有异志，每与王威密伺帝

---

① （唐）杜佑撰，王文锦等点校：《通典》卷33《职官十五·乡官》，第924页。
② 《旧唐书》卷3《太宗本纪下》，第44页。
③ 《全唐文》卷10太宗《存问并州父老玺书》，第45页。

隙。有乡长刘龙者，晋阳之富人也。先与官监裴寂引之谒帝。帝虽知其微细，亦接待之以招客。君雅又与龙相善。龙感帝恩眄，窃知雅等密意，具以启闻。帝谓龙曰："此辈下愚，闇于时事，同恶违众，必自毙也。然卿能相报，深有至诚，幸勿有多言，我为之所。"①

这里的"乡长"便是唐代的乡"耆老"。刘龙之举算是救了李氏父子一命，对太原举事成功立下了汗马功劳。这一件事应属于太宗所言的"与诸父老首立大事"之列吧。隋末的"乡长"已是有官之名而无官之实了。《通典》卷三《食货三·乡党》载：

> 隋文帝受禅，颁新令：……苏威奏置五百家乡正，令理人间词讼。李德林以为："本废乡官判事，为其里闲亲识，剖断不平，今令乡正专理五百家，恐为害更甚。且今时吏部总选人物，天下不过数百县，于六七百万户内铨简数百县令，犹不能称才，乃欲于一乡之内选一人能理五百家者，必恐难得。又即要荒小县有不至五百家者，复不可令两县共管一乡。"敕内外群官，就东宫会议。自皇太子以下，多从德林议。苏威又言废郡，德林语之云："修令时，公何不论废郡为便。令才出，其可改乎！"然高颎同威之议，遂置之。十年，虞庆则等于关东诸道巡省使还，并奏云："五百家乡正专理词讼，不便于人，党与爱憎，公行货贿。"乃废之。②

隋代的"乡长"也称"乡正"。这里所废的并不是"乡正"这个角色，而是废除了"乡正"专理词讼的权力，"乡正"作一乡的

---

① （唐）温大雅撰，李季平、李锡厚点校：《大唐创业起居注》卷1，上海古籍出版社1983年版，第6—7页。

② （唐）杜佑撰，王文锦等点校：《通典》卷3《食货三·乡党》，第63页。

长官直到隋亡一直存在。① "乡正"的"专理词讼"权没了，那他剩下的职责是什么呢？太宗在《存问并州父老玺书》中提到："父老宜约勤乡党，教导后生，亲疎子弟，务在忠孝，必使风俗敦厚，异于他方，副朕此怀，光示远迩，使旌表门闾，荣宠家国，书名竹帛，岂不美乎！"②尽管这反映的是唐初的情况，但由于唐承隋制，隋末的情况估计和这也相差不远。"专理词讼"是中国古代行政官员之所以为官的最重要标志。这标志性的职能被废除，意味着其官员的身份正在被剥夺。

到唐代连作为官员的象征性标志——"乡长（正）"的称谓也被正式改造为一个尊称——耆老或父老。贞观九年（635），太宗又在乡加强了行政设置，把乡作为一个次县级行政单位，设乡长一名，乡佐二名，但只实行了七年，到贞观十五年（641）便废除了。其原因是什么呢？《唐会要》卷四十一《杂记》载：

> 贞观十六年（642）十月二十六日诏：盗贼之作，为害实深。州县官人，多求虚誉，苟言盗发不欲陈告，村乡长正，知其此情，递相劝止，十不言一。假有被论，先劾物主，爰及邻伍，久婴缧绁。有一于斯，实亏政化。自今以后，勿使更然。③

因为村乡正长都由县令补选，也就是说村乡正长都必须听命于县令，因此，为邀功升迁，村乡正长便和县令沆瀣一气，联合起来欺骗朝廷。这种情况说明了太宗设立乡长、佐行政的做法是失败的，不仅没有加强对乡村的控制，还直接导致了乡村控制的混乱。所以

---

① 日本学者滨口重国对此有专论，但他所论的只是解释隋代的乡官一直都存在的因，并没提到所谓隋废乡官，废的并不是乡官本职，而是其作为乡官的权力。这反映的是中国古代乡里制度的变化——由乡官逐渐向职役转化。参见［日］滨口重国《所谓隋的废止乡官》，载刘俊文主编《日本学者研究中国史论著选译》第四卷，第315—333页。
② 《全唐文》卷10太宗《存问并州父老玺书》，第45页。
③ （宋）王溥：《唐会要》卷41《杂记》，第745—746页。

废掉乡级行政单位,削弱乡长(正)的行政权,强化其教化职能,成为扭转乡村混乱状况的必需措施。此后直到唐亡,"乡"再也没有以一级行政区的形式存在,它的存在更多的是以户籍管辖区的形式,如果从赋役的角度,也可称之为财政供役区,"里"的性质也是如此。

"乡"的行政性质的弱化,并不意味着乡"耆老"的存在可有可无,相反,正是由于贞观年间推行乡行政措施的失败,使唐朝廷加强了对乡的重视。其重视就表现在重视乡"耆老"上。重视乡"耆老"的目的是利用其威望加强当地的教化,通过授予其选贤举能和评论官员优劣的职责,使其发挥着一种既约束官吏又威服百姓的独特功能。具体表现在以下几方面:

(1)乡"耆老"对县令吏的约束,表现在县令吏的升降很大程度上取决于乡老们的舆论。

(2)乡耆老还兼任当地的选贤举能的职责。

(3)耆老还起着向民众正确宣传上级政令的作用。

乡耆老在乡村控制中的作用是十分有效的,但其作用却并不体现在包揽乡中具体事务方面。乡中的具体事务的操作主要由当执里正执行。乡老除了对具体事务加以参谋外,其主要精力便放在了与教化有关的事务上,包括参与乡饮礼、乡学(校)、乡社、劝农等方面。

在唐代,耆老虽然不是官,但其存在的重要性并不亚于官员。大到军国大事,小到乡里村间的日常细事,都有他们活动的身影。正是认识到耆老的重要性,朝廷对他们非常优待。前面提到的太宗《存问并州父老玺书》便是一例。以后历任帝王都曾给过父老荣誉性和物质性优惠。其中尤以玄宗时期对父老的优待为突出,不仅明令赐父老绢帛,还于开元二十九年(741)置"望乡",正式给予荣誉性的奖赏。这对有效地加强乡村控制,获得足够丰裕的财政储备,起了十分重要的作用。要考释"开元盛世"的成因,此点因素也是不能忽视的。

玄宗以后,尽管不乏朝廷优待父老的记录,其中肃宗"(至德二载，757）十月癸亥，给复凤翔五载，版授父老官"①。但由于安史乱后，藩镇与朝廷分庭抗礼，中央权威受到极大的挑战。有的地方州县政府还被迫屈服于军镇将领，乡村居民为躲避战乱，纷纷逃亡，乡里制度受到极大的破坏，乡老的作用比起以前来也逊色不少。中晚唐的乡村格局与唐前期相比，最大的不同就在于乡村居的组织前后发生了很大变化。唐前期，乡里制度完备有效，村落完全服从于乡里体系，也就是说，村落尚成为独立的管理单位。当时乡村的管理模式是：县府作为行政官衙总领辖地行政事务，各乡耆老负责本乡的礼仪教化工作，各里里正负责官府摊派的各项任务的执行，其中里正们还轮差负责本乡的各项公务。中晚唐后乡村控制的一个明显变化是，用设立村正的形式直接加强了对村的统治。②

2. 里正

关于唐代的里正，20世纪70年代末孔祥星曾写过一篇非常重要的文章，他利用敦煌、吐鲁番文书对唐前期的里正做了一个系统考察。③但由于作者是利用敦煌、吐鲁番文书资料进行研究，所以其研究对象只限于唐前期，至于中后期的情况没有详论。另外张泽咸先生从社会阶级结构的角度，把"里正"划为唐代的"形势户"之列。④但如果把这一结论应用于唐前期的"里正"又显然不合适。如何全方位认识有唐一代的"里正"呢？笔者不揣浅陋，试作一分析之。

（1）里正任职资格的考订

关于唐代里正的任职资格，目前能见到的完整可信资料当属

---

① 《新唐书》卷6《肃宗本纪》，第159页。
② 关于唐代父老（耆老）详细论述，可参见前文《汉唐时期的父老与乡村控制》。
③ 孔祥星：《唐代里正：吐鲁番、敦煌出土文书研究》，《中国历史博物馆馆刊》1979年第1期。
④ 张泽咸：《唐代的衣冠户和形势户——兼论唐代徭役的复除问题》，《中华文史论丛》1980年第4期。

《通典》卷三《食货三·乡党》中所载：

> 大唐令：诸户以百户为里，五里为乡，四家为邻，五家为保。每里置正一人（若山谷阻险，地远人稀之处，听随便量置）。掌按比户口，课植农桑，检察非违，催驱赋役。……诸里正，县司选勋官六品以下白丁清平强干者充。其次为坊正。若当里无人，听于比邻里简用。……①

其中"诸里正，县司选勋官六品以下白丁清平强干者充"这句话，当为里正的选人条件，或者叫任职资格。时下对这句话的理解多建立在中华书局标点本《通典》对此句断句的基础上。长期以来，很少有人怀疑其断句的正确性。其实这样的断句是不符合史实的。如照上述断句，"勋官六品以下白丁清平强干者"的理解，当为勋官六品以下白丁中的清平强干者。而这种把"勋官"与"白丁"混淆在一起的做法是极端错误的。勋官与白丁是两类人。那什么是"勋官"呢？《旧唐书》卷四十二《职官志》载：

> 勋官者，出于周、齐交战之际，本以酬战士。……自是[唐高宗咸亨五年（674）]以后，战士授勋者动盈万计。每年纳课，亦分番于兵部及本郡当上省司。又分支诸曹，身应役使，有类僮仆。据令乃与公卿齐班，论实在于胥吏之下。盖以其猥多，又出自兵卒，所以然也。②

而"白丁"又是什么呢？"白丁"在南朝时期含义为未立兵籍的民壮。《宋书·沈攸之传》载：

---

① （唐）杜佑撰，王文锦等点校：《通典》卷3《食货三·乡党》，第63—64页。
② 《旧唐书》卷42《职官志》，第1807—1808页。

发三吴民丁,攸之亦被发。既至京都,诣领军将军刘遵考,求补白丁队主,遵考谓之曰:"君形陋,不堪队主。"①

又同书《邓琬传》载:

琬遣龙骧将军廖琰率数千人,并发庐陵白丁攻(刘)袭。②

隋唐时期"白丁"的含义为平民,没有功名的人,犹言白身。《隋书·李敏传》载:

(隋文帝)谓(乐平)公主曰:"李敏何官?"对曰:"一白丁耳。"③

王定保《唐摭言》卷十五《杂记》载:

高祖武德四年(621)四月十一日,敕诸州学士及白丁有明经及秀才、俊士,明于理体,为乡曲所称者,委本县考试,州长重覆,取上等人,每年十月随物入贡。④

由此可见,在唐代,"勋官"与"白丁"是有区别的,不能混同在一起。那么在实际中,"里正"是否由勋官和白丁分别担任呢?王永兴《敦煌唐代差科簿考释》一文对此做出了肯定回答,其言:"《食货》半月刊《唐户籍簿丛辑》的五件文献里,有十个人名字下

---

① 《宋书》卷74《沈攸之传》,第1927页。
② 《宋书》卷84《邓琬传》,第2140页。
③ 《隋书》卷37《李敏传》,第1124页。
④ (五代)王定保撰,陶绍清校证:《唐摭言校证》卷15《杂记》,中华书局2021年版,第615页。

标有'里正',其中白丁五人,上柱国子三人、上柱国一人、品子一人。"① 具体名单如下:

(一)
李忠楚弟,忠臣,载廿九,上柱国子,里正
张光鹳,载卅二,上柱国子,里正
(二)
康令钦,载卅,上柱国,里正
男,奉鸾,载卅一,白丁,里正
曹游庭,载卅,白丁,里正
(三)
平履瑶,载卅,上柱国子,里正
男,庭秀,载卅,白丁,里正
男,承宗,载卅一,白丁,里正
男,履新,载卅三,白丁,里正
(四)
氾履游,载卅五,品子,里正

综上所述,唐代里正的资格为勋官六品以下和白丁清平强干者两种人。所以《通典》卷三《食货三·乡党》中"诸里正,县司选勋官六品以下白丁清平强干者充"的断句应改为:"诸里正,县司选勋官六品以下、白丁清平强干者充"。

(2)唐前期的"里正"

唐前期的乡村组织形式属于比较规范的乡里制度,朝廷对户籍管理非常严格,极力限制人口的迁移,村聚落绝大多数归属于乡里管理。加之乡级行政机构的废止,里正的重要性更为突出。其基本职责诚如《通典》卷三《食货三·乡党》中规定的是:"掌按比户

---

① 王永兴:《敦煌唐代差科簿考释》,《历史研究》1957年第12期。

口，课植农桑，检察非违，催驱赋役。"①赋役和安全是政权稳定的命脉。而"里正"就是维系政权命脉的最直接维护人，其重要性不言而喻。因此朝廷在对里正的选拔上规定十分严格，必须是"勋官六品以下"或"白丁清平强干"之人。此时的"里正"虽无官之名但有官之实，他们在很大程度上决定着乡村农户的生死存亡。为防止他们徇私舞弊，《唐律疏议》对之进行了严厉的约束。如卷十二《户婚》中规定："里正之任，掌按比户口，收手实，造籍书"，"不觉脱漏增减者，一口笞四十，三口加一等，过杖一百，十口加一等，罪止徒三年"②。"诸里正，依令：授人田，课农桑。若应授而未授，应还而不收，应课而不课，如此事类违法者，夫一事，笞四十。"③另外卷十八《贼盗》、卷二十八《捕亡》、卷三十《断狱》中也对里正作了严厉的违法惩处规定。而透过其严厉规定所折射出的是"里正"权限的广大，一旦里正滥用职权，其危害之大难以估量。"里正之等，亲管百姓，既同里闾，多相谙委"④，加之，"州县去人稍远，管户又多"难以对之进行有效监控，只有用严刑峻法来对之加以约束。尽管如此，在唐前期，人们对里正的职位还是趋之若鹜，"里正每一员缺，拟者十人"⑤。

在唐前期实行均田制和租庸调税法的情况下，户等的高下，年龄的长幼，应受田与否，应缴租与否及缴租多少，应赋役与否，此户人家守法与否，很大程度上就决定在里正手里。《旧唐书》卷一〇一《薛登传》载：

> （天授中）谦光（即薛登，其本名谦光）上疏曰："今访乡闾之谈，唯只归于里正。即使名亏礼则，罪挂刑章，或冒籍以

---

① （唐）杜佑撰，王文锦等点校：《通典》卷3《食货三·乡党》，第63页。
② （唐）长孙无忌等撰，刘俊文点校：《唐律疏议》卷12《户婚》，第233页。
③ （唐）长孙无忌等撰，刘俊文点校：《唐律疏议》卷13《户婚》，第249页。
④ （唐）长孙无忌等撰，刘俊文点校：《唐律疏议》卷18《贼盗》，第337页。
⑤ 《新唐书》卷112《韩思彦附韩琬传》，第4166页。

偷资，或邀勋而窃级，假其不义之赂，则是无犯乡闾。"①

此时的里正还可充当逃田户或无主户的名义田主，1964年阿斯塔那35号墓出土文书《唐垂拱三年（公元687年）西州高昌县杨大智租田契》载：

> 垂拱三年九月六日，宁戎乡杨大智交□
> 小麦肆斛，于前里正史玄政边，租取逃
> 走卫士和隆子新兴张寺潢口分田贰亩
> 半。其租价用充隆子兄弟二人庸䌁直，
> 如到种田之时，不得田佃者，所取租价麦，
> 壹罚贰入杨。有人恡护者，仰史玄应当。
> 两和立契，画指为记。
> 租田人杨
> 田主史玄政（画指）
> 知见人侯典仓（画指）。②

此租田契中里正充当逃走卫士的口分田的名义田主，实际上是在代行官府的职责，从而保证了租田人杨大智租田手续的合法性。其地契效果相当于宋代的"红契"。

"里正"的权力如此之大，要想保证赋役的公平性，就必须在"里正"的选拔上严格按照政令的规定执行。本来有关"里正"的记载就少，而关于唐前期的就更是凤毛麟角，在极少见的几则资料中，被任命为里正的还真属于清平强干之列的。如唐临《冥报记》卷下中载：

---

① 《旧唐书》卷101《薛登传》，第3139页。
② 该文书编号为64TAM35：20，参见国家文物局古文献研究室、新疆维吾尔自治区博物馆、武汉大学历史系编《吐鲁番出土文书》第七册，第406页。

> 京兆潘果,年未弱冠,以武德中任都水小吏。下归,与里中少年数人,出田游戏,过于冢间见一羊,为人所遗,独立食草。果因与里中年少捉之……于是夜烹食之。后一年,果舌渐小,遂销尽,陈牒解职。……县官教为羊追福,果乃受五戒,大修福。后一年,舌渐生,寻平复如旧。诣县自陈,县官用为里正。①

这是一则知错改正后被用为里正的事。还有一则因孝友被用为里正的事。《新唐书》卷一九五《孝友传》载:

> 张志宽,蒲州安邑人。居父丧而毁,州里称之。王君廓兵略地,不暴其间,倚全者百许姓。后为里正。②

当然仅就这两条资料难以证明所有的里正都属这种清平强干之人,但应该承认,唐前期的大部分时间内的政治是清明的,朝廷对乡村的控制是有效的。从这点推想,这时的里正大部分还应该算是称职的。不过,在睿宗景云年间,据监察御史韩琬所言,当时的情况是,"任巧智,斥謇谔;趋势者进,守道者退;谐附者无黜剥之忧,正直者有后时之叹;人趋家竞,风俗沦替。……(里正)今当选者亡匿以免"。韩琬说贞观、永徽间的情况却不是如此,那时"农不劝而耕者众,法施而犯者寡;俗不偷薄,器不行窳;吏贪者士耻同列,忠正清白者比肩而立;罚虽轻而不犯,赏虽薄而劝,位尊不倨,家富不奢;学校不励而勤,道佛不惩而戒;土木质厚,裨贩弗蚩"。"里正,每一员缺,拟者十人。"造成两种截然相反状况的原因是什么呢?韩琬认为是由于以前治国之策"杂以皇道",今者之策

---

① (唐)唐临撰,方诗铭辑校:《冥报记》,中华书局1992年版,第59—60页。
② 《新唐书》卷195《孝友传》,第5579页。

"行以霸道"①。睿云初，正值"韦后之乱"刚刚平定，则天时代，大用酷吏，的确造成了一些混乱，但总体情况，可能不像韩琬说的那么糟。在开元以前，由于不少大臣对武周的偏见，总是习惯性地和"贞观之治"加以比较，而且总认为时下不如贞观、永徽时期好，而事实是，武周时期的社会是进步的。景云前后，由于帝王更替频频，宫廷政变不断，在吏治管理上有些松弛，局部出现韩琬所反映的情况是可能的。但那只是相对于贞观、永徽时的情况而言的。

玄宗时期加强了对吏治的管理。即位伊始，针对官人、富有人家、典正串同舞弊的情况，严下《平粜诏》：

> 如官人及富有之家、典正并僦揽诸色，辄私侵粜，兼有乞取，或虚著人名诈来请受者，其自五品已上官荫人等录奏，当别有处分，六品已下并白身者，便决一顿，仍准法科绳。所由等官，不能觉察，及自抵犯者，亦与同罪。②

接着又针对县乡政治，下了更为全面的《安养百姓及诸改革制》：

> ……缘租庸先立长行，每乡量放十丁，犹恐编户之中悬磬者众，……其所放丁，委县令对乡村一一审定，各须得实。仍令太守子细案覆，本道使察访。如有不当者，本里正、村正先决一百，配入军团；县令解，太守、本道使不举者，量贬降。③

此外，该制中还有精选县令的条款，如量才注拟，老弱者不得注拟，挑选无职事的京官充任等。对县令的重视，也即意味着对里

---

① 《新唐书》卷112《韩思彦附韩琬传》，第4165—4166页。
② 《全唐文》卷33元宗《平粜诏》，第158页。
③ 《全唐文》卷25元宗《安养百姓及诸改革制》，第119页。

正的重视。因为里正都是由县令选拔的，只有干练的县令才能选拔出干练的里正。加之前文提及的玄宗对乡耆老也十分重视，由此环环相扣，形成了一个完善的乡村控制体系。

（3）唐中后期的里正

翻阅唐代中后期的文献，发现时人对当时里正的印象多不好。如白居易《杜陵叟》诗中写道："杜陵叟，杜陵居，岁种薄田一顷余。三月无雨旱风起，麦苗不秀多黄死。九月降霜秋早寒，禾穗未熟皆青干。长吏明知不申破，急敛暴征求考课。……昨日里胥方到门，手持敕牒榜乡村。"① 其《秦中吟·重赋》中写道："奈何岁月久，贪吏得因循。浚我以求宠，敛索无冬春。织绢未成匹，缲丝未盈斤。里胥迫我纳，不许暂逡巡。"② 元稹的诗中也写道："今年无大麦，计与珠玉滨。村胥与里吏，无乃求取繁。"③ 催驱赋役本是里正的职责，其履行职责时与税户发生口舌在所难免，但上述元白诗中的"里正"，显然是身为县令的马前卒，为县府横征暴敛充当帮凶。

这时充当里正的都是哪些人呢？宋人王谠《唐语林》卷一《政事上》中写道：

> 韩晋公（滉）镇浙西地，痛行捶挞，人皆股栗。时德宗幸梁洋，众心遽惑。公控领十五部人不动摇，而遍惩里胥。或有诘者，云："里胥闻擒贼不获，惧死而逃，哨聚其类，曰：'我辈进退皆死，何如死中求生乎？'乃扰村劫县，浸蔓滋多。且里胥者，皆乡县豪吏，族系相依。杖煞一番老而狡黠者，其后补署，悉用年少，惜身保家，不敢为恶矣。今上在外，不欲更有

---

① （唐）白居易著，顾学颉校点：《白居易集》卷4《讽谕四·杜陵叟》，中华书局1999年版，第78—79页。
② （唐）白居易著，顾学颉校点：《白居易集》卷2《讽谕二·重赋》，第31页。
③ （唐）元稹著，冀勤点校：《元稹集》卷4《古诗·旱灾自咎贻七县宰》（同州），中华书局2010年版，第43页。

小寇，以扰上心。"其旨如此。其里胥不杖死者，必恐为乱，乃置浙东营吏，俾掌军籍，衣以紫服，皆乐为之，潜除菑豪，人不觉也。①

此文中提到德宗时浙东一带的里正，多为乡县豪吏的族系，张泽咸先生把他们称之为"形势户"。急了连节度使都敢反抗，可想而知，他们平时在地方上是多么的霸道。其势力之强，迫使官府用军事的手段才能将其消除。

其他地方的里正如何呢？唐人张读《宣室志》卷十载：

杜陵韦氏子，家于韩城，有别墅在邑北十余里。开成四年秋，自邑中游焉。日暮，见一妇人，素衣，挈一瓢自北而来，谓韦曰："妾居邑北里中有年矣，家甚贫，今为里胥所辱，将讼于官，幸吾子纸笔书其事，妾得以执诣邑，冀雪其耻。"韦诺之。②

同书卷八中写道：

唐邠州景云观道士王道微者，家于孝义县，初为小胥，性喜杀，尚渔猎钓弋。自弱冠至壮年，凡杀狼狐雉兔洎鱼鳖飞走，计以万数。后为里尹，患热病月余，忽觉室内有禽兽鱼鳖万数，环绕其榻而噬之。③

此人与前面提到的潘果形成鲜明的对比，后者是因偷吃羊遭报应，改错后而为里正。这个王洞微却是即使杀生成性，仍被委为里

---

① （宋）王谠撰，周勋初校证：《唐语林校证》卷1《政事上》，第62页。
② （唐）张读撰，萧逸校点：《宣室志》卷10，上海古籍出版社2012年版，第75页。
③ （唐）张读撰，萧逸校点：《宣室志》卷8，第60页。

正，并最后遭报应落下了个可悲的下场。尽管两个故事的内容有些荒诞，但它们却反映出当时社会的一些基本情况。就王洞微的故事而言，起码反映出，当时在里正的人选上已有些混乱，已不严格遵照律令的规定执行。

通过以上三个例子已经可以说明与唐前期相比，唐中后期的里正在人选上呈混乱状态。安史乱后，兵连祸结，中央集权的强度大为削弱，地方政权也受到了军镇的极大干扰。老百姓的赋役不断加重，这一则是由于战事，一则却是州县官吏为捞自己升迁的资本而不断加大"羡余"的征收造成的。横征暴敛对"清平强干"之人是难以忍受，做此类事唯有地痞之类的人不可。所以唐代前后里正的变化是必然的。

随着两税法的推行，唐中后期占有土地数量的多少成为缴纳租赋多少的重要依据。一些广占田地的富有大户们费尽一切心机逃税，而选择与官吏和乡村胥正勾结是最佳的捷径。因此对于一名称职的地方官而言，当务之急则是均赋，而要均赋就必须使簿籍真实，要保证簿籍真实，只有严管里正，使里正能不受干扰地登录赋税簿籍。元稹在宣州时的做法是："设法各令百姓自通乎实状，又令里正、书手等傍为稳审，并不遣官吏擅到村乡。"[1] 罗珦在庐州的做法是："每里置里胥一人而止，余悉罢之。至定赋之际，集人正坐，众议其重轻，里胥书于籍，而无得一措词焉，是以赋均而无铢两之差。"[2] 但对于总体趋于恶化的现状来说，个别官员的努力只是杯水车薪，对改变现状几乎是起不到什么作用的。里、村正在催赋税时依然多转向贫家。因此，"富家办而贫家转创痍已深矣"。对于富户来说，里、村正"不敢示文书取索，非不知其家处"，而是因为其家子弟"尽在节度徼府州县官长手下"，而不敢去，只有装作独知"贫儿家

---

[1]（唐）元稹著，冀勤点校：《元稹集》卷39《状·同州奏均田状》，第501页。
[2]《全唐文》卷478杨凭《唐庐州刺史本州团练史罗珦德政碑》，第2163页。

处"①。这种状况一持续到唐亡。占有大量财富的富豪大族都去逃税，庞大的国家机构仅靠广大贫民的赋税来支撑，是不会长久的。当然在财政危急的情况下，里正的处境也渐趋悲惨。到五代时先是发展到让里正代输税，《资治通鉴》卷二九三《后周纪·世宗显德三年（956）》七月载：

辛卯朔，以周行逢为武平节度使，制置武安、静江等军事。行逢既兼总湖、湘，……行逢妻邺国夫人邓氏……尝谏行逢用法太严……一旦，自帅僮仆来输税。行逢就见之曰："吾为节度使，夫人何自苦如此！"邓氏曰："税，官物也。公为节度使，不先输税，何以率下！且独不记为里正代人输税以免楚挞时邪？"②

而里正代输税的前提则是，里正有足够的财产来作为代输税的资本，这表明五代后周时，里正的人选已由唐代的重身份和人品转向了重财产。为此周世宗曾专门下过《选大户为耆长诏》：

诸道州府令团并乡村，大率以百户为一团，选三大户为耆长。凡民家之奸盗者，三大户察之；民田之有耗登者，三大户均之。仍每及三载，即一如是。③

世宗诏令中"团"是对自然村落进行人为合并形成的，其规模和过去的"里"一样，其"耆长"的职责也和"里正"差不多，只不过耆长为三名，而且耆长的人选必须为大户，因为其承担了一项过去未曾有过的义务："民田之有耗登者，三大户均之。"这就意味

---

① 《全唐文》卷360 杜甫《东西两川说》，第1617页。
② 《资治通鉴》卷293《后周纪四·世宗显德三年（956）》，第9555—9557页。
③ 《全唐文·唐文拾遗》卷11 周世宗《选大户为耆长诏》，第51页。

着，如果有税户因天灾歉收或其他原因不能完成纳税任务时，其所欠部分由耆长代输。此举对国家的财政而言增加了保证，但对耆长而言无疑增加了负担。到宋代继承了这项制度，耆长也换成了里正。从此长期盛行的乡里制度五代而后发生了极大转变：隋代以前是典型的"乡官制"，唐代由乡官制逐渐向职役制过渡，到五代末宋初完全转变为职役制。其最主要的表现为里正的人选上由重身份和品格转变为重财产。对此马端临在《文献通考·自序》中有这样的评论：

> 役民者官也；役于官者民也。郡有守，县有令，乡有长，里有正，其位不同而皆役者也。……役民者逸，役于官者劳，其理则然。然则乡长、里正非役也。后世乃虐用其民，为乡长、里正者，不胜诛求之苛，各萌避免之意，而始命之曰户役矣。……噫！成周之里宰、党长，皆有禄秩之命官；两汉之三老、啬夫，皆有誉望之名士；盖后世之任户役者也，曷尝凌暴之至此极乎！①

马氏对户役的实行可谓痛心疾首，当然他更多的是针对宋代的繁重户役而言的。但从历史现状而言，推行户役制既是保证政权维系的不得已之举，也是必然之举。

3. 乡长、耆老和里正的关系

乡长在唐代只是在贞观九年至十五年间存在过。这是沿袭了隋代乡官制的做法。② 乡有乡长，里有里长。如前文提到的刘义节，在隋大业末为晋阳乡长，而在同书同卷中还记载了张长逊，"京兆栎阳人，精驰射，在隋为里长。以平陈功，擢上开府，累迁五原郡通

---

① （宋）马端临著，上海师范大学古籍研究所、华东师范大学古籍研究所点校：《文献通考·自序》，第5—6页。
② 隋和唐前期的乡长、里正制，应源自北周苏绰主导推行的"二长制"，而"二长制"无疑是对北魏"三长制"的简化。

守"①。这时的乡长和里长是上下级关系。开皇时期的乡长还由吏部除授。② 贞观时期的乡长是否为吏部除授,史无明文记载。隋末唐初的"里长"也称"里正",它和唐代的大部分时间里的称谓虽同,但其内涵已发生了大变化。阅读唐代碑刻、墓志可以发现,墓主的后代喜欢标榜自己的先人,凡是做过官的,总要一个不落的写上去。因为隋代的乡长、里正是官,所以可以发现不少有关墓主先人为里正和乡长的记载。而唐后期的墓志中却很难发现墓主先人为"里正"的记载。原因很简单,因为那时的里正已不能成为炫耀的资本了。试举一例,《全唐文补遗》第七辑,有一则无名氏撰写的《僧超生等造石经碑题记》:

> 大唐仪凤三年(678)岁次戊寅七月丁卯十五日己巳,比丘僧超生师兄弟等,为亡考妣敬造石经一条。上为天皇天后,下为苍生,皆共有绿,同登正觉。
> ……
> 大像主前里正公士史大识;……大像主前乡长王彦衡,妻李、梁;息登仕郎海亮,……亮息前里正复礼;……经主乡长王南山;……经主齐任国子博士王乐宾,息满州录事士宽,宽息乡长行元;……经主诏授盐山县令王孟良,息满州录事崇德乡长孝预,……息司兵公奴,崇礼乡里正怀眆;……经主隋任乡长田文才;……经主田建通,息前任乡长方起;……经主诏受文安县令,……息乡长善求;……经主前大由乡长王君效,……息前任里正弘亶、弘暍;……经主前里正郿神济;……经主文林郎王公节……息乡正代宗;……经主前乡长梁信芝;……经主前任丘县令王海纳……息任乡长范居;……经主飞骑尉张师

---

① 《新唐书》卷88《裴寂传》,第3745页。
② (唐)杜佑撰,王文锦等点校:《通典》卷33《职官十五·乡官》,第924页。

荐，息前任里正仁弘；……经主前乡正边同长。①

该经文所撰时间为大唐仪凤三年（678），此时距隋亡不过六十来年，因此僧超生师兄弟的先考妣们应多为隋代或唐初人，因此文中的这些像主、经主们除时代明确的外，其余应为隋代或唐初人。本节文为方便说明主题，对经文中的妣部分都省略了。从这个经文中可以看出僧超生师兄弟们都不是什么大家子弟，其先人中最值得炫耀的是那个在北齐任国子博士的，而做行政职务最大的也只是县令，因此只要其先人的经历能跟"官"沾边的，都统统给其冠上名。因此就出现了这么多的乡长、乡正（即为乡佐）、里正。尽管这些只属于乡官，但毕竟不同于一般平民百姓，也是值得光照后人的。唐贞观年间的乡长、里正关系虽无明文记载，但估计不会和隋末的乡长、里正关系差太多。

贞观十五年（641），乡长废止后，乡耆老和里正是什么关系呢？下面试作一分析之。

先看一下《通典》中对"耆老"和"乡长"的规定。该书卷三十三《职官十五·乡官》云："乡置耆老一人。以耆年平谨者，县补之，亦曰父老。"② 其职责诚如太宗在《存问并州父老玺书》中所言："父老宜约勤乡党，教导后生，亲疎子弟，务在忠孝，必使风俗敦厚，异于他方。"而卷三《食货三·乡党》中对"里正"的规定是"每里置正一人（若山谷阻险，地远人稀之处，听随便置。）"，其职责是"掌按比户口，课植农桑，检察非违，催驱赋役"③。由此我们清楚地知道乡耆老主要负责一乡的教化工作，里正主要负责日常的公务。《通典》中对里正的规定，似乎里正只负责一里的公务，这是很不全面的。以定户籍为例，"诸户籍三年一造，起正月上旬，

---

① 吴钢主编，陕西省古籍整理办公室编：《全唐文补遗》第七辑，三秦出版社2000年版，第448—451页。
② （唐）杜佑撰，王文锦等点校：《通典》卷33《职官十五·乡官》，第924页。
③ （唐）杜佑撰，王文锦等点校：《通典》卷3《食货三·乡党》，第63页。

县司责手实、计帐，赴州依式勘造，乡别为卷，……"①但负责一乡户籍登录的却是里正，"若应收授之田，皆起十月，里正勘造簿历"②。这其中有个疑问，里正负责一乡簿籍，是几个里正协同做事呢？还是除协同做事外，其中有一里正被选为当执里正负总责呢？李翱《平赋书》中云："凡十里之乡，为之公囷焉……乡之正造乡之人，归公所与畜，当戒必精勿濡，以内之于公囷，穷人不归者与之，勿征于书。"③其所言"乡之正"当为负责一乡之事的当执里正。日僧圆仁《入唐求法巡礼行记》所保留的唐代公文中这样写道：

［开成四年（839）九月］三日　午时，县使一人将县帖来，其帖文如左：

……

先在青宁赤山寺院，日本国船上抛却僧三人、行者一人。右件，僧等先申州申使讫。恐有东西去，八月十四日帖赤山寺院并村保、板头、海口所由等，须知存亡。寻问本乡里正称：村正谭亶抛却帖，至今都无状报。其谭亶见伏请处分，牒件状如前。谨帖。

开成四年九月　日
典王佐　牒④

其所言"本乡里正"，也在表明：在一乡数里的里正中的确是有一人在负一乡事务的总责的。那这个负总责的里正是怎样被选出的

---

① 《全唐文》卷35元宗《编户籍敕》，第164页。
② （唐）李林甫等撰，陈仲夫点校：《唐六典》卷30《三府、督护、州县官吏》，第753页。
③ （唐）李翱撰，郝润华、林学林校注：《李翱文集校注》，中华书局2021年版，第32页。
④ ［日］圆仁著，白化文、李鼎霞、许德楠校注：《入唐求法巡礼行记校注》卷2，第175—176页。

呢?《文献通考》有关唐代赋役附版籍职役部分中曾提到唐睿宗年间里正实行轮差制度。此即证明,一乡之当执里正,由各里里正轮流担任。耆老和里正的这种职责分工并不表明他们之间的关系是分离的。实际上凡涉及乡里中的大事,都是耆老和里正共同协助县府来完成的。如韦瑾《宣州南陵县大农陂记》载:

  时[元和四年(809)]县有废陂,曰大农,积岁不理。……范君独判于心……乃召乡老、里正尹而计之……三旬而毕。①

至此,耆老和里正的关系已具本明确,他们之间没有隶属关系,耆老是一乡的精神领袖,充当着官府和老百姓之间的协调员的角色,在唐前期,乡耆老对化解民间和官府的冲突,充分而有效地抓好乡村控制,从而保证政权和社会的稳定,起了不可替代的作用。里正是官府的协管员,但随着充当里正人员的混杂,其协管作用越来越具有负面性。鉴于此,到五代时,官府在乡里制度上作了重大调整,使里正彻底职役化。值得说明的是,在唐代不管是耆老还是里正,都不属官人,都无权行使行政权力,并且如果因其行事过当而触犯刑令时,还必须承担法律责任。一县之内的所有行政事务的决定和执行都归县里官人。

(二)村的行政化与村正的设立

  唐代在乡村控制方面不同于以前各朝的一个最显著特色是加强了对村的直接管辖。胡三省注《资治通鉴》引项安世《家说》中的话说:"古无村名,今之村,即古之鄙野也。……隋世已有村名。《唐令》:在田野者为村,置村正一人。村之义明矣。"② 日本学者宫

---

① 《全唐文》卷695韦瑾《宣州南陵县大农陂记》,第3164页。
② 《资治通鉴》卷287《后汉纪二》,高祖天福十二年(947),第9374页。

川尚志认为:"村作为村落称呼的明确记载在中国法令中是从唐代开始的。"① 宫崎市定也以不同的话语表达了同样的观点:"直到唐代村作为行政单位得到政府的承认。"② 唐代把以往附属于乡里体系下的村落分离出来和城镇居民区的坊郭一起,形成另一种新的管辖模式——村坊体系。村坊体系采取了直接临民行政控制的方式,这一点上与乡里制不同。乡里制是按人口的多少来节级分区管辖的,"大唐令:诸户以百户为里,五里为乡"③;而村坊制则是以人口聚落区为管辖单位的,"在邑居者为坊,别置正一人,掌坊门管钥,督察奸非,并免其课役。在田野者为村,别置村正一人。其村满百家,增置一人,掌同坊正。其村居如满十家者,隶入大村,不须别置村正"④。唐代实行乡里制与村坊制并行的方式,使我们对唐代的乡村控制问题上产生一个疑惑:乡里制与村管辖并行的情况下,村与乡里是什么关系?村正到底是个怎样的角色?本书试图回答的就是这样一个问题。

1. 行政村设立时间考

唐代的行政村是何时设立的?搞清这一点很重要。这有助于我们进一步认清村坊制与乡里制之间的联系。唐代村坊制的初步确立为武德七年(624),《旧唐书》卷四十八《食货志上》载:"武德七年始定律令,……百户为里,五里为乡。四家为邻,五家为保。在邑居者为坊,在田野者为村。"⑤ 但这是否表明行政村就是这时候确立的呢?行政村与一般村聚落最明显不同的特点就是官府设立了村正来管理一般事务。所以我们想搞清行政村设立的时间,只要弄

---

① [日]宫川尚志:《六朝时期的村》,载刘俊文主编《日本学者研究中国史论著选译》第四卷,第67—108页。
② [日]宫崎市定:《关于中国聚落形体的变迁》,载刘俊文主编《日本学者研究中国史论著选译》第三卷,中华书局1993年版,第1—29页。
③ (唐)杜佑撰,王文锦等点校:《通典》卷3《食货三·乡党》,第63页。
④ (唐)杜佑撰,王文锦等点校:《通典》卷3《食货三·乡党》,第63—64页。
⑤ 《旧唐书》卷48《食货志上》,第2088—2089页。

清出设立村正的时间就行了。那么,在武德七年时是否设立了村正呢?《旧唐书》卷四十二《职官志一》云:"高祖发迹太原,官名称位,皆依隋旧。及登极之初,未遑改作。随时署置,务从省便。"①同书卷三十八《地理志一》载:"武德七年,改总管府为都督府。自隋季丧乱,群盗初附,权置州郡,倍于开皇、大业之间。贞观元年(626),悉令并省。始于山河形便,分为十道……至十三年定簿,凡州府三百五十八,县一千五百五十一。"② 由以上记载可知,武德七年时,国家尚未统一,州县还属"权置"阶段,直到贞观十三年时,行政区划设置工作才完成。因此,在武德七年虽然草创了村坊制,但并没有形成在乡村内设"村正"的条件。

"村正"在唐代到底是何时设立的呢?在唐史文献中,较早出现"村正"的典籍是《唐律疏议》,该书中多条律令中提到了"村正",此只列一条,卷十八《贼盗》中云:

> 诸造畜蛊毒(谓造合成蛊,堪以害人者)及教令者,绞;造畜者同居家口虽不知情,若里正(坊正、村正亦同)知而不纠者,皆流三千里。
>
> 答曰:里正之等,亲管百姓,既同里闬,多相谙委。州县去人稍远,管户又多,是故律文遂无节制。③

那么是否由此可断定长孙无忌上《唐律疏议》的永徽四年(653)间就设立了村正呢?因据校订《疏议》的刘俊文认为"《唐律疏议》撰于永徽,其所疏释的律条基本上定于贞观。而律疏的部分内容和文字是永徽以后直至开元间多次修改的产物"④,也就是说,《唐律疏议》的内容反映的并不是某一时间段的现象,尽管其中

---

① 《旧唐书》卷42《职官志一》,第1783页。
② 《旧唐书》卷38《地理志一》,第1384页。
③ (唐)长孙无忌等撰,刘俊文点校:《唐律疏议》卷18《贼盗》,第337页。
④ 刘俊文《唐律疏议·点校说明》,第3—4页。

有关于"村正"的描述，但却无法体现出其出现的明确时间。如果想证明"村正"出现的确切时间，只有另寻他途。

《新唐书》卷五十四《食货志》载："永淳元年（682），私铸者抵死，邻、保、里、坊、村正皆从坐。"① 这证明高宗永淳元年时肯定已设立了村正，但显然不是起始时间。但是由此可使我们初步明确，"村正"开始设立的时间在贞观十三年和永淳元年之间。"贞观九年（635），每乡置长一人，佐二人"②，基本上也是沿用的隋的乡官制。到贞观十五年废除乡长、佐，设乡耆老、里正。是否意味着，就是此时设立的村正呢？《唐会要》卷四十一《杂记》云：

> （贞观）十六年（642）十月二十六日诏：盗贼之作，为害实深。州县官人，多求虚誉，苟言盗发，不欲陈告。村乡长正，知其此情，递相劝止，十不言一。假有被论，先劾物主，爰及邻伍，久婴缧绁。有一于斯，实亏政化，自今以后，勿使更然。③

此诏颁布于废除"乡长、佐"的第二年，此时"乡长"已废除了，因何诏中仍称"村乡长正"呢？笔者考虑这有两种原因，一是语句表述为了追求工整所致，"村乡长正"并不是指村乡的长和正，这是常见的古汉语的"互文见义"的修辞法，实际只突出了"正"；另一种原因是，由于唐朝幅员辽阔，那时的通信工具又不发达，尽管已于前一年下了废除乡长、佐的诏令，但不排除一些地方尚未收到或收到还没来得及执行的情况，因此用"村乡长正"一词把新旧二种情况全包括了。而新实行的政策就是用"里、村正"来代替"乡长、佐"来掌管乡、村的事务，主管一乡事务的是轮执的"里

---

① 《新唐书》卷54《食货志四》，第1384页。
② （唐）杜佑撰，王文锦等点校：《通典》卷33《职官十五·乡官》，第924页。
③ （宋）王溥：《唐会要》卷41《杂记》，第745—746页。

正"，而掌管一村事务的则是"村正"了，① 这十分清楚地表明，"村正"的设立是在贞观十五年废除乡长、佐后开始的。这一点也可从唐人墓志所载的墓主的籍贯中反映出来，贞观十五年以前的墓志中对墓主的籍贯和埋葬地都称某府某县某乡某里，极少见有称某村的记录；贞观十五年以后的墓志就不同了，其中对墓主的籍贯和埋葬地的记载样式比较丰富，而特别值得注意的是，"村"渐成为籍贯和埋葬地记录样式。如《全唐文补遗》第二辑《尚武夫妻墓志》中载："以贞观廿一年十二月四日，终于绛州万泉县尚村之私第。"② 同书同辑《程雄墓志》中写道：于贞观廿二年葬于河南县平乐乡缠佐里王晏村。③ 这些都说明贞观十五年以后，"村"已正式被纳入国家的行政体系，官府开始在乡村控制上有了一个新变化。

2. "村"与"里"

唐代行政村的设立是在"乡长、里佐制"废除后才真正实现的。在"乡长、里佐制"下，乡和里都是行政单位。北朝、隋、唐初期间，经历了一个从"乡长、里佐制"到行政村设立的一个变化。对于"村"与"里"的关系来说，就是经历了一个从"行政里"到"行政村"的变化。要彻底了解唐代的村，那就必须先从了解这个变化开始。东汉以后"里"再次以行政区的性质出现于北齐，《隋书》卷二十七《百官志》载："（后齐）邺、临漳、成安三县令，各置丞、中正、功曹、主簿、门下督、录事、主记，议及功曹、记室、户、田、金、租、兵、骑、贼、法等曹掾员。……凡一百三十五里，

---

① 按：名义上取代"乡长"的是"耆老"，但耆老只负责教化、礼仪之类事务，而一般的官府差事都由里正、村正负责。官府称他们为"主司"，"诸监临主司知所部有犯法，不举劾者，减罪人罪三等。纠弹之官，减二等"。议曰："监临，谓统摄之官；主司，谓掌领之事及里正、坊正、村正以上。"载（唐）长孙无忌等撰，刘俊文点校《唐律疏议》卷24《斗讼》，第449页。

② 吴钢主编，王京阳等点校：《全唐文补遗》第二辑，三秦出版社1995年版，第263页。

③ 吴钢主编，王京阳等点校：《全唐文补遗》第二辑，第142页。

里置正。临漳……凡一百一十四里,里置正。成安……七十四里,里置正。"① 北周时推行"乡正里长"② 制,"里"就是最低一级的行政区,《周书》卷六《武帝纪下》载"[建德六年(577)]十一月己亥,初行《刑书要制》。……正长隐五户及十丁以上、隐地三顷以上者,至死。"③ 隋承北周旧制,在苏威和高颎的推动下,于开皇九年乙未景申制:"五百家为乡正一人,百家为里长一人。"后来虽然废除了"五百家乡正专理词讼"的权力,但这种制度仍然实行着。如《新唐书》卷八十五《窦建德传》载:"窦建德,贝州漳南人。世为农……材力绝人,少重然许,喜侠节。……由是益知名。为里长。"④ 同书卷八十八《裴寂传》载:"张长逊,京兆栎阳人。精驰射,在隋为里长。"⑤ 唐太宗即位一度继承了隋时的"乡正里长制",于"贞观九年(634)春三月壬午,大赦,每乡置长一人,佐二人"⑥。但由于不便,终于在六年后废除,全面推行起了行政村制。

由上述可知,唐代以前"村"仅仅是聚落区,而"里"是行政区。在官府的心目中"里"明显重于村。

唐代的行政村是怎样一种情况呢?先看一下唐代村的户数。《通典》卷三《食货三·乡党》中载:"在田野者为村,别置村正一人。其村满百家,增置一人,掌同坊正。其村居如满十家者,隶入大村,不须别置村正。"⑦ 由此看出唐代村的规模:百户以上的和十户以下都不多,多数村的户数在十户至一百户之间。当然这样说太显笼统

---

① 《隋书》卷27《百官志》,第761页。
② 北周在苏绰的大力倡导之下推行"乡正里长制","爰至党族闾里正长之职,皆当审择,各得一乡之选,以相监统。夫正长者,治民之基,基不倾者,上必安"。"太祖方欲革易时政,务弘强国富民之道,故绰得尽其智能,赞成其事,减官员,置二长,并置屯田以资军国。"载《周书》卷23《苏绰传》,第388、382页。后苏绰子苏威相隋,步其父之后尘,又在隋推行此法。
③ 《周书》卷6《武帝纪下》,第105页。
④ 《新唐书》卷85《窦建德传》,第3696页。
⑤ 《新唐书》卷88《裴寂传》,第3745页。
⑥ 《旧唐书》卷3《太宗本纪下》,第44页。
⑦ (唐)杜佑撰,王文锦等点校:《通典》卷3《食货三·乡党》,第63—64页。

了，唐代一般村的户数为多少呢？且以史证之。日僧圆仁《入唐求法巡礼行记》卷二载"［开成五年（840）三月］）十八日，……到（青州北海县界）芙蓉驿东耿村耿家宿。去耿家西一里有古城，时人唤之昌国城。城周十二里，东西阔，南北狭。城内见有百姓家三十户住。问村老，即云：'废此城以来一千余年，不知何王住处。'"① 依圆仁的记述看，他所言的"村老"即村正，看样子是设在废城一地，耿家所在的"耿村"当附属于这个昌国城村，共为此村老所司。依大唐令不足十户不设村正的规定，这个行政村的户数顶多就是四十户。白居易《九日登西原宴望》诗中写道："请看原下村，村人死不歇。一村四十家，哭葬无虚月。"② 另外能反映晚唐时期村的情况的还有《太平寰宇记》卷一〇四《江南西道·歙州·黟县》中载："又按《邑图》有潜村，昔有十余家。不知何许人避难至此，入石洞口，悉为松萝所翳，每求盐米，晨出潜处，今见数十家，同为一村。"③ 根据习惯，一般称二十以上四十以下为"数十"，由此判断这个"潘村"的户数也就是四十户左右。《全唐文补遗》第七辑有《周村一十八家造像记》的记载。④ 此外还有两种比较特殊的村，一种是由于特殊原因而形成的特大村，如湖州德清县前溪村，因为是"前朝教乐舞之地"，⑤ 所以有数百家。另一种为户数极少的偏僻山村，如韩愈《论变盐法事宜状》中载："平叔又请乡村去州县远处，令所由将盐就村粜易……臣以为乡村远处，或三家五家，山谷居住，不可令人吏将盐家至户到。"⑥ 这种特大村和特小村在唐

---

① ［日］圆仁著，白化文、李鼎霞、许德楠校注：《入唐求法巡礼行记校注》卷2，第231页。
② （唐）白居易著，顾学颉校点：《白居易集》卷6《闲适二·九日登西原宴望》，第115页。
③ （宋）乐史撰，王文楚等点校：《太平寰宇记》卷104《江南西道·歙州》，第2068页。
④ 吴钢主编，陕西省古籍整理办公室编：《全唐文补遗》第七辑，第214页。
⑤ （唐）佚名撰，罗宁点校：《大唐传载》，中华书局2019年版，第25页。
⑥ （唐）韩愈撰，马其昶校注：《韩昌黎文集校注》卷8《论变盐法事宜状》，上海古籍出版社1986年版，第647页。

代不具有普遍性。

因为有关唐代村的户数记载的资料极少，难以找到更多的史料来加以佐证。但由于上述史料有着十分的可信性，大致可反映唐代村的一般情况。通过上述的史例可看出唐代行政村的户数一般在二十户至四十户左右。①

在唐代数十户规模的村中多是同一宗族聚居或数宗族杂居。如《周村一十八家造像记》中所提到的"周村"就是以周姓为主聚族而居的一个小村庄，在十八家中除周姓外，还有两外姓：一段姓，一孙姓。白居易《朱陈村》诗中写道："徐州古丰县，有村曰朱陈。……一村唯两姓，世世为婚姻。亲疏居有族，少长游有群。"②到唐末五代初这种聚族而居的村庄更为突出，杜光庭《录异记》卷六《洞》载："长安富平县北，定陵后通关乡，……通关乡多姓公孙、贾家，山上石保村多姓闾氏、麻氏。（文中曾提到此为大顺年后

---

① 有关村的户数问题，有些疑问须作一下说明。对唐代的村而言，现有史料所反映的情况看，百户以上的大村的确少见，也只能作出唐代多是中小村的判断。但与此形成鲜明对比的是，文献所反映的北朝隋时期的百户以上的大村却不少。隋初隐士、赵郡大族李士谦所在的村，如《隋书》卷77《隐士列传》中所反映出的，应该是个大村；又如同书卷73《循吏传·公孙景茂》载："由是（道州）人行义让，有无均通。男子相助耕耘，妇人相从纺绩。大村或数百户，皆如一家之务。"这反映的是开皇初的情况。南朝时期的文献中却极少见大村的记载，为什么会这样呢？《隋书》卷24《食货志》载："晋自中原丧乱，元帝寓居江左，百姓之自拔南奔者，并谓之侨人。皆取旧壤之名，侨立郡县，往往散居，无有土著。"而我们所看到唐代村的户口情况，其实也大都是中晚唐时期的情况。《太平寰宇记》中记载了大量的村都不大，书中没有提及具体的原因，只是提到了"大历六年，以户口散落"，户口散落的原因自然是由于安史之乱造成的。把中晚唐和晋南迁后的情况对照一下，可以看到一个共同点——户口散居。这两个时代的村规模不大的原因，应该清楚了，其时的村多数是在躲避战乱的情况下形成的。族居是这种村显著特点。北朝隋初的村为什么大村较多呢？这是因为村的形成还有一个原因，政府在推行屯田制和均田制过程中，有计划地安排成立了一些村，详见拙稿《唐宋时期从"村坊制"到"城乡交相生养"》，《思想战线》2004年第6期。另外也与北朝时期豪族村居，使村的性质成为"豪族共同体"有关，详见《六朝时代的城市与农村的对立关系——从山东贵族的居住地问题入手》，载[日]谷川道雄著，马彪译《中国中世纪社会与共同体》，中华书局2002年版，第286—306页；中晚唐时期的小村到五代时期，又被团并成以百户为单位的村，"诸道州府令团并乡村，大率以百户为一团，选三大户为耆长"。载《全唐文·唐文拾遗》卷11周世宗《选大户为耆长诏》，第51页。

② （唐）白居易著，顾学颉校点：《白居易集》卷10《感伤二·朱陈村》，第184页。

之事)"①《资治通鉴》卷二七一《后梁记·均王贞明五年（919）》十一月辛卯："梁筑垒贮粮于潘张，距杨村五十里。"胡三省注曰："潘张，地名。盖潘、张二姓居之，因以名村，如杨村之类一姓而名村也，其他如麻家渡、赵步，又皆以姓而名津步，此皆载于《通鉴》。"②类似这些在唐代墓志中也有所反映，如徐娄村、成村、姚村、赵村、陈村、高村、杜郭村等不一而足。③当然并非所有的村都是如此，个别村的形成也有其他因素，如上文提到的"前溪村"，"湖州德清县南前溪村，前朝教乐舞之地，今尚有数百家尽习音乐，江南声妓多自此出，所谓舞出前溪者也"④。

唐代的行政村中一般有"村社"和"村学"。《旧唐书》卷十三《德宗本纪下》载："（贞元）五年（789）春正月壬辰朔。乙卯，诏：'……自今宜以二月一日为中和节，以代正月晦日。……'村社作中和酒，祭勾芒以祈年谷，从之。"⑤《太平寰宇记》卷一〇四《江南西道二·歙州·黟县》中载："俗说每社日，仆则遣人掠村社酒肉，人苦之，遂于社之明日为社，至今以为常式。"⑥《唐会要》卷十上《后土·诸里祭社稷仪》载："前一日，社正及诸社人应祭者，各清斋一日。……（社正）跪读祝文曰：'维某年岁次月朔日子，某坊（村则曰某村，以下准此）……'"⑦祭社在古代属重大礼节，皇帝亲祭太社，其他各级行政长官分祭本州、县社，乡里（村）都各有社祭，除官社外还有私社。对社祭，上自太社下自乡里（村）社以至私社，朝廷都格外重视。《唐会要》卷二十二《社稷》载："天宝元年（742）十月九日敕：……其百姓私社，亦宜与官社同日

---

① （唐）杜光庭撰，罗争鸣辑校：《杜光庭记传十种辑校》，第74—75页。
② 《资治通鉴》卷271《后梁纪六·均王贞明五年（919）》，第8851页。
③ 详见吴钢主编《全唐文补遗》（第一至七辑），三秦出版社1994—2000年版。
④ （唐）佚名撰，罗宁点校：《大唐传载》，第25页。
⑤ 《旧唐书》卷13《德宗本纪下》，第367页。
⑥ （宋）乐史撰，王文楚等点校：《太平寰宇记》卷104《江南西道·歙州》，第2067页。
⑦ （宋）王溥：《唐会要》卷10上《后土》，第239页。

致祭，所由检校。"① "村社"的性质当属官社，社正通常由里父老担任。②

"村学"普遍设立当在唐玄宗开元年间，《唐会要》卷三十五《学校》载："（开元）二十六年（738）正月十九日敕：古者党乡有序，党有塾，将以弘长儒教，诱进学徒，化民成俗。率由于是，其天下州县每乡之内，各里置一学，仍择师资，令其教授。"③ 敕文中规定是"每里置一学"，也就是一百户左右置一学，这意味着每邻近的两三个村就有一所官办"里学"，在唐史文献中，"里学"也称为"村学"或"村校"，因为"里学"常设在某村内。《旧唐书》卷一六六《白居易传》载："予尝于平水市中，见村校诸童，竞习歌咏。召而问之，皆对曰：'先生教我乐天、微之诗。'固亦不知予为微之也。"④

以上就是唐代村的一些基本情况。作为行政区的"村"与"里"的关系发生了怎样的变化呢？到唐代，在绝大多数情况下"里"已不再是人们的萃居之所，而取而代之的是"村"；"里"成为户籍法上的一个名词："百户为里"。贞观十五（640）年"村坊制"完全确立后，"乡、里"已开始特指县内的乡村赋役区，这在狄仁杰《乞免租疏》中体现得很明显："彭泽九县，百姓齐营水田……自春徂夏，多莩亡者，检有籍历，大半除名。里里乡乡，班班户绝。"⑤ 以前管理一里行政事务的里长，随着"乡长、佐"的废除，改称里正，其职责变成以负责经济事务为主，而且在管好本里事务外，还要和其他里的里正以轮流当执的方式管理一乡事务。唐代的村是行政区，村正主要负责本村的行政事务。⑥ 因此在唐代

---

① （宋）王溥：《唐会要》卷22《社稷》，第425页。
② 参见拙稿《唐代的耆老、乡长和里正》。
③ （宋）王溥：《唐会要》卷35《学校》，第635页。
④ 《旧唐书》卷166《白居易传》，第4357页。
⑤ 《全唐文》卷169狄仁杰《乞免租疏》，第761页。
⑥ 拙稿《唐代的耆老、乡长和里正》有详论。

"里"与"村"是不同性质的两种单位名称,"里"是户籍区或者是财政区的最基层单位;而"村"则是最低一级的行政单位。"村"多由一个或数个宗族聚居形成,"里"只是以户数而定的,同里之人不一定为同一聚落。所谓的一村数里或一里数村,实际上只是从户口数角度来讲的。①

3. 村正

以上是唐代"村"与"里"的大致情况,接下来让我们讨论一下唐代的村正。

关于唐代设村正的时间,前文已有详论,是在唐太宗贞观十五年时。那么村正的任职资格是怎样的呢?《通典》卷三《食货三·乡党》载:

> 在田野者为村,别置村正一人。其村满百家,增置一人,掌同坊正。其村居如满十家者,隶入大村,不须别置村正。……其村正取白丁充,无人处,里正等并通取十八以上中男、残疾等充。②

讨论里正时,我们已论证过"白丁"在唐代就是指平民百姓。

---

① 唐代文献中的"里"至少有四种含义:1. 城镇的居民区"坊",杨鸿年曾详细论证了"坊即里",参见杨鸿年《隋唐两京考》,第207页;杨鸿年《隋唐两京坊里谱》,上海古籍出版社1999年版。2. 唐人的文集、笔记小说中村和里常混称,其中的"里"多是指村,"迟明,村人集聚,共商量捕逐之路。……安国牵归,遍谓里中曰……",载(宋)李昉等编《太平广记》卷128《报应·王安国》,第906页,通读全文可知,这里的"村"和"里"是指同一地方,都是指王安国所在的村。3. 唐代还存在不多的前代遗留的居民萃居区的"里",其形式极像现在闽西客家人生活的圆形土楼。唐文献中有关某乡某里的记述中不排除这种情况的存在。但从总体上讲,唐代的散村落已呈普遍之势。"村"和"里"的关键不同在于村不是一个户籍单位,而又是一包括人口和土地的辖区,因此唐政府设村正,对其进行行政管理。4. 乡里制下的最基层户籍单位。在唐代官方的正式文书中,"里"通常是这个意思。

② (唐)杜佑撰,王文锦等点校:《通典》卷3《食货三·乡党》,第63—64页。

从引文可知，里正的任职资格是"勋官六品以下"或"白丁清平强干者"。而"村正"却只限定了须是"白丁"，此外在不能满足此条件的情况下，还可由"十八以上的中男、残疾充"。实际情况是这样吗？王永兴《敦煌唐代差科簿考释》①一文附录的《唐差科簿丛辑》的五件文献中，有12人的名字下标有"村正"，其中有中男10人、白丁1人、白丁残疾1人。具体名单如下：

（一）

男，悉郎，载一十七，中男②，村正。

男，回回，载廿二，中男，村正。

男，思言，载一十八，中男，村正。

安仕德，载廿，中男，村正。

张神庆，载一十九，中男，村正。

阴光儿，载廿，中男，村正。

（二）

男，宋昏，载廿二，中男，村正。

男，抱金，载一十八，中男，村正。

罗双流弟，双利，载廿，中男，村正。

罗特恶，载卅五，白丁，村正。

（三）

无

（四）

李元暹男，璆光，载一十八，中男，村正。

（五）

贾楚楚，载卅六，白丁残疾，村正。

---

① 王永兴：《敦煌唐代差科簿考释》，《历史研究》1957年第12期。
② 王先生注："一十七"的"七"当为"八"之误。因为在天宝时，十七岁的男子还不是中男。

五　唐代乡职人员的动态分析　　117

因为这个《差科簿丛辑》主要反映的是唐前期的情况，它表明在唐前期，"村正"在选拔上基本上能做到按律令的规定执行。唐中后期以后，"村正"又被称为"村老""村长""村勾当""村胥"等。如日僧圆仁《入唐求法巡礼行记》卷一载："开成四年（839）四月五日，申时，到宿城村新罗人宅，暂憩息……爰村老王良书云……便将僧等往村长王良家。"① 同书卷二载："［开成四年（839）五月］十四日，州押衙来于舶上，问舶上之人数，且归村家。邵村勾当王训等来相看……"② 元稹《旱灾自咎贻七县宰》诗写道："村胥与里吏，无乃求取繁。"③ 但不管其称呼怎么变，其职责仍然如《唐六典》卷三《尚书户部》规定的，是："以司督察。"

村正的督察职责主要是督察什么呢？主要是督察盗贼。一旦村内有盗贼之事，村正务必及时报告给官府，如隐瞒不报，村正将受到严惩。贞观十六年（641）十月二十六日诏："盗贼之作，为害实深，州县官人，多求虚誉，苟言盗发，不欲陈告，村乡长正，知其此情，递相劝止，十不言一。假有被论，先劫物主，爰及邻伍，久婴缧绁，有一于斯，实亏政化。自今以后，勿使更然。"④《唐律疏议》卷二十八《捕亡》中规定："诸邻里被强盗及杀人，告而不救助者，杖一百……"⑤ "诸部内容止他界逃亡浮浪者，一人，里正笞四十（谓经十五日以上者。坊正、村正同里正之罪。）"⑥ 尽管政令对"村正"的约束甚严，但村正总把其督察职责当成是一种权力。《入唐求法巡礼行记》卷二载："［开成四年（839）］五月一日，遣买过海粮于村勾当王训之家，兼问留住此村之事。王训等云：'如要

---

① ［日］圆仁著，白化文、李鼎霞、许德楠校注：《入唐求法巡礼行记校注》卷1，第134页。
② ［日］圆仁著，白化文、李鼎霞、许德楠校注：《入唐求法巡礼行记校注》卷2，第154页。
③ （唐）元稹著，冀勤点校：《元稹集》卷4《古诗·旱灾自咎贻七县宰》，第43页。
④ （宋）王溥：《唐会要》卷41《杂记》，第745—746页。
⑤ （唐）长孙无忌等撰，刘俊文点校：《唐律疏议》卷28《捕亡》，第530页。
⑥ （唐）长孙无忌等撰，刘俊文点校：《唐律疏议》卷28《捕亡》，第539页。

住者，我专勾当和尚，更不用归本国'云云。"① 有时候甚至会滥用其权力致人死亡。这从《唐律疏议》卷三十《捕亡》条的记载中可以得知，"问曰：'里正、坊正、村正及主典，因公事行罚，前人致死，合得何罪？'答曰：'里正、坊正、村正等，唯掌追呼催督，不合辄加笞杖，其有因公事相殴击者，理同凡斗而科。'"② 尽管如此，村正还是千方百计地利用其手中的小权力为其谋福利。而对于一些外地人来说，要想得到方便，也就必须去讨好村正。《太平广记》卷四十二《权同休》载："秀才权同休，元和中落第，旅游苏湖间。遇疾贫窘，走使者本村墅人，雇已一年矣。疾中思甘豆汤，令其市甘草……及汤成，与常无异，疾亦渐差。秀才谓曰：'予贫迫若此，元以寸进。因褛垢衣授之，可以此办少酒肉，将会村老，丐少道路资也。'雇者微笑曰：'此固不足办，某当营之。'……村老皆醉饱，获束缣五十。"③ 此中的"村老"也就是村正。但村正并非事事都受人讨好，对本地的富豪来说，他简直就是个受气包。《全唐文》卷三六〇杜甫《东西两川说》中载："蜀之土肥，无耕之地。流冗之辈，近者交互其村而已，远者漂寓诸州县而已，实不离蜀也。大抵只与兼并豪家力田耳。……今富儿非不缘子弟职掌，尽在节度衙府州县官长手下哉！村正虽见面，不敢示文书取索，非不知其家处，独知贫儿家处。"④ 是因为害怕其势力不敢向其索取，那倒霉的只有贫民了。看来村正也常常是个欺软怕硬的角色。

接下来，看一下村正和里正的关系。在谈到二者的任职资格时，我们已反复提到：担任里正的一般为勋官六品以下或白丁之中的清平强干者；而担任村正的一般只是白丁，无人处还可让十八以上中男、残疾等充。"勋官六品以下"是个什么概念呢？《唐六典》卷二

---

① 〔日〕圆仁著，白化文、李鼎霞、许德楠校注：《入唐求法巡礼行记校注》卷2，第152页。
② （唐）长孙无忌等撰，刘俊文点校：《唐律疏议》卷30《捕亡》，第561页。
③ （宋）李昉等编：《太平广记》卷42《神仙·权同休》，第268页。
④ 《全唐文》卷360杜甫《东西两川说》，第1617页。

《尚书吏部·司勋郎中》提到，唐代的勋共分十二等，"四转为骁骑尉，比正六品；三转为飞骑尉，比从六品；二转为云骑尉，比正七品；一转为武骑尉，比从七品"①。同书卷三十讲各州府县令时提到："京兆、河南、太原诸县，令各一人，正六品上……诸州上县，令一人，从六品上……诸州中县，令一人，正七品上……诸州下县，令一人，从七品下。"② 尽管勋官和职事官县令之间没有可比性，但仅从勋位的比官品级上，还是可以看出：从名义上讲，"勋官六品以下"的官位还是不低的。当然。由于随着勋位颁授滥化，其实质待遇接近于无，和一般白丁没什么区别，但从名号上讲他们还属于有功名之列。因此让些有名无实的人充当对国家赋役至关重要的"里正"角色，既满足了这些人的官欲，又保证了财赋的满足供应，而且还不用向他们支付俸禄，的确是一项非常高明的政治策略。而对于村正的人选，就简单多了。二者之不同是由他们的职责不同所致。里正的职责，是"掌按比户口，收手实，造籍"③，"授人田、课农桑"④，"检察非违，催驱赋役"⑤，另一职责和村正相同即"以司督察"。

在对里正、村正的职责记载中，各典籍稍有差别：《旧唐书》载里正、村正的职责就是"以司督察"，没说其他；《唐六典》设里正、村正就是"以司督察"，但同时里正兼"课植农桑，催驱赋役"的职责；《通典》中则载里正的职责就是："掌按比户口，课植农桑，催驱赋役"，村正的职责同坊正是"督察奸非"。这里面实际上有个侧重问题，不管是里正还是村正对奸非之事都负有督察的职责，诚如《唐律疏议》卷十八《贼盗》中所规定的那样，如果发生奸盗

---

① （唐）李林甫等撰，陈仲夫点校：《唐六典》卷2《尚书吏部》，第41页。
② （唐）李林甫等撰，陈仲夫点校：《唐六典》卷30《三府、督护、州县官吏》，第751—752页。
③ （唐）长孙无忌等撰，刘俊文点校：《唐律疏议》卷12《户婚》，第233页。
④ （唐）长孙无忌等撰，刘俊文点校：《唐律疏议》卷13《户婚》，第249页。
⑤ （唐）杜佑撰，王文锦等点校：《通典》卷3《食货三·乡党》，第63页。

之事，里正、村正都要受到惩罚，由于村、里的性质不同，实际上也决定了村正、里正的职责的侧重有别。设立村、坊主要是为了加强行政管理，实际是治安的需要，村、坊属行政性质；分乡里的目的主要是加强人口管理和赋役征收，是财政的需要。因此，诚如《通典》所记载的那样，里正的职责主要侧重于户口、农桑和赋役上，村正的职责主要侧重在督察奸非上。关于村正的督察职责，《唐会要》卷三十四《杂录》中有一则非常典型的例子："［开元六年（718）］十月六日敕：散乐①巡村，特宜禁断。如有犯者，并容止主人及村正，决三十，所由官府附考奏，其散乐人仍递送本贯入重役。"②当然二者不是决然分开的，也只是有所侧重而已。

既然村与里的性质不同，村正与里正的职能也各有侧重，因此他们也就不会是上下级关系。那如何理解《通典》中"其村正取白丁充，无人处，里正等并通取十八以上中男、残疾等充"的话呢？"无人处"，即没有合适的人选之地。这种地方的村正是否由里正任命呢？依"里正等并通取十八以上中男、残疾等充"的表面含义，仿佛如此。其实不然。里正对无人处村正的人选所起的作用是确认人选为"十八以上中男、残疾"的真实身份。身份确认后，根据"在田野者为村，别置村正一人"的含义，最后的任命权应仍在县里。这里的"别置"一词应值得注意，因为它是针对"里置正一人"而言的，"别置"就是另外置。谁来置？应和置里正者为同一部门。里正是由县令来置，村正当然也就是由县令置了。元稹《论浙西观察使封杖决杀县令事》中载："先牒湖州堪得报称：'孙澥先

---

① 何谓"散乐"？《唐会要》载："散乐历代有之，其名不一。非部伍之声，俳优歌舞杂奏，总谓之百戏跳铃、掷剑、透梯、戏绳、缘杆、弄枕、珠大面拨、头窟礧子，及幻伎激水化鱼龙、秦王捲衣、符鼠、夏育扛鼎、巨象行乳、神龟负岳、桂树白雪、画地成川之类，至于断手足、剔肠胃之术。自汉武帝，幻伎始入中国，其后或有或无，至国初通西域，复有之。高宗恶其俗，敕西域关津，不令入中国，具百戏。……元宗以其非正声，置教坊于禁以处之。"见（宋）王溥《唐会要》卷33《散乐》，第611页。

② （宋）王溥：《唐会要》卷34《杂录》，第629页。

五 唐代乡职人员的动态分析

准使牒差摄乌程县令日，判状追村正沈朏，不出正帖不用印。'奉观察使七月十六日牒：'决孙瀿臀杖十下。'"① 这和县令追究里正必须得用帖、用印的方式是一样的。由此可知村正和里正一样同是由县令任命的。也因此当村里有异常情况时，村正都必须直接向县里汇报。李复言《续玄怪录》卷一《杨敬真》载："杨敬真，虢州阌乡县长寿乡天仙村田家女也。年十八，适同村王清，……衣服委于床上，若蝉蜕然，身已去矣。但觉异香满屋，其夫惊以告其父母，……村吏以告县令李邯……"② 这里的村吏就是指村正。但在涉及县里追查村里之事时，都是由县里直接跟村正交涉，但在交涉不利的情况下，会由里正协助弄清事实。如《入唐求法巡礼行记》卷二载：

[开成四年（839）九月] 三日　午时，县使一人将县帖来，其帖文如左：

……

先在青宁乡赤山寺院，日本国船上抛却僧三人，行者一人。右件，僧等先申州申使讫。恐有东西去，八月十四日帖赤山寺院并村保、板头、海口所由等，须知存亡。寻问本乡里正称：村正谭亶抛却帖，至今都无状报。其谭亶见在伏请处分，牒件状如前。谨帖。

开成四年九月　日

典王佐　牒③

这是一则明了县衙、村正、里正三者关系的典型例子。村内发

---

① （唐）元稹著，冀勤点校：《元稹集》卷38《状·论浙西观察使封杖决杀县令事》，第495页。
② （唐）李复言撰，程毅中点校：《续玄怪录》卷1《杨敬真》，中华书局2006年版，第141页。
③ [日]圆仁著，白化文、李鼎霞、许德楠校注：《入唐求法巡礼行记校注》卷2，第175—176页。

生之事由村正直接向县里报称，同样如果县里知某村内发生事故也是直接向村正问责；本乡里正有向县里检举村正的义务，但处置权在县里。这也清楚地反映了里正和村正各负不同侧重的职责，二者之间没有服从和被服从的上下级关系。

下 篇

宋代乡村户问题

一 宋代乡村户题解

研究宋代的乡村户,实际上是研究宋代的农民问题。但"乡村户"是否可以和"农民"等同为一个概念,这是在做此论文前必须首先解决的问题。关于什么是农民,目前国内史学界不少学者仍认同于阶级的划分,把农民看作是与地主相对立的一个被压迫、被剥削的阶级。如陈乐素认为:"中国的农民是中国历史上可称为最善良的分子,他们不但朴实勤劳,而且耐得人间的至苦。在宋代有若干农民,失去田土,而被逼分散在富农和中农的田土上,终年从事耕耘,要奉献收获的一半或一半以上给田主,有时还有不少其他劳役;在当时被称为客户,与役使他们的主户相对。"① 王曾瑜也只把"乡村下户和客户"当作农民阶级。② 葛金芳认为:"秦汉时代的'自由小农'(以尚未地著并有爵位的国家编户为其表现形式)、魏晋南北朝时代的中古农奴(以东汉豪强经济、十六国坞堡经济到隋唐庄园经济中的徒附、部曲为其表现形式)、北魏至隋唐的中古自耕农(以王朝均田制下的均田户为表现形式)以及北宋以后享有迁徙、退佃自由的契约佃农(以北宋客户为表现形式),可以视为我国古代社会农民阶级的一个大致发展序列。"③ 等等。这些学者的具体观点虽然

---

① 陈乐素:《余靖奏议中所见北宋庆历时的社会》,载《求是集》第二集,广东人民出版社1984年版,第159页。
② 王曾瑜以"宋朝农民阶级——乡村下户和客户"为第二编标题,见王曾瑜《宋朝阶级结构》,第28—228页。
③ 葛金芳:《唐宋之际农民阶级内部构成的变动》,《历史研究》1983年第1期。

有别，但基本出发点相同，即首先承认农民是一个阶级；其次，农民是乡村社会中的下层贫弱者。因为这些学者们接受的是阶级观点，用的是阶级分析的方法，也就是说他们在论证之前已有了一个前提。而在这方面最杰出的论文是毛泽东主席在1925年所作的《中国社会各阶级的分析》[①]，其结论基本构成了以后学者们分析中国古代社会结构的范本。但阶级分析更适合于政治学分析，优点是突出的，局限性也是突出的。它总给人一种模式化的感觉，忽视影响至深的文化因素。相对而言，一些海外学者的分析就灵活多了。如以吉尔伯特·罗兹曼为代表的一大批美国学者认为："农民是包含着收入和地位方面种种差别的一个形形色色的阶层。"[②] 他们不太认同中国前近代是一个阶级社会，"村里的社会等级变化不定，佃农与地主的关系带有多层面性，功名士子和其他精英人物与穷汉会出自同一家族、同一宗，这一切淡化了社会的阶级认同"[③]。"中国社会注重家族的团结，而削弱了阶级意识。"[④] 费孝通从社会学的角度指出：中国是乡土社会，是"一种并没有具体目的，只是因为在一起生长而发生的社会"，这种社会的结构是一种"差序格局"，与西方社会的"团体格局"不同；在这种社会，家族重于一切，血缘重于地缘。[⑤] 汤明檖认为"历代户籍中所登记的民户，基本是农民阶层"[⑥]。

尽管不同的方法会有各自不同的优缺点，但学术研究本无定法，只有"百家争鸣"才能互有启发推动学术的进步。近年来，不少青年学者已意识到这一点，争相用"交叉学科"的方法来研究学术，

[①] 毛泽东：《中国社会各阶级的分析》，载《毛泽东选集》第一卷，人民出版社1991年版，第3—11页。

[②] [美]吉尔伯特·罗兹曼主编，"比较现代化"课题组译，沈宗美校：《中国的现代化》，江苏人民出版社1998年版，第185页。

[③] [美]吉尔伯特·罗兹曼主编，沈宗美校：《中国的现代化》，第207页。

[④] [美]吉尔伯特·罗兹曼主编，沈宗美校：《中国的现代化》，第115页。

[⑤] 费孝通：《乡土中国·生育制度》，北京大学出版社1998年版，第9页。

[⑥] 汤明檖：《从户籍制度看中国封建制下的小农》，《学术研究》1983年第2期。

日本史学家斯波义信形象地称之为"人文学者与社会科学者的学际对话"。赵秀玲女士认为:"大体说来,'农民'必须具备下面的条件。一是其活动范围主要限定在农村;二是经常在土地上劳作;三是不以剥削寄生。"①"细而言之,中国历史上的农民有以下几种类型:首先是富裕农民,……其次是自耕农,……再次是贫雇农,……最后是游民。"② 这一划分尽管明显地带有阶级分析的烙印,但可喜的是作者在极力摆脱旧思维的束缚。

"(20世纪)50年代以来,在中国越来越闭锁的同时,世界的中国研究却有了丰富的成果,以致使我们今天不仅必须放眼海外去认识世界,还需要放眼海外来重新认识中国的过去、现在和未来。"③ 海外的中国史研究在"三农"方面的成果,颇具代表性的如黄宗智的《长江三角洲小农家庭与乡村发展》《华北的小农经济与社会变迁》;施坚雅的《中国农村的市场和社会结构》;马若孟的《中国农民经济》等,其研究方法和学术结论在给我们以耳目一新感觉的同时,也给我们带来了一种深深的危机感。长期以来,我们习惯于用情绪化和"朴素的阶级感情"去简单的思维,武断地定论,殊不知我们实际已陷入了"形而上学"的地步。"故步自封,不跳出自家的文化圈子、透过强烈的反差去思量自身,中华文明将难以找到进入其现代形态的入口。"④ 具体到农民问题,翻检近半个世纪的国内研究成果,实际上有很大一部分人在犯着"先入为主"的错误,其研究不是在实事求是的分析,而是在为某个结论寻求佐证。即使最简单也是最基本的问题:什么是农民,什么是地主,至今在不少人眼里仍是一团雾水。对于相当一部分人而言,其主观感觉仍

---

① 赵秀玲:《中国乡里制度》,社会科学文献出版社1998年版,第276页。
② 赵秀玲:《中国乡里制度》,第277—278页。
③ 李泽厚、庞朴:《序〈海外中国研究〉丛书》,载[美]吉尔伯特·罗兹曼主编,沈宗美校《中国的现代化》,第1页。
④ 李泽厚、庞朴:《序〈海外中国研究〉丛书》,载[美]吉尔伯特·罗兹曼主编,沈宗美校《中国的现代化》,第2页。

是：历史上凡被捕入狱者都是革命者，凡农民（传统定义下的小农）的行为都是正义行为，凡地主（传统定义下的剥削者）的行为都是反社会的。另外在复杂的学术问题上更是少有争论，比方说，究竟"阶级"是个什么概念？假如依列宁的"阶级"定义言，中国社会有没有阶级，农民与地主是否就是你死我活的绝对对立的两大阶级？所有这些我们以前所认为不成问题的问题，在读了海外中国史研究成果时会有怎样的思考呢？这些海外学者多是研究20世纪30—40年代的中国农村问题，多是建立在实地调查的基础上，也尽管有偏激的一面，但并不妨碍对我们的启发作用。如美国学者莫顿·A.弗里德谈中国的农村社会组织时说："有成就的地主、商人、手艺人和官吏常常在大致平等的基础上进行社会交往。富裕地主结交富裕的商人而不是贫穷的地主；有成就的手艺人宁可与富裕商人做伴，而不理睬贫困的同行。"[①] 美国学者马若孟在满铁资料的基础上对华北的村庄做了研究，认为："所有4个村庄[②]的所有权都起到了使拥有不同土地的家庭更有效的经营，并获得更多农业收入的作用。纯佃农只占村民中一个很小比例，尽管很多拥有土地的农户经常短期租入一些土地。在这种地权制度中，地主既不会指挥生产，也不给他的佃农以物质帮助，没有新技术经地主手向佃农转移。很少有大地主经营土地，住在集镇上的不在地主通常通过农村借贷制度获得土地。"[③] "没有证据显示商人、不在地主和高利贷者阻碍了农村的进步，造成了农民的贫穷，他们对村庄的影响极为薄弱。"[④] 美国学者吉尔伯特·罗兹曼主编的《中国现代化》讲道："孙中山沮丧的发

---

① ［美］莫顿·A.弗里德：《中国的社会组织》，第17—18页，转引自［美］施坚雅《中国的农村市场和社会结构》，商务印书馆1998年版，第54页。

② 指1940—1943年的河北省顺义县沙井村、栾城县寺北柴村、昌黎县侯家营村和山东历城县冷水沟村。

③ ［美］马若孟著，史建云译：《中国农民经济——河北和山东的农业发展：1890—1949》，江苏人民出版社1999年版，第139页。

④ ［美］马若孟著，史建云译：《中国农民经济——河北和山东的农业发展：1890—1949》，第140页。

现中国人就像一盘散沙，没有他希望能看到的那样团结。毛泽东不遗余力地教导中国人，他们首先都具有阶级特征，具有天然的阶级内聚力。可是不管毛费了多少口舌，中国人总是听不进去。这毫不奇怪，孙毛二人可能心里有数，他们针对中国社会结构的政治含义所发出的宏论无疑是对牛弹琴。"① 梁漱溟言："中国一社会村落也。求所谓中国者，不于是三十万村落其焉求之。"②"中国是个爱好和平的散漫的社会。它没有阶级，也没有那种非血亲的组织形式，更没有这种组织的力量，因为它缺乏产生阶级的那种态度和社会结构。"③ 中国是一个"职业分途社会，而不是一个阶级社会"④。另外黄宗智也对中国社会的阶级对立和阶级斗争持有异议。⑤ 这些论断在有些人看来非常反感，但这是正统思维与新思维碰撞时产生的正常反应。如果学术研究只有一种思维，且为一种定式思维的话，那才是极不正常的。海外学者对 20 世纪 30—40 年代中国农村的研究成果非常有助于我们反思中唐以来的古代社会的一些问题。因为中唐以来的所有制结构发展到 20 世纪 30—40 年代没有发生过太大的变化，所以社会结构相对也有一定程度的趋同性。⑥ 了解这一点，对我们研究宋代乡村户问题非常重要。

此外，我在这里受费孝通先生的启发，企图用社会学的方法研

---

① ［美］吉尔伯特·罗兹曼主编，沈宗美校：《中国的现代化》，第 118 页。
② 转引自［美］艾恺著，王宗昱、冀建中译：《最后的儒家——梁漱溟与中国现代化的两难》，江苏人民出版社 1996 年版，第 178 页。
③ ［美］艾恺著，王宗昱、冀建中译：《最后的儒家——梁漱溟与中国现代化的两难》，第 179 页。
④ ［美］艾恺著，王宗昱、冀建中译：《最后的儒家——梁漱溟与中国现代化的两难》，第 186 页。
⑤ ［美］黄宗智：《长江三角洲小农家庭与乡村发展》，中华书局 2000 年版，第 436 页。
⑥ 笔者借鉴了法国年鉴学派的开山鼻祖马克·布洛赫（Marc Bloch, 1886～1944）的"回溯复原法"。他指出："由于缺乏文献记录等原因，我们对中世纪农村社会的认识是有限的、模糊的，而近现代关于农村社会的完整记录，以及农村中残存的遥远时代的风俗习惯和技术等，构成了一幅农村社会的明晰图景，为我们研究过去的农村社会提供了图景。"参阅张广智、张广勇《现代西方史学》，复旦大学出版社 1996 年版，第 86 页。

究中国古代的乡村社会。在中国古代的乡村社会中，乡村户居住的基本地域单位是"村庄"，它是不在国家的行政区之列的。用社区分析法比用政治学的制度分析法也许更科学。诚如费先生所言："以全盘社会结构的格式作为研究对象，这对象并不能是概然性的，必须是具体的社区，因为联系着各个社会制度的是人们的生活，人们的生活有时空的坐落，这就是社区。每一个社区都有它的一套社会结构，各制度的配合形式。""如果历史材料充分的话，任何时代的社区都同样可作分析对象。"①

国内史学研究还存在一个不容忽视的问题，即使用概念的"意识形态化"。这个弊端早在20世纪20—30年代的"社会大论战"时期已显端倪。这一时期在使用概念方面"无论是'封建主义'还是'资本主义'范畴其实都已经被意识形态化，基本上是一种政治论辩的工具"②。新中国成立后，由于对马克思主义的片面理解，又陷入"概念机械化"的泥潭，"比如，在我们的研究中，特别是与经济史相关的'革命史'研究中，往往只注重把农民描绘成一个整体的阶级，他们具有整齐划一的身份和意识，其行动往往也是跨越村庄边界的整体表现，而没有注意农民作为自然村成员的身份和意识。实际上农民所处的村庄与国家之间的关系，不止取决于国家政权之性质和外来因素的制约，也受到村庄内部结构的影响，而农民本身的行为和理念自然也在这一层面内部加以理解"③。对"地主"的理解也同样存在误区，首先就在于概念方面：什么是地主？传统的理解总把地主与"反动""恶霸"联系起来。的确，地主是以出租土地并依靠地租过活的人。诚如秦晖在研究土改前的关中农村经济后指出的："凡地主大都必须是有权有势者，但反过来说，有权势者却不

---

① 费孝通：《乡土中国·生育制度》，第139—140页。
② 杨念群主编：《空间·记忆·社会转型——"新社会史"研究论文精选集》，上海人民出版社2001年版，第7页。
③ 杨念群主编：《空间·记忆·社会转型——"新社会史"研究论文精选集》，第59页。

一定需要成为地主。"① 地主和恶霸并不画等号,"恶霸"主要并不是一个以财产所有制关系为基础的阶级概念,而是以人身依附关系即统治—服从关系为基础的等级概念。"如渭南专区13县共有民愤最大的恶霸112名,……地主只占其中的一半稍多,大地主更是寥寥无几。而这些人还有不少是……先成为恶霸后才当上地主。宝鸡专区许多地方农民首先要算是那些私派粮款、贪污敲诈、飞扬跋扈的乡保人员,但这些人又多是富、中农甚至贫农。"②秦先生对通常所理解的中国封建社会的主要矛盾产生疑问:"在'关中模式'中最不稳定的经济不是通常被认为是易于'两极分化'——的小农经济而是平民地主经济。"③史若孟在研究中也发现了不少与我们的正统观点不合拍的部分,如河北顺义沙井村"本(20)世纪初,该村有一户大地主,但到1940年,没有一户农民拥有足够多的土地可被视为地主"④。山东恩县后夏寨村,"没有一户人仅靠出租土地收取地租生活"⑤。而王铭铭对闽南溪村的调查结果更让人吃惊:"以家族为社会组织的村落,在1949年以前,土地所有制并不是以地主与农民的阶级分化为标准,不存在地主对大片土地的垄断和耕作者的剥削。"⑥尽管这是一个特例,不代表普遍情况,但起码说明仅用简单的思维方式做"一刀切"的论断是不可取的。正是在反思的基础上,杨念群提出了史学的重建,构思了"新社会史学"的理

---

① 秦晖:《封建社会的"关中模式"——土改前关中农村经济研析》,载杨念群主编《空间·记忆·社会转型——"新社会史"研究论文精选集》,第302页。

② 秦晖:《封建社会的"关中模式"——土改前关中农村经济研析》,载杨念群主编《空间·记忆·社会转型——"新社会史"研究论文精选集》,第297—298页。

③ 秦晖:《封建社会的"关中模式"——土改前关中农村经济研析》,载杨念群主编《空间·记忆·社会转型——"新社会史"研究论文精选集》,第297—298页。

④ [美]马若孟著,史建云译:《中国农民经济——河北和山东的农业发展:1890—1949》,第45页。

⑤ [美]马若孟著,史建云译:《中国农民经济——河北和山东的农业发展:1890—1949》,第107页。

⑥ 王铭铭:《社区的历程——溪村汉人家族的个案研究》,天津人民出版社1997年版,第73页。

念:"首先,……是厘定与传统研究方法不同的规范性概念和解释思想","其次,……就是要在由传统经济史出发而构建的整体论式的架构笼罩之外,寻求以更微观的单位深描诠释基层社会文化的可能性"①。

世界已进入了一个崭新的时代,中国也越来越融入整个世界中,我们再也不能固守那僵化的思维模式了。端正了思想后,回过头来我们再来看宋代的乡村户能否和农民等同。《辞源》上讲:"农民,从事耕稼的百姓。"②《现代汉语词典》解释:"农民,在农村从事生产的劳动者。"③ 比较一下农民的古今含义,都强调:1. 农民生活的地域是乡村;2. 从事劳动。对照一下马若孟、秦晖、王铭铭等人对20世纪中国乡村的研究,不难发现,一个社会生态完整的村庄,包括:地主(完全靠收取地租过活的人)、富农、中农、贫农、佃客(包括部分雇农)。除地主外,其中几种阶层的人都或多或少地参加劳动,但据上述学者的研究看,乡村里面完全靠收取地租过活的人并不多,这些人多是居住在城里的"不在地主"。清代郑板桥在《范县蜀中寄舍弟墨第四书》也讲:"农夫上者种地百亩,其次七八十亩,其次五六十亩,皆苦其身。勤其力,耕种收获,以养天下之人。"④ 明代宣德年间"上农不过百亩,中下之农仅有其半"⑤。"南方地窄人稠,一夫所耕,不过十亩,多则二十亩,……北方地土辽阔,农民惟图广种,一夫所耕,自七八十亩以至百亩不等。"⑥ 也显

---

① 杨念群:《东西方思想交汇下的中国社会史研究——一个"问题史"的追溯》,载杨念群主编《空间·记忆·社会转型——"新社会史"研究论文精选集》,第55—56页。
② 商务印书馆编辑部等编:《辞源》(合订本),商务印书馆1988年版,第1655页。
③ 中国社会科学院语言研究所词典编辑室编:《现代汉语词典》,商务印书馆1996年版,第935页。
④ (清)郑燮著,华耀祥、顾黄初译注:《板桥家书译注》,人民文学出版社1994年版,第35页。
⑤ 《明宣宗实录》卷3,台北:"中央研究院"历史语言研究所校印,1962年,第88页。
⑥ (清)尹会一:《敬陈农桑四务疏》,载(清)魏源《魏源全集》第15册《皇朝经世文编》卷36,岳麓书社2004年版,第101页。

示出明清乡村中的地主并不多见。宋代会不会也如此呢？据《开庆四明续志》卷四所载，鄞县、定海、奉化、象山、慈溪、昌国六县的情况跟郑板桥所描述的清代的情况相似，拥有田上百亩的，只有鄞县的陈苹（195宋亩2角47步半），即使拥有50宋亩以上的人也不多见，一般多是20宋亩以下。由此可见，宋代的情况跟明清、20世纪30—40年代的乡村状况相比并没有什么根本的不同。宋代的乡村户在长时间内为五等版籍，以第三等为界，上户为第一、二等，中户为第三等，下户为第四、五等。其中上户中含有少数地主，更多的为富农。宋代的五等户再加上客户后，跟20世纪30—40年代的乡村社会序列：地主、富农、中农、贫农、雇农，是一致的。我们就可以把富农以下的序列都称之为农民。在宋代上户中包括地主和富农两部分，然二者的比例并不好判定，为方便起见，把上户全列为农民之列。因此我们可以得出结论：宋代的乡村户可大致等同为农民。我们研究宋代的乡村户也就是研究宋代的农民问题。

宋代的乡村户研究不是新题目，但我渴望用新的视角来唤起人们对它的新认识。

二 宋代乡村户之生活程度

民众的生活程度是一个社会经济发展水平的最直接反映。现有的反映宋代民众生活程度的论著多是写意式的，而且多是用阶级对立的方式进行阐述的；其把地主（传统观念下的剥削者）等同于统治者，把农民（传统观念下的小农即被剥削者）等同于被统治者；而且固有的逻辑是统治者高高在上，生活纸醉金迷、奢侈无度，被统治者特别是下层农民上无片瓦下无立锥之地，过着饥寒交迫的生活；而介于奢侈层和果腹层之间的那最大多数人的群体却很少有人问津；而且这样的极端分层根本看不出历朝历代的比较特点。不管是先秦还是秦以后的情况，给人的感觉永远就是这样相似的极端模式，而且隐含着一种抑富扬贫的思想，似乎富者都是靠剥夺取得的，而穷者却都是被剥夺而招致的；对人自身的才智优劣却不闻不问。其实对贫富而言，其制约因素都应包含社会制度的因素和人自身才智因素两方面。只是不同制度每个人的致富的机会不同而已。尽管如此，人的致富机会和才智还是成正比的。只不过越是不合理的社会，这种比例系数越小罢了。鉴于此，笔者想通过考察宋代各时期的物价、官俸、军饷、劳务报酬以及普通大众的日常生活等各方面的情况，尽可能地展现当时的活生生的生活。所谓的"活生生"是指：通过笔者的研究成果能让读者对宋代的生活程度同现代相较有一个非常直观的印象。比如说宋代某一阶段的一贯钱在现代人心目中是个怎样的概念？某个阶段所谓的富是个怎样的现代概念？只有这样才能让血肉丰满的社会生活史呈现在读者的面前。

（一）宋代经济发展水平同国内、国际的横纵向比较

"普遍贫穷乃所有前现代社会的特征，处在这种情况下的中国人在满足民众和国家心目中的需要方面，可以说做得比任何其他前现代社会的民族都更为成功。"① 这是不少海外中国史学者对前现代中国在世界史上地位的总看法。至于宋代，海外学者们对之更是称赞有加，如日本宋史学家宫崎市定认为："中国文明在开始时期比西亚落后得多，但是以后这种局面逐渐被扭转，到了宋代便超越西亚而居于世界最前列。"② 再如经济学家安古斯·麦迪森用经济学方法对中国历史上的人均国内生产总值（GDP）做了估算。根据其计算结果，无论是作纵向还是横向比较，宋代在世界经济史上都有一种非同寻常的地位："在960—1280年间，尽管中国人口增加了80%，但人均国内生产总值却由450美元增加到600美元，增加了1/3；……与此相对照，欧洲在960—1280年间人口增加了70%，人均国内生产总值则从400美元增至500美元，只增加了1/4；……"③ 法国著名社会史学家谢和耐也称宋代为当时"全世界最富有和最先进的国家"④。尽管各种各样的原因，这些海外学者对宋代的经济发展水平的量的判断都有不同程度的误差，但毫无疑问，与同时代各国相比，宋朝无论是政治制度还是社会经济等方面都是居于世界最前列的。尽管如此，它仍然不能摆脱"普

---

① ［美］吉尔伯特·罗兹曼主编，沈宗美校：《中国的现代化》，第173页。
② ［日］宫崎市定：《宋代にぉける石炭と铁》，《东方学》1957年第13辑，转引自李伯重《"选精"、"集粹"与"宋代江南农业革命"——对传统经济史研究方法的检讨》，《中国社会科学》2000年第1期。
③ Angus Maddison, Chinese Economic Performance in the Long Run, Development Centre of the Organisation for Economic Co-operation and Development, 转引自李伯重《"选精"、"集粹"与"宋代江南农业革命"——对传统经济史研究方法的检讨》，《中国社会科学》2000年第1期。
④ ［法］谢和耐著，刘东译：《蒙元入侵前夜的中国的日常生活》，江苏人民出版社1995年版，第4页。

遍贫穷"的前现代社会特征。

现代西方史学家是怀着羡慕的心情来叙述中国宋代的历史的："据估计，11至12世纪，水稻产量增加了一倍。生产率提高使人口的相应增长成为可能，而人口的增长反过来又进一步推动了生产。"[①]"当时（指宋代）中国的经济居主导地位，这可以由以下事实看出来：中国的出口品大多是制造品，如丝绸、瓷器、书画等；而进口品多半是原材料，如香料、矿石和马匹等。最后应指出，宋朝时代中国人首次大规模从事对外贸易，不再主要依靠外国中间商。因而宋朝时的中国正朝成为一个海上强国的方向发展。"[②]而对与中国宋代同时的欧洲的描写却充满了灰色基调，如对十字军东征时期（1095—1291年）法国情况的描写："法国在这时期遭到饥荒，接续而来的歉收使谷物价格飞腾上涨。……食粮又少又昂贵，穷人吃树根、野草来充饥。"[③]而那些参加十字军的人的动机大多是为了摆脱贫困："因为有些人由于好奇心而到东方去；其他的人由于家中生活窘困而需要打仗，不管是反对基督教的仇敌也好，朋友也好，以此来终止他们的贫困状态，还有别的人要逃避他们的债务，要逃避他们应该履行的义务，或逃避为了他们的罪行而应得的处罚。只有少数人，没有屈服于流俗所崇拜的东西，而是由一个神圣目的所激动起来的。"[④]由此足见10—13世纪的欧洲是充满了贫困的，而且贫困到非要通过一场战争来解决不可。相比而言，中国的宋朝在同北方民族的战争中屡屡遭败绩，但通过以钱物、割地换和平的手段，还算是赢得不算短时期的安定局面。尤其是南方，农民们可以在远离战争灾难的环境下春耕秋获。不管现代史学家对当时事实描述的误

---

① ［美］斯塔夫里阿诺斯著，吴象婴、梁赤民译：《全球通史》（1500年以前的世界），上海社会科学院出版社1999年版，第438页。

② ［美］斯塔夫里阿诺斯著，吴象婴、梁赤民译：《全球通史》（1500年以前的世界），第439页。

③ ［美］汤普逊著，耿淡如译：《中世纪社会经济史》，商务印书馆1997年版，第485页。

④ ［美］汤普逊著，耿淡如译：《中世纪社会经济史》，第485页。

二 宋代乡村户之生活程度　　137

差有多大，宋代在当时世界上无与伦比应是不折不扣的事实。因此，我们研究宋代的乡村户的生活程度，了解宋朝当时的国际地位是一重要前提。

接下来我们考察一下宋代同以后的元明清时代相比经济处于何种水平，从而确定它在历史时空体系中的坐标。首先笔者同意吴承明先生的提法："中国古代经济的发展是曲折的，有进有退，但长期趋势是不断进步的。因而，本书不认为我国漫长的封建经济有个上升的阶段，以后就走下坡路，而是在生产力不断增长中，旧制度逐渐瓦解，新的因素于焉滋生。"① 在中国5000多年的古代社会中，就时间概念而言，是一直勇往直前的，然而就社会概念而言，却是停停走走，始终没有质的突破，一直处于前现代时期。这当中笔者想质疑传统所讲的农民战争的进步作用。因为就对社会的破坏因素而言，分为两种：一是自然灾害，二是人为战争。在16世纪以前的中国古代社会为什么一直处于世界前列，很大原因归于中国大地上的战火少于世界各地，特别是少于欧洲。就中国自身而言，自秦末以来，大规模的农民战争一次接一次，每次都会对社会经济的发展造成巨大的破坏，尽管每个新朝代在建立之初都致力于恢复经济发展，可每次发展总赶不上破坏，这样循环往复，尽管每一次重新开始时经济发展速度、规模都要有超越前代的表现，但边际增长率却在降低。况且农民战争的结果从对社会性质的影响上讲，即使胜利也不能使其真正革命。这也算是对吴先生论断的再一次印证吧。至于宋代的经济发展同元明清经济发展的关系，历史学界多已达成共识，是一个"承前启后，继往开来的转折时期"②。日本宋史学家期波义信更将宋代看成是中华帝国2000年历史的前后期分水岭。但又进一步指出：宋代同前代相比，各方面的革命性变化远不及后来的16世

---

① 吴承明：《总序》，载漆侠《中国经济通史·宋代经济卷》，经济日报出版社1999年版，第2页。
② 叶坦：《商品经济观念的历史转化——立足于宋代的考察》，《历史研究》1989年第4期。

纪、19世纪的明清时代的变化，可耐人寻味的是明清时代的这些增长指数，并未使明清的生活质量有大的改观，人口增长量对经济增长量的抵消无疑是一重大原因。① 对此，美国史学家黄宗智有更好的阐释，他把这种现象称为"没有发展的增长"②。也正因此，尽可能地以直观形式揭示宋代乡村户（民众）的生活程度更加显得必要。

（二）宋代乡村户生活程度概述

宋代乡村户的生活程度是个什么样子呢？前文讲过乡村户可以等同于农民，而"农民是包含着收入和地位方面种种差别的一个形形色色的阶层"③。因此，我们在研究宋代乡村户时，首先应有"乡村户的等级观念"，否则，就会以偏概全。如不少学者对宋代农民的描述大都依据司马光的这段话：

> 窃谓四民之中，惟农最苦，农夫寒耕热耘，沾体涂足，戴星而作，戴星而息；蚕妇育蚕治茧、绩麻纺纬，屡屡而织之，寸寸而成之，其勤极矣！而又水旱、霜雹、蝗虫间为之灾。幸而收成，则公私之债交争互夺，谷未离场，帛未下机，已非己有矣。农夫、蚕妇，所食者糠籺而不足；所衣者绨褐而不完，直以世服田亩，不知舍此之外，有何可生之路耳！故其子弟游市井者，食甘服美，目睹盛丽，则不复肯归南亩矣。至使世俗俳谐，共以农为嗤鄙，诚可哀也。又况聚敛之臣，于税之外，巧取百端，以邀功赏。④

---

① ［日］斯波义信著，方健、何忠礼译：《宋代江南经济史研究》，江苏人民出版社2000年版，第69页。

② 详见［美］黄宗智《长江三角洲小农家庭与乡村发展》，第11—12页。

③ ［美］吉尔伯特·罗兹曼主编，沈宗美校：《中国的现代化》，第185页。

④ （宋）李焘：《续资治通鉴长编》卷359，神宗元丰八年八月己丑，第8589—8590页。

二 宋代乡村户之生活程度　　139

并由此断定宋代的农民过着饥寒交迫、暗无天日的生活。可如果我们认真分析一下司马光说这一段话的背景，恐怕会使其历史价值大打折扣。首先司马光说这段话的目的是反对王安石变法。为了印证王安石变差役法为免役、助役法的不合理，他尽可能地选取乡村户当中之贫下者为叙述对象。在差役法时，上户服重役衙前多有破产，贫下户服力役相对较轻。王安石变差役为免役，让各级主户出免役钱，由政府雇人服役，从而使上户的负担有所减轻；而下户除服力役外，须出免役钱，负担较前加重。其实，不管是差役法还是免役法，都没有改变宋廷对民众的赋役控制，只不过方式改变一下罢了。王安石变法是既缓和矛盾又增加财赋收入，司马光的维护旧法也是为维护宋朝社会的稳定，二者从终极目的来看是一致的。但司马光之所以反对变法，似不是针对变法本身而言，而是针对王安石本人。司马光曾言："臣与安石南北异乡，用舍异道"①，吐露了其心声。所以，司马光所说的农民的状况是事实但不全面，只反映了一些贫下层的状况。况且，其中也反映出在风调雨顺的年月，农民苦归苦，但辛苦会换来回报，起码基本生活还是可以维持的。农民最艰难的岁月是在发生自然灾害，农业减产而官府又不减税、地主不减租的情况下才真正会出现哀鸿遍野、饿殍遍地的情况；其余大部分时间，还是可以安居乐业的。如果真是两宋300多年来都像司马光描述的那样子的话，何以会有后来文士所盛誉的"封建文化的顶峰"。与司马光相反，张世南《游宦纪闻》卷中却记载了一些游宦对乡村生活的向往之情：

　　仕宦之身，天涯海畔；行商之身，南州北县；不如田舍，长相见面。门无官府，身即强健。麻麦遍地，猪羊满圈，不知金贵，唯闻粟贱。夏新绢衣，秋新米饭。安稳眠睡，直千

---

① （宋）李焘：《续资治通鉴长编》卷220，神宗熙宁四年二月辛酉，第5339页。

直万。①

这是描述上等农民的生活纪实，那么一般农民呢？同书中又载：

> 我田我地，我桑我梓，只知百里，不知千里。我饥有粮，我渴有水。百里之官，得人生死。孤儿寡妇，一张白纸，入著县门，冤者有理。上官不嗔，民即欢欣；上官不富，民免辛苦，生我父母，养我明府。苗稼萋萋，曷东曷西？父母之乡，天子马蹄。②

如此雅境，简直是世外桃源；与司马光所述的农村情形大相径庭。我们能据此判断宋代农民的普遍生活状况吗？显然不能。因为这也是对宋代某种时空下的特殊生活片段的切割，同样是一种极端。因为农民普遍生活很苦，即便现在也是一种不争的事实。

宋代乡村户生活程度的普遍性如概而言之，即谓：贫富有别，参差不齐。《长编》卷二十七雍熙三年（986）七月甲午条载："国子博士李觉上言：'秦、汉以来，民多游荡，趋末者众，贫富不均。今井田久废，复之必难。旷土颇多，辟之为利。且劝课非不至而尚多闲田，用度非不省而未免收赋，地各有主户，或无田产，富者有弥望之田，贫者无立锥之地。有力者无田可种，有田者无力可耕。雨露降而岁功不登，寒暑迁而年谷无获；富者益以多畜，贫者无能自存。'"③ 这是宋初农民的状况——严重贫富不均。其原因除与宋政府实行土地"不抑兼并"的政策有关外，更与五代纷争、天下初定有关。为改变这种状况，李觉建议太宗："欲望令天下荒田，本主不能耕佃者，任有力者播种，一岁之后，均输其租，

---

① （宋）张世南撰，张茂鹏点校：《游宦纪闻》卷8，中华书局1981年版，第74页。
② （宋）张世南撰，张茂鹏点校：《游宦纪闻》卷8，第74页。
③ （宋）李焘：《续资治通鉴长编》卷27，太宗雍熙三年七月甲午，第621页。

二 宋代乡村户之生活程度　　141

如此乃王化之本也。"① 之后，神宗时的农民情况仍以司马光的话为据："彼农夫之富者，不过占田稍广，积谷稍多，室屋修完，耕牛不假而已。……其贫者蓝缕不蔽形，糟糠不充腹，秋指夏熟，夏望秋成，或为人耕种，资采拾以为生……"② 二者之间的中户是什么情况呢？哲宗元祐二年（1087）王岩叟言："第三等以上人户，皆能自足。"③ 宋五等版籍中，第三等户为中户，王岩叟说中户的生活水平是能"自足"，而不能"自足"者即为贫下户；神宗张方平说过相似的话："中户以下，鲜有盖藏。"④ 这与王岩叟所言有异曲同工之妙。值得注意的是，这里的"自足"是指生活水平而言。而生活水平除与家庭所拥有的土地、货财有关外，还与家庭人口的多少、用度的奢俭有很大关系。政府划分户等所依据的只是家庭所拥有的土地、货产等表象，并不依据其生活水平。其实生活水平的高低与某户是地主还是自耕农、佃农并不是我们旧有观念所想象的那样绝对成正比的。姑且以20世纪30年代的河北张北县的情况为例：

　　农民之生产情形不一，故生活状况亦异。地主之家，土地虽多，门户较大，花费颇巨，生活程度亦随之增高，故有疲敝之状；至耕农之家，虽比地主之户门户较小，花费减轻，然因天灾人事之压迫，亦有入不敷出之叹。半耕农介乎地主与自耕农二者之间，折衷办法似可救济，然谷价低廉，以终年劳动勤苦及分收二三成之租粮，实不抵粮赋与一切花费之用；至佃农之家，生活简单，自食其力，如能勤俭自励，尚可维持，惟除地主分收外，所余无几，况本无积蓄，遇有歉收，危险殊甚。⑤

---

① （宋）李焘：《续资治通鉴长编》卷27，太宗雍熙三年七月甲午，第621页。
② （宋）李焘：《续资治通鉴长编》卷252，神宗熙宁七年四月甲申，第6165页。
③ （宋）李焘：《续资治通鉴长编》卷397，哲宗元祐二年三月辛巳，第9683页。
④ （宋）李焘：《续资治通鉴长编》卷259，神宗熙宁八年正月辛丑，第6316页。
⑤ 陈继淹修，许闻诗等纂：《张北县志》卷5《户籍志·生计现状》，《中国方志丛书》，台北：成文出版社1968年影印本，第546页。

不论是地主、自耕农、半耕农还是佃农都存在"生活充裕、盈亏相抵、生活困难三种情形"。这条资料反映的是国有土地制度崩溃以来,中国前近代社会乡村中的普遍现象,具体到宋代也不例外,比如佃农就不像传统所认为的那样贫困不堪。试举一例:"抚民冯四,家贫不能活,逃于宜黄,携妻及六子往投大姓,得田耕作,遂力农治园,经二十年,幼者亦娶妇。"① 冯四佃用富家土地,为六个儿子成家立业,实属不易,很难想象,如果佃农真如传统阶级分析法所认为的那种处境,能成如此之举。

另一须提及的是,所谓"自足"也并非指同一水平,经济状况不同的地区,其自足标准也有很大差别,如宋代的广南西路,"百姓贫乏,非他路比,上等之家不能当湖湘中下之户"②。有宋一代,地区经济发展悬殊,由此可见一斑。同时,进一步引发我们思考的是,同一地区的同等户所拥有的田、财、生活水平就一定相同吗?当然不会。户等的每一等都是包括很多家户在内的一个群体。作为一个阶层,其内部在田财拥有量、相对贫富方面表现为千差万别,才是符合社会的真实状况。仅就宋代的第三等户而言,它是政府区分贫下户与中上户的临界点,通过上述史实我们有理由说其大部分是拥有土地量不多,仅能维持自足生活水平的温饱层人群,但不排除有少许自足有余的富裕户。③

那么,宋代第三等户这种"自足"是一个怎样的数字表现呢?其中,一个前提是应搞清第三等户的家庭规模和土地拥有量。曾巩

---

① (宋)洪迈撰,何卓点校:《夷坚志》壬志卷1《冯氏阴祸》,中华书局1981年版,第1471页。
② (宋)李焘:《续资治通鉴长编》卷301,神宗元丰二年十一月戊申,第7330页。
③ 王曾瑜先生在书中已对此作了精辟分析,其言:"第三等户作为中间等级,其阶级状况自然不可能是清一色的,其中应有小地主,也应有富裕农民。"见王曾瑜《宋朝阶级结构》,第35页。我很赞同王先生对第三等户内部生活状况的平衡性分析,但由于其书使用"地主"一词,是指阶级分析法中的"地主"的含义,与笔者所理解不同,因此不敢苟同。另外,王先生言第三等户的生活最差者也为富裕农民,也与笔者所言的"自足"有差异,依笔者理解,富裕层为自足有余阶层,因此对王先生的论断持保留意见。

二 宋代乡村户之生活程度

《救灾议》曰："河北地震、水灾，毁城郭，坏庐舍，百姓暴露乏食。……以中户计之，户为十人……"① 此言表明，河北一带在宋代标准的中户为十口之家。《全宋文》卷一六一〇吕陶《蜀州新堰记》载："西南虽号沃壤，然赋敛百出于农，耕夫日夜劬劳，而三时有馁色，百亩之家，占名上籍，而歉岁或不免饥。"② 其言百亩之家，虽占名上籍，实比上籍之田多财厚者为穷多矣。言上籍者，即上三等户也。上籍之最差者，第三等户也。由此判断，常见的第三等户多是拥有百亩之田。《宋会要》食货一三之二七载：（司马光言）"臣意以为十口之家，岁收百硕，足供口食，月掠十五缗，足供日用。二者相须，此外有余者始令出助役钱，非谓止收百硕即令助役也"③。很显然，司马光所言，十口百亩之家为典型口食自足之家，因而，此类家庭为第三等户无疑。另据嘉靖《惠安县志》有关宋代以田划户等的记载：宋福建划分户等，分田和地两类，田分九等（不妨以1—3等为上等，4—6等为中等，7—9等为下等）；地为五等（1—2等为上等，3等为中等，4—5等为下等）。第三等户的家庭拥有的田地量，各以中等计，田为38—92亩和45—109亩。④ 取中数，第三等户拥有田数约为70亩，地约为105亩。考虑到福建多为水田，稻产量，中地亩产取乐观的数字为1.5石，北方麦粟的亩产以1石计，如果在南方70亩田方能自足，那么北方即百亩方可与宋臣们所言相符。

综合上述所证，宋代的第三等户在政府眼中以"十口百亩之家"为典型（因北宋都城在北方，所以大臣们所论常以北方农家为准，此典型也不例外）。它也是区分中户和下户的一个基本尺度。然而实际生活中，第三等户不可能这样整齐划一，但正常年景下，生活能

---

① （宋）曾巩撰，陈杏珍、晁继周点校：《曾巩集》卷9《救灾议》，中华书局1984年版，第151页。

② 曾枣庄、刘琳主编：《全宋文》卷1610吕陶《蜀州新堰记》，第074册，上海辞书出版社2006年版，第55页。

③ （清）徐松辑，刘琳、刁忠民、舒大刚等校点：《宋会要辑稿》食货13之27，上海古籍出版社2014年版，第6259页。

④ 转引自王曾瑜《宋朝阶级结构》，第19—20页。

自足应为第三等户的最常见的表现形式。①

掌握了这个前提，接下去我们具体看一下宋代乡村第三等户的"自足"生活水平。在做这个工作前，需要了解一下有宋一代的整体生活水平。换句话说：宋代的最低生活保障如何？哲宗元祐元年（1086）六月二十七日司光光言："臣意以为十口之家，岁收百硕，足供口食，月掠十五缗，足供日用。"② 其言"足食足用"者，也就是个温饱水平，北宋时的温饱状况由此可见一斑。那么南宋时的温饱状况是个什么样子呢？且以广惠院的粮财分配为例。《开庆四明续志》卷四《广惠院·记》载："……聚城内外鳏寡孤独、喑聋跛躄之将沟壑者使居焉。以三百人为额，大口月给米六斗，钱十千；中口四斗，七千；小口三斗，五千。"③ 同书《广惠院·规式》中又载："按《图志》，郡旧有养济院一区，特不过矮屋三数间……昨以省务酒额并归公库，屋宇空闲，遂行修葺……每一大口，月给米六斗，钱一十贯；一小口五岁以上，月给米四斗，钱七贯；十五岁以上，从大口给。"④《宋会要》食货六十之一记载庆元五年（1199）十二月十二日，广东提刑陈晔创安仁宅和惠济库，"每家给屋一间，七口以上两间止。……计口给钱、米：十五岁以上，每口日支米一

---

① 关于乡村第三等户的表现形式，除田地外，还有其他表现形式，如吕陶所言："天下郡县所受版籍，随其风俗，各有不同。或以税钱贯百，或以地之顷亩，或以家之积财，或以田之受种，立为五等。就其五等而言，颇有不均。盖有税钱一贯，或占田一顷，或积财一千贯，或受种一十石为第一等；而税钱至于十贯，占田至于十顷，积财至于万贯，受种至于百石，亦为第一等。其为等虽同，而贫富甚相远。"载（宋）李焘《续资治通鉴长编》卷376，哲宗元祐元年四月乙卯，第9133—9134页；另王曾瑜先生特别提到"宋代划分户等完全依据人户财产多少"，而土地当为乡村户第一大财产，当然是划分户等的重要依据，此外一重要依据即家业钱（包括土地产钱）和税钱，后者多用于南方。且"自北宋至南宋，家业钱愈来愈成为城乡划分户等的通用财产标准"。但因其无统一的标准，比较复杂且与拙文联系不大，故只取"田亩"因素，可参见王曾瑜《宋朝阶级结构》，第18—23页。

② （清）徐松辑，刘琳、刁忠民、舒大刚等校点：《宋会要辑稿》食货13之27，第6259页。

③ （宋）梅应发等纂：《开庆四明续志》卷4《广惠院·记》，《宋元方志丛刊》第6册，中华书局1990年版，第5971页。

④ （宋）梅应发等纂：《开庆四明续志》卷4《广惠院·规式》，第5972页。

二　宋代乡村户之生活程度　　145

升、盐菜钱一十文；十五岁以下支米一升。一家不过七口"①。广惠院、安仁宅、惠济库都是地方政府创办的慈善机构，其对粮财的配额一般是以最低消费水平计算的。由上述资料看，广惠院的配额与司马光所言的"足食足用"标准相近，安仁宅与惠济库的配额显然只是活命钱，它与政府赈灾的配额相近。如《宋会要》食货五十七之四载：景德二年（1005）正月，河北赈灾"口一斛，户五斗为限"②。其言"口一斛"，即口一升，只是小孩的饭量，对大人来讲只能保命。曾巩《救灾议》曰："以中户计之，户为十人，壮者六人，月当受粟三石六斗，幼者四人，月当受粟一石二斗，率一户，月当受粟五石，难可以久行也。"③ 以此数字计算，壮者为日食二升，幼者为日食一升，即为足食额。但如果这样配额的话，政府"难可以久行"，只能减半，以保命额为准了。

　　再有一项就是"盐菜钱"，安仁宅的配额是大人十文，小孩没有。以此计算一个十口之家，壮者六人，幼者四人，需1800文即1贯800文，与司马光的"十五缗"实在差得太多。也难怪称"盐菜钱"。"盐菜"是人活命所必需的，至于油、酱、醋等调味品，恐怕在如此低的配额下是难得一见的。那么在宋代家庭一般的日用为多少呢？罗大经《鹤林玉露》乙编卷五《俭约》中载："李若谷为长社令，日悬百钱于壁，用尽即止。东坡谪齐安，日用不过百五十……又与李公择书云：'口腹之欲，何穷之有！每加节俭，亦是惜福延寿之道。'张无垢云：'余平生贫困，处之亦自有法。每日用度不过数十钱，亦自足，至今不易也。'……仇泰然守四明，与一幕官相得。一日问及：'公家日用多少？'对以'十口之家，日用一千。'

---

① （清）徐松辑，刘琳、刁忠民、舒大刚等校点：《宋会要辑稿》食货60之1，第7415页。

② （清）徐松辑，刘琳、刁忠民、舒大刚等校点：《宋会要辑稿》食货57之4，第7327页。

③ （宋）曾巩撰，陈杏珍、晁继周点校：《曾巩集》卷9《救灾议》，第151页。

泰然曰：'何用许多钱？'曰：'早具少肉，晚菜羹。'"① 从中可以看出日用数十、五十、百钱者，是过着非常节俭的生活。尽管这些人都身为县令以上的官，但都以俭约为美德。据张无垢的话，他是以穷苦人的标准用度的，即日开支"数十钱"。从当时乡村贫苦百姓的劳务费方面讲，也是基本相符的。《夷坚志》丙志卷十一《钱为鼠鸣》载："吾乡里（鄱阳）昔有小民，朴钝无它技，唯与人佣力受直。族祖家日以三十钱，雇之舂谷，凡岁余得钱十四千。"② 同书丙志卷十六《王省元》载："临江人王省元，失其名，居于村墅，未第时，家苦贫，入城就馆，月得束修二千。"③ 月得二千，也就是日得 70 文左右。同书支戊志卷一《石溪李仙》载："南剑州顺昌县石溪村民李甲，年四十不娶，但食宿于弟妇家。常伐木烧炭，鬻于市。得钱，则日籴二升米以自给，有余，则贮留以为雨雪不可出之用。此外未尝妄费。"④ 同书补志卷一《都昌吴孝妇》载："都昌妇吴氏，为王乙妻，无子寡居，而事姑尽孝……吴为乡邻纺绩、洗濯、缝补、炊爨、扫除之役，日获数十百钱，悉以付姑，为薪米费。"⑤ 苏辙也提到："农民在官，日使百钱，最为轻费。然一岁之用，已为三十六贯。"⑥ 其言百钱是一人一天的活命钱，36 贯是一人一年的活命钱，宋代农民的生活水平由此可见一斑。庄绰《鸡肋编》卷下载："韩昌知刚，福建长乐人，尝监建溪茶场……采茶工匠几千人，日支钱七十足。"⑦ 这些资料反映出：有宋一代，各地贫民的生活在没有天灾人祸的情况下大体相同，基本处于填饱肚子的水平。其劳务费相

---

① （宋）罗大经撰，王瑞来点校：《鹤林玉露》乙编卷 5《俭约》，中华书局 1983 年版，第 208 页。

② （宋）洪迈撰，何卓点校：《夷坚志》丙志卷 11《钱为鼠鸣》，第 462 页。

③ （宋）洪迈撰，何卓点校：《夷坚志》丙志卷 16《王省元》，第 503 页。

④ （宋）洪迈撰，何卓点校：《夷坚志》支戊志卷 1《石溪李仙》，第 1052 页。

⑤ （宋）洪迈撰，何卓点校：《夷坚志》补志卷 1《都昌吴孝妇》，第 1554—1555 页。

⑥ （宋）苏辙著，曾枣庄、马德富校点：《栾城集》卷 43《三论分别邪正札子》，上海古籍出版社 1987 年版，第 964 页。

⑦ （宋）庄绰撰，萧鲁阳点校：《鸡肋编》卷下，中华书局 1983 年版，第 100 页。

当于口日食 2 升米的价钱或略多一点。以此论,《鹤林玉露·俭约》中那个幕官"十口之家,日用一千"的生活水平的确为小康生活,因为能"早吃肉,晚吃羹",而这对于普通农民言却是梦寐以求的。十口之家,日用一千,月用即为 30 贯,比司马光所言的足食足用水平整整高了一倍。

综上所述,我们可以推断出宋代乡村户的基本生活程度:能维持日食 2 升或日进百钱以下的是乡村户中的贫困层;十口之家,能维持口日食 2 升,月用钱 15 缗的是乡村户中的自足层;十口之家,能维持口日食 2 升,日用钱 1 贯以上的是乡村户中的小康层或富裕层。乡村中的第三等户的生活水平估计一般是:十口之家,口日食 2 升,月用钱 15 贯—30 贯之间。宋代乡村的第三等户可算作是标准的自耕农吧,① 所言标准是指所产粮食一般只能维持自给自足,这样的家庭尽管略有余粮,② 但不到万不得已,是不会拿到市场上卖的。因为这些粮食是他们节衣缩食,一点一点从牙缝中抠出来的。依王岩叟的话讲,河北安喜一带,第四等之户的家产"仅能二十四缗"③,那么第三等户的家产为多少呢?这从第三等户是富与贫的界限和纳役钱的下限可以推知。《长编》卷二九九神宗元丰二年(1079)七月戊寅条载:"诏两浙路坊郭户役钱,依乡村例随家产裁定免出之法。初,诏坊郭户不及二百千,乡村户不及五十千,并免输役钱;

---

① 王曾瑜先生称宋代第三等户应有小地主,也应有富裕农民,从某些史料看是存在的,但从普遍的角度看,第三等户更应算作标准自耕农阶层,只不过它的两极与第二等和第四等,即富农地主与贫农不好精确罢了。因此,我更赞同朱家源先生的说法。参见王曾瑜《宋朝阶级结构》,第 354—355 页;朱家源《谈谈宋代的乡村中户》,载邓广铭、程应镠同编《宋史研究论文集·〈中华文史论丛〉增刊》,上海古籍出版社 1982 年版,第 57—75 页。

② 估计不会超过二年蓄粮。"英宗时,谏官司马光言:……臣尝行于村落,见农民生具之微而问其故,皆言不敢为也。今欲多种一桑,多置一牛,蓄二年之粮,藏十匹之帛,邻里已目为富室,指抉以为衙前矣。"载(宋)马端临著,上海师范大学古籍研究所、华东师范大学古籍研究所点校《文献通考》卷 12《职役一》,第 345 页。由此判断,正常情况下,"蓄二年之粮,藏十匹之帛"的农户只能算作中农第三等户。

③ (宋)李焘:《续资治通鉴长编》卷 364,哲宗元祐元年正月戊戌,第 8704 页。

续诏乡村合随逐县民户家业裁定免出之法。至是提举司言，乡村下等有家业不及五十千而犹输钱者，坊郭户二百千以下乃悉免输钱，轻重不均。故有是诏。"① 同书卷二四九神宗熙宁七年（1074）辛亥条载："诏两浙察访、转运、提点刑狱、提举司同相度，第五等户所出役钱至少，今若减放，以宽剩钱补充，如支用得足，即尽蠲之。其以家产或以税钱均出而不分等处，即截自若干贯百以下放免以闻。"② 把两条资料对照可知，后条材料是前条材料的前奏，故前条中"有家业不及五十千"的乡村下等户为第五等户。据此，两浙乡村第五等户的家业钱一般在五十千以上。此地区为宋代富乡之一，富乡第五等户为贫乡第三等户水平，因此我们有理由讲，宋代贫乡第三等户的家业钱一般不少于五十千。赵彦卫《云麓漫钞》卷十二载："国朝州郡役人之制：衙前入役，曰乡户，曰押录，曰长名，……建隆以来，并召募，惟乡户、押录主持管押官物，必以有物力者，其产业估可二百缗，许收系……"③ 其言衙前之役为第一等户之责，官府为防止官物损失，规定有物力二百缗者方可服役。有物力二百缗者，乃第一等户之较低者也。尽管第一等户的家产物力各地差异极大，但据仁宗时期大臣韩琦所举"甲为富乡，其地第一等户物力为三千贯，乙地为贫乡，其地第一等户家业物力为五百贯"的例子看，其数据虽为假设，但差距之比当为事实。因此，赵彦卫所述及的"二百缗"当为一贫乡的第一等户的家业钱，而贫乡的上户相当于富乡的中户，像前文述及的广西和湘湖的差别一样，以宋时富乡之一的两浙地区为例，前论证第五等户的家业钱一般为五十千以上，由此推断这地区第三等户的家产为二百千以上当不为过。

通过以上论证推断，宋代的第三等户的家业钱（即包括土地、房产的不动产值）贫乡当在 50 贯以上，富乡当在 200 贯以上。

---

① （宋）李焘：《续资治通鉴长编》卷299，神宗元丰二年七月戊寅，第7270页。
② （宋）李焘：《续资治通鉴长编》卷249，神宗熙宁七年正月辛亥，第6069—6070页。
③ （宋）赵彦卫撰，傅根清点校：《云麓漫钞》卷12，中华书局1996年版，第215页。

二　宋代乡村户之生活程度　　149

笔者已经注意到一个事实：有宋一代，不论是北宋还是南宋，贫苦人的生活水平时空差异不大，都是在糊口线上挣扎；而上等户则不然，同一地区的生活水平差异不大，但不同地区的生活水平却有天壤之别。依韩琦所言生活水平最低一级的上等户，全国不同地区的差距至少也在6倍以上，上限差距相比更加悬殊。作为中间阶层的第三等户的差异也主要表现在地区差异上，尽管不如上等户那样大，但至少也在4倍以上。

乡村第三等户在乡村户中所占的比例如何呢？范仲淹在天圣八年（1030）上奏的《减郡邑以平差役》中写道："河西县主户一千九百，内八百余户属乡村，本县尚差公吏三百四十人，内一百九十五人于乡村差到。缘乡村中等户只有一百三十户……"① 据此计算，河西县乡村中等户占全县乡村户的八分之一多一点。张方平言："伏以天下州县人户，大抵贫多富少，逐县五等户版簿，中等以上户不及五分之一，第四、第五等户常及十分之九。"② 神宗熙宁元年（1068）张方平奏疏《论率钱募役事》曰："至于五等版籍，万户之邑，大约三等以上户不满千，……四等以下户不啻九千。"③ 分析这两条资料得知，神宗时的三等以上户占乡村户的十分之一，比仁宗时有所下降，四等以下户比例基本没变，即意味着神宗时第三等户的家庭状况有下降趋势，当然不排除官民勾结作弊的因素。《长编》卷三六四哲宗元祐元年（1086）正月戊戌，监察御史王岩叟言："臣谨以昨所治定州安喜一邑之弊陈于前，惟陛下采察幸甚！安喜户一万三千有余，而第四等户之家乃逾五千，每家之产仅能直二十四缗而上，即以敷纳译钱，岁岁无穷，其出于至贫可见。当役法未行时，第四等才一千六百余户，由役钱额大，上户不能敷足，乃自第

---

① （宋）范仲淹著，李勇先、王蓉贵校点：《范仲淹全集·范文正公集》补编《奏议·奏减郡邑以平差役》，四川大学出版社2007年版，第710页。
② （宋）张方平：《乐全集》卷21《论天下州县新添置弓手事宜》，文渊阁《四库全书》第1104册，台湾商务印书馆1986年版，第205页。
③ （宋）张方平：《乐全集》卷26《论率钱募役事》，第276页。

五等升三千四百余户入第四，复自第四等升七百余户入第三。"① 这条资料所反映的情况有些复杂，第三等户的数字不明确，但第四等户的数字出现了两次，差役法时为 1600 多户，免役法时为 5000 多户。出现这种情况是由于一些地方官歪曲变法精神，徇私舞弊造成的，因此第四等户出现 5000 多户是极不正常情况下出现的，不能代表一般。可以差役法下的 1600 多户为据，约占总户的十分之一。第三等户的数字虽无法推算，但可以肯定少于第四等户所占的比例，即少于十分之一。

综合上述分析，我们有理由得出结论：北宋时（因南宋无确切资料，只能以北宋为据）中等以上户约占总乡村户的 1/10—1/5，第三等户约占总乡村户的 1/10—1/8。

至此，我们对宋代乡村第三等户有了一个大概的轮廓：十口左右的家庭，百亩左右的土地，相对自足的生活。在风调雨顺、没有天灾人祸的环境下，这部分人还算是安居乐业。下面两个例子就是乡村第三等户现实生活的反映。《夷坚三志》壬志卷六《黄陂红衣妇》载："黄州黄陂县太公村民李氏，门外有大栗木一本。初夏之日，其家男妇女子皆出莳稻，惟一二少女守舍供馌。"② 看来这家劳力还算充足，农忙时节能干活的全下田，年少不能从事重活的姑娘也不闲着，留守在家为家人做饭。而对于劳力少的，要保证不误农时播种或抢收，就只有雇短工了。如"绍熙二年（1191）春，金溪民吴廿九将种稻，从其母假所著帛绨袍，曰：'明日插秧，要典钱，与雇夫工食费。'"③ 这个例子原意是讲吴廿九不孝的故事，实际并非吴家穷得到当衣典钱的地步了。因为典钱雇工与理不合。其家田估计不算太少，否则吴廿九也不会打算雇工。另外，其家还有"桑十余株"，应该算是足食足用的第三等户家庭吧。值得注意的是，我

---

① （宋）李焘：《续资治通鉴长编》卷 364，哲宗元祐元年正月戊戌，第 8704 页。
② （宋）洪迈撰，何卓点校：《夷坚志》三志壬卷 6《黄陂红衣妇》，第 1509 页。
③ （宋）洪迈撰，何卓点校：《夷坚志》支丁志卷 4《吴廿九》，第 997 页。

们不要以为雇短工是因为主家富到不用亲自劳动的地步了，而是因为家里劳力少所致。主家家人也要一起劳动。

（三）宋代乡村第三等户和当代农民的相关分析

宋代乡村第三等户是一个脱贫但尚未致富阶层，与当代地处偏僻地区的农民相比较而言，处境极为相似。笔者通过对二者的相关分析，以期能对解决当代农民问题有所裨益。宋代第三等户的自足经济是相当脆弱的，不妨作一计算：以十口百亩之家，一年两熟计，主要农作物不外是小麦、粟和水稻，尽管水稻亩产量比小麦略高一些，但由于南方人均土地拥有量大多少于北方，故可均按亩产一石计，则年收获量为 200 石，其中缴税、留籽种等约占去一半，剩余 100 石；食用以温饱计，壮者 6 人日食 2 升，幼者 4 人日食 1 升，年消费约 60 石，可余半年粮。这是在一种非常理想状态，即风调雨顺、没有天灾人祸、百亩田均为良田、亩产相同的条件下计算的。如考虑一些实际情况，如 6 个壮者尽为健啖者的话，一顿饭就能吃掉通常人一天的饭食；① 另外像婚丧嫁娶的消费也需要大量的粮食，因此在实际生活中，对作为中农的乡村第三等户来说，要想有积蓄，必须靠节俭。像前文幕官所述的"早食肉，晚食羹，日用一千"的生活，恐怕只有在过年那天，才敢破例奢侈一下的。其实，在乡村中不惟中等户，即便一般的上等户也不敢大手大脚放开消费。他们尽管家业大，但食者人口多，在亩产量难有大的提高的情况下，人的消费量是远大于食物的生产量的。这种情况不惟出现在宋代，可以说在整个中国的前近代社会都一直存在。如明代，吕坤《实政录》卷二载："且如今百姓们过日子，有地土的人家一年收三二百石粮，

---

① "三代之世，无九年之蓄为不足，而后世常乏终岁之储。非特敦本力田者少，而食者众，……盖健啖者一饭不过于二升。"载（宋）庄绰撰，萧鲁阳点校《鸡肋编》卷中，第 81 页。

吃穿使用泼手大脚，也只够过了一年。明年收百五十石或百石，吃穿使用挪上攒下，也少不得过了一年。试想挪上攒下时，也不曾少了吃穿，也不曾缺了使用，只是不得风光宽绰耳。"① 显然这是上等农的情况：吃饱穿暖尚可，如果想"风光宽绰"其家业就难以长久了。另外，前文我们讲述的 20 世纪 30 年代河北张北县的情况："地主之家，土地虽多，门户较大，花费颇巨，故有疲敝之状。"② 地主之家尚且如此，对于中等农家来说更不敢奢侈了，至于那些贫农，别说奢侈，恐怕如果能每天填饱肚子就算是大过年了。诚如黄宗智先生所言，这是"糊口农业"的典型表现。如此脆弱的家庭经济，且不论政治因素、自然因素，单就人自身因素来考虑，一个家庭中，如果有一个人患上一场大病，足可以把一个足食足衣的家庭摧垮。无疑，这样的家庭即使没有其他政治、社会因素影响的情况下，也难以把"富裕"或"足衣足食"持续长久。我们注意到在前近代的中国农村社会中，总是新一拨富人刚站起来旧一拨富人却倒下去，如此反复不已。这种现象过去不少学者用商品经济的冲击、政治制度的缺陷、经济制度的不合理等原因来解释，固然有其可信的一面，但笔者觉得所有这些外因可能都不是最根本的东西。因为对于出身于农民家庭、熟知农村社会情况、有着切身体验的笔者这个"准农民"而言，可以毫不讳言地说：当代部分农民家庭的脆弱性依然存在。

为什么政治制度变了，社会性质变了，而农民家庭的脆弱性仍然存在呢？因为当代农民家庭和中国前近代的农民家庭还存在相同的脆弱基因。首先，家庭作为生产单位的组织形式相同。不管是中国前近代社会还是现代社会都曾有过两种组织形式，即集体组织形式和家庭组织形式。前近代社会下的集体组织形式，不论是奴隶制

---

① （明）吕坤撰，王国轩、王秀梅整理：《吕坤全集·实政录》卷 2《民务·附救命会劝语》，中华书局 2008 年版，第 953 页。

② 陈继淹修，许闻诗纂：《张北县志》卷 5《户籍志·生计现状》，第 546 页。

的集体劳动还是地主制的庄园体形式都是一种不公正社会体制下的具有人身依附性质的被迫劳动。这种形式的集体，与其说是集体不如说是杂体。在这种杂体下，对每一个成员来说，实际上相当于主家的牲口。由于过于超前，在生产力尚未达到足于保证每个集体成员所需求的生存安全的条件下，国家和集体硬着头皮对每一个成员的生老病死进行体贴入微地关怀，只能是打肿脸充胖子，最终只会共同贫穷，共同脆弱。家庭作为生产生活单位，是不论前近代抑或现当代都最长久最普遍的经济组织形式。这种形式的优点是生产积极，主动性高，凝聚力强，但缺点是没有成本意识，只考虑生产增长，不考虑成本增长；只知道外在的节俭，而很少考虑内在的创收；即便有内在的创收意识，也没有为创收而进行必需的投资能力。

在农村，家庭的外在环境是村庄，内在环境是家族。村庄，向来政府只是把它从一个聚落改造为一个行政组织，而很少考虑把它改造为一个经济实体。因此形不成一个凝聚力强的经济实体，也就形不成一种企业组织所具有的"村兴我荣，村衰我耻"的激励精神。旧有的村庄在村民心中只是一种载体。家族作为村民的内在组织，只是在原始心理下维护共同血缘而自发形成的亲和力内聚。其基本功能是保护家族成员的安全、日常的互帮互助和扶危济困。和真正的经济实体相比，几乎不沾边。因此，农户家庭所依存的内外环境都无法改变其家庭生产的基本形式。改革开放以来，我国所实行的家庭联产承包责任制适应了农村的实际情况，曾在一段时间改变了农村长期贫穷落后的局面，但令人费解的是，20多年来，有不少农村地区仍维持着脱贫未致富的尴尬局面。在以家庭为单位的生产组织中，农业仍只是一种生业，而未形成一种产业。农民的各种社会保障，除赈灾外，大部分仍依靠农民自身。近年来，随着城乡差距的拉大、农民收入的下降，农民的生活水平有相对下滑趋势。特别是社会保障制度的滞后，严重制约着农民生活状况的改善，家庭成员中一人生病足以使一个小康家庭倾家荡产。直到现在，农民的社会保障仍如1000多年以前一样，仍是依靠土地，而土地能保障农民的基本生存，但它能保障农民的意外事故吗？1000多年以前不能，恐怕现在也不能。要深化农村的产业结构调整，绝非只是改变种植结构问题；加快家庭联产承包责任制的完善进度，如果不从农民生产组织方面着手，不从根本上改变家庭生产方式的局面，恐怕农村经济体制的改革很难说成功，农民也就很难从根本上改变"乡巴佬"的命运。

三 宋代乡村的文化教育与意识形态

（一）乡村的文化教育

现代教育是一个国家进步发达的必要前提。这和前近代社会（仅指中国）下的教育有着质的区别。前近代社会下的中国传统教育主要是政治化的儒学经典。自汉武帝"罢黜百家，独尊儒术"以来直到1905年科举制的废止以前一直沿用不悖。特别是隋唐以后，科举制的创立，使儒学的传播范围进一步扩大。唐玄宗时曾诏令："古者乡有序，党有塾，将以宏长儒教，诱进学徒，化民成俗。率由于是。其天下州县，每乡之内，各里置一学，仍择师资，令其教授。"① 然而由于唐代是儒、道、佛等多元文化并融的社会，而且无论是位居庙堂的帝王将相还是身处江湖僻野的文人墨客，并没把四书五经推向至尊的地位。他们对诗赋的推崇远甚于儒家经典，这从当时科考的谚语"三十老明经，五十少进士"中可以领略到。在此影响下，乡村山野间流行的也多是诗词歌赋。元稹序《白氏长庆集》云："予于平水市中，见村校诸童竞习诗。召而问之，皆对曰：'先生教我乐天、微之诗。'固亦不知予之为微之也。"② 有宋以降，政府在推行学校教育的力度方面远胜于唐代。以北宋为例，自陈桥兵变到靖康之难间的160多年内，除太祖至真宗三朝外，其余时间竟

---

① （宋）王溥：《唐会要》卷35《学校》，第635页。
② （唐）元稹著，冀勤点校：《元稹集》卷51《序记·白氏长庆集序》，第642页。

三次大规模兴学。仁宗和神宗时期分别由范仲淹和王安石为首发起的两次兴学，主要是壮大了太学和州学的力量。徽宗时期发起的更大规模的第三次兴学运动，开始把县学放到重要的地位。[1]"县学在北宋有了很大发展，崇宁三年规定县学学生名额，大县 50 人，中县 40 人，小县 30 人。……州、县学不仅有学舍提供学生食宿，还有学田及出租'房廊'的收入作为经费。大观三年（1109）北宋 24 路共有学生 167622 人，校舍 95298 楹；经费年收入钱 305872 贯，支出 267878 贯。粮食收入 640291 斛，支出 337944 斛。"校产中有"学田 116990 顷，'房廊'155454 楹"。在校学生之多、校舍之广、经费之多且如此充裕，不仅是空前的，在宋代也是绝后的。[2] 为什么在"积贫积弱"的宋代会把如此巨额的财力投到官府教育中去呢？袁征先生一语破的：教育是为了加强集权，压制不同的观点，化乡野氓民的野蛮为驯服。[3] 然而目的达到了吗？从现有的乡村资料看大部分农民是辜负了这"浩荡的皇恩"的。先看一下仁宗以来，宋政府在推进学校普及方面不遗余力的努力。"仁宗即位之初，赐兖州学田，已而又命藩辅皆得立学；其后，诸旁郡多愿立学者，诏悉可之，稍增赐之田如兖州，由是学校之设遍天下。"[4] "庆历四年（1044），参知政事范仲淹等建议精贡举，请兴学校，本行实。乃诏州县立学，本道使者选属部官为教授，不足则取于乡里宿学之有道业者。士须在学三百日，乃听预秋赋，旧尝充者，百日而止。"[5] 以后的神宗朝、哲宗朝、徽宗朝步仁宗朝兴学之后尘，发动了一次比一次猛

---

[1] 袁征：《北宋的教育与政治》，载中国社会科学院历史研究所、宋辽金元史研究室编《宋辽金史论丛》第二辑，中华书局 1991 年版，第 265—288 页。

[2] 陈振主编：《中国通史·第七卷·中古时代·五代辽宋夏金时期》，上海人民出版社 1999 年版，第 988—990 页。

[3] 袁征：《北宋的教育与政治》，载中国社会科学院历史研究所、宋辽金元史研究室编《宋辽金史论丛》第二辑，第 265—288 页。

[4] （宋）马端临著，上海师范大学古籍研究所、华东师范大学古籍研究所点校：《文献通考》卷 46《学校七》，第 1340 页。

[5] （宋）马端临著，上海师范大学古籍研究所、华东师范大学古籍研究所点校：《文献通考》卷 46《学校七》，第 1340 页。

三　宋代乡村的文化教育与意识形态　　157

烈的兴学攻势。为响应皇帝的号召，其中不乏一些大师级的人物投入普及儒学的过程中，如"安定先生胡瑗，自庆历中教学于苏、湖间二十余年"①。再如明道先生程颢，"就移泽州晋城令，……诸乡皆有校。暇时亲至，召父老而与之语；儿童所读书，亲为正句读"②。君臣上下费这么大劲，不能说一点效果没有，有些地方的读书之风还风行一时，如晋城地区，由于明道先生的影响，"去邑才十余年，而服儒服者盖数百人矣"③。再如江南西路歙州的婺源县，"秘书丞刘君定为县于歙之婺源，治成事简，邑之子弟从之学者，率常百有余人"④。然而这点成绩对于政府投入的精力来讲是微不足道的。绝大多数的乡村百姓对于天子及各级父母官的谆谆教导，却是漠然处之。如丹州（治今陕西宜川县），"丹州，直雍之北，近边郡也。其俗尚武，不知学文，常以武人守之，益不以学为事。虽庆历之诏，也不能奉行"⑤。即便有一二个读书人，邻里也常视之为异类，《宝庆四明志》卷八《叙人·刘渭》载："刘渭，象山保德村人。家世业农，奋志为学，邻里哂之。"⑥尽管这个资料的完整情节是赞扬刘渭不顾邻居的冷嘲热讽，最后终于"登元祐六年进士第"。但从其影响看，并未改变整个地方不喜读书的风气。哪怕一些富家子弟也不喜读书，《文献通考》卷四十六《学校七》载："（政和）七年（1117），给事中毛友言：比守郡，见诉役者，言：'富家子弟初不知书，第捐数百缗钱求人试补入

---

①（宋）马端临著，上海师范大学古籍研究所、华东师范大学古籍研究所点校：《文献通考》卷46《学校七》，第1340页。

②（宋）程颢、程颐著，王孝鱼点校：《二程集·河南程氏文集》卷11《明道先生行状》，中华书局1981年版，第632页。

③（宋）程颢、程颐著，王孝鱼点校：《二程集·河南程氏文集》卷11《明道先生行状》，第632页。

④ 曾枣庄、刘琳主编：《全宋文》卷1585孙觉《婺源县建学记》，第73册，第31页。

⑤ 曾枣庄、刘琳主编：《全宋文》卷1627沈遘《丹州新学记》，第74册，第339页。

⑥（宋）罗濬等纂：《宝庆四明志》卷8《叙人·刘渭》，《宋元方志丛刊》第5册，中华书局1990年版，第5085页。

学，遂免身役。'"① 很明显，在这些富户眼里钱比读书重要。诚如曾巩所言："时之人，非皆不知事本末，势之治乱也；然而举天下之务者，惟利而已。"② 一些对皇帝忠心耿耿的自认为为民父母的官僚们不辞辛苦地对这些"不识时务"的顽民们进行苦口婆心地劝导："今天子三年一选士，虽山野贫贱之家子弟，苟有文学，必赐科名，身享富贵，家门光宠，户无徭役，庥荫子孙，岂不为盛事哉！予自到任以来，居常悯尔，邑民不识为学，父子兄弟不相孝友；乡党邻里不相存恤，其心汲汲，惟争财竞利为事，以至身冒刑宪，鞭笞流血而不知止。……前年曾有文书教谕汝乡民，令遣子弟入学，于今二年矣，何其无人也。……今汝父老归告而子弟，遂令来学，予其择明师而教诲之。"③ 然而，如此教诲对当地百姓而言有如风过耳一般，根本无动于衷。于是政府斥巨资建立起来的县学竟渐渐荒废起来，"而世之迫于名实者，遂以为无益而后之，于是州县之学，有废而不省矣"④。即使像后世有"书宦之乡"称号的杭州，在英宗治平年间竟然是："学校之废而不省，比他州为甚。"⑤ 神宗时兴学成效如何呢？由王荆公的感叹可以略知："贤者不得行道，不肖者得行无道；贱者不得行礼，贵者得行无礼。"并称为"末世风俗"。罗大经的评论至为精辟："嗟夫！荆公生于本朝极盛之时，犹有此叹，况愈降愈下乎？"⑥ 由此足见王安石对其一手发动的兴学事业的成效甚不满意。徽宗时，境况更不妙，有些县学甚至连20人都招不到，只好下诏："县学生不及二十人处，许依州学例并附邻近大县一处教养。"⑦

---

① （宋）马端临著，上海师范大学古籍研究所、华东师范大学古籍研究所点校：《文献通考》卷46《学校七》，第1345页。
② （宋）曾巩撰，陈杏珍、晁继周点校：《曾巩集》辑佚《杂文·时俗辨》，第732页。
③ （宋）陈耆卿纂：《嘉定赤城志》卷37《风土门》，《宋元方志丛刊》第7册，中华书局1990年版，第7572页。
④ 曾枣庄、刘琳主编：《全宋文》卷1721吕惠卿《杭州学记》，第79册，第133页。
⑤ 曾枣庄、刘琳主编：《全宋文》卷1721吕惠卿《杭州学记》，第79册，第133页。
⑥ （宋）罗大经撰，王瑞来点校：《鹤林玉露》乙编卷3《末世风俗》，第165页。
⑦ （清）黄以周等辑注，顾吉辰点校：《续资治通鉴长编拾补》卷21，徽宗崇宁二年六月丙辰，第746页。

三 宋代乡村的文化教育与意识形态

北宋仁宗以来直至靖康之难前，五朝皇帝历经两次新政、三次大规模的兴学，尽管在科举方面取得了前所未有的辉煌成绩，然而在广袤的乡村地区却收效甚微。不可一世的皇帝们、高高在上的朝臣们、以为民父母自居的州县老爷们面对山民野氓的冥顽不化，却一筹莫展，朝廷斥巨资在各地建立的县学，却渐渐荒废起来。然而令人惊奇的是所有这一切到南渡以后却渐渐改变了。郭声波先生指出："地方官学则以南宋更为普遍完善。"① 其实在地方官学的影响下，私学也相对比北宋数量增多。如前文提到的江南东路的赤城（治今浙江台州）："海邦僻左，人未知学。及是（南渡后）风俗翕然，丕变诗书礼义之泽，迄今百余年（建炎至嘉定约百年），渐渍深矣。袤及千里，弦诵之声洋溢，人才辈出。"② 再如宋浙江绍兴府，"县学，昔者所在或有之。至庆历兴学，始议州县皆立学，而不果行。崇宁中，乃著为令，……至今（南宋理宗嘉泰年间）天下，县亦多有学，而会稽诸邑为盛"③。"今之风俗好学笃志，尊师择友，弦诵之声比屋相闻。"④ 建康府溧阳县，"介江浙之间，其君子笃厚，恭谨恬静，自得艺文，儒术蔚然相尚"⑤。南宋福建福州一带，"入学"已成为一年中最主要的礼俗之一：

> 每岁节，既五日，各遣子弟入学，或须卜日，则以寅申己亥吉，亦不过三五日止。凡乡里各有书社，岁前一二月，父兄相与议，求众所誉学识高、行艺全，可以师表后进者某人。即一二有力者，自号为鸠首，以学生姓名若干人，具关子，敬以

---

① 郭声波：《宋代官方教育机构考述》，载北京大学古文献研究所、四川大学古籍整理研究所编《国际宋代文化研讨会论文集》，四川大学出版社1991年版，第521页。
② （宋）陈耆卿纂：《嘉定赤城志》卷37《风土门·李守兼〈跋〉》，第7572页。
③ （宋）施宿等纂：《嘉泰会稽志》卷1《县学》，《宋元方志丛刊》第7册，中华书局1990年版，第6726—6727页。
④ （宋）施宿等纂：《嘉泰会稽志》卷1《风俗》，第6723页。
⑤ （宋）周应和纂：《景定建康志》卷42《风土志》，《宋元方志丛刊》第2册，中华书局1990年版，第2010页。

谒请，曰："敢屈某人先生，来岁为子弟矜式，幸甚。"既肯可，乃以是日，备礼延致。诸子弟迎谒再拜，惟恐后。远近闻之，挈箧就舍，多至数百人，少亦数十人，间有年四五十不以老为耻。月率米钱若干，送为司计，为掌膳给赡饮食。先生升堂，揭立规矩，有轻重罚至屏斥，凡五等，曰"不率者视此"。诸生欲授何经，乃日就讲席，唱解敷说，旬遇九日，复问之，常以岁通一经。若三日、八日则习诗赋；若经义与论策、讲题、命意，有未达，点削涂改，俾自入绳墨，风俗如是，盖旧矣。龙昌期《咏福州》诗云"是处人家爱诗书"，程守师孟诗云："城里人家半读书"，又云："学校未尝虚里巷"①。

这条资料详细记载了福建福州一带设私塾、请先生、拜师礼、先生待遇、立规矩、讲经义等有关乡村私学教育的细节，说明这里尊师重教已成为传统。

然而这个传统并非自古就有。《淳熙三山志》卷三十九《土俗类·土贡·戒谕》载：

州自圣朝（宋）风化之厚，人知敦，尚本业，上下相守，气习朴茂，盖浑然易治也。有如疾溺于巫，丧溺于佛，婚溺于财。与夫僧胥之情伪，狱市之烦扰，下至遐乡僻邑、牙侩、船户及蓄蛊之家，所以伤害人者。自庆历（仁宗）、嘉祐（仁宗）、元符（哲宗）以来，积劝长吏，诲敕裁革，其见于碑刻、榜谕者，今并存之。庶观风宣化，倘犹有遗习，可举而行也。②

---

① （宋）梁克家纂修：《淳熙三山志》卷40《土俗类·岁时》，《宋元方志丛刊》第8册，中华书局1990年版，第8247页。

② （宋）梁克家纂修：《淳熙三山志》卷39《土俗类·土贡》，第8242—8243页。

可见南宋时期福州一带的喜读书之风是和其他地方一样,至少经历了仁宗朝、哲宗朝近60年的规劝,最后至崇宁时才渐渐形成的。福建一带因没受到战乱的影响,所以其重学的风气比其他地方略早一点,最后的普及其实仍应归于南渡后。

为什么在同一家族的皇帝统治下,南渡前后的乡村教育会有如此大的反差呢?这得首先从宋代兴学的背景和目的谈起。诚如袁征所指出的:北宋兴学的目的首先在于政治目的,一是通过扩大科举制度选拔人才;二是通过普及办学统一思想。庆历年间以范仲淹为首,为解决吏治腐败、冗官冗费问题,毅然发起新政运动,把办学作为稳定统治的基本措施,强调经学教育的重要性。然而由于新政失败,仁宗和范仲淹的"礼乐教化"的兴国战略也因此流产。宋廷内部的政治腐败、财政亏空问题仍然存在,并大有愈演愈烈之势。神宗时,王安石比范仲淹把教育问题看得更重要,因此在兴教办学方面施政的力度更大。他亲自编写教学大纲,编著新的科举教材《三经新义》,力排众议统一思想,把改编过的新儒家经典奉为至尊。这次兴教办学的成果尽管由于王安石变法的失败曾一度遭到摧残,但在哲宗亲政后,又迅速恢复元丰时期的兴教办学方式,并且加大了思想钳制的力度,对异端思想给予毫不留情的压制。徽宗时期的兴学运动,除了加强医、算、书、画等专业教育外,还把经学教育的地位推向顶峰。蔡京是这次兴学运动的支持者。他推行重经术轻文史的做法,约束思想打击异己。在科举方面,推行机械的"八行取士"("八行"即孝、悌、睦、姻、任、恤、忠、和)选拔官吏,只讲德行不问文化。大力普及地方教育,大置县学,重视小学发展,使儿童在启蒙时期就接受经学教育。这样自上而下形成了一道严密的思想控制网。[①]妄图使天下百姓成为驯服的绵羊。然而由于靖康之难,所有这些措施没来得及明显见成效,北宋就灭亡了。

---

① 参见袁征《北宋教育与政治》,载中国社会科学院历史研究所、宋辽金元史研究室编《宋辽金史论丛》第二辑,第265—288页。

从中我们不难看出，北宋政府花大力气投入大量的人力、物力、财力兴教办学，是为了统一思想，企图用儒家忠孝思想渗透于每一个读书人当中。一方面扩大科举取士数量，让尽可能多的忠孝兼具"美茂之材"归入宋廷官僚体系，扩大统治基础；另一方面普及基层教育，使朝廷的思想控制力量遍及大宋城乡的每一个角落，使大宋子民无时无刻不感受到"忠孝的力量是不可抗拒的"。

为此朝廷煞费心机，为唤起百姓的读书热情，不惜用最直接、最诱人、最露骨的语言：如"书中自有黄金屋，书中自有颜如意，书中自有千钟粟""万般皆下品，惟有读书高"等来刺激。可北宋时期，大部分乡村的百姓对此并无太大的反应。我们注意到北宋时期的三次兴学，前两次都是伴随着两次新政而产生的。第一次是仁宗支持、范仲淹发起的"庆历新政"，由于范仲淹的十项新政措施直接针对的是那些成千上万的官僚，新政一旦落实，这些既得利益者将优势不再。因此，新政从一开始就遭到强有力的反对。诚如钱穆所言："宋朝百年以来种种的优容士大夫，造成了好几许读书做官人的特有权利，范仲淹从头把他推翻，……暗潮明浪，层叠打来。不到一年，仲淹只得仓皇乞身而去。"[1] 倡导者都下台了，其措施怎么会实行下去呢？别说乡下百姓，恐怕城中百姓也难以恭行庆历诏令了。庆历新政结束，第一次兴学运动也就戛然而止。第二次兴教办学是伴随王安石的变法运动而来，王安石变法从开始那天就遭到以司马光为首的北方大臣的反对；在改革科举方面，又与以苏轼为首的蜀党发生冲突，王安石主张科举以经义为主，而苏轼则主张以诗赋为主。尽管在科举斗争中苏轼失败，然而在整个变法中最终却是王安石失败。变法失败，标志着以王安石为首的新学派南士在政治上衰退，兴学工程特别是兴地方学校也因此搁浅。[2] 哲宗时的元祐党

---

[1] 钱穆：《国史大纲》，商务印书馆1996年版，第565页。
[2] 钱穆并举晏殊、范仲淹兴办地方学校例，"在野学校之提出……皆由南士"。参见钱穆《国史大纲》，第582页。

争更甚，洛、蜀、朔三派纷争，也导致了政令难以很好执行；徽宗时，尽管掀起了最大规模的兴学运动，但宋廷此时已是强弩之末，主事者蔡京是元祐党争的投机政客。此时的宋廷犹如"大病向愈"，"当以药饵辅养之，须其安平。苟为轻事改作，是使之骑射也"①。然而蔡京却不顾内外交困，极尽穷奢极侈之能事，"倡为丰、亨、豫、大之说，视官爵财物如粪土，累朝所储扫地矣"②。不惟如此，蔡京斥巨资所兴之学却是"今之策问，虚无不根；古今治乱，悉所不晓"③的无用之学，只会"轻费妄用，极侈靡以奉上，几危社稷"④。因此，崇宁兴学尽管声势很大，供给费颇巨，但由于蔡京很快摒弃和"靖康之难"，基层的兴学之风虽喧嚣一时，但却很快风消云散，没有收到很好的成效。北方地区应该说还是受了点影响，如宋江受招安之事不能说与崇宁教化之举一点儿关系没有。但对南方而言，确实影响不大，如当时在浙东起义的方腊，对朝廷是反叛到底，无半点臣服之意。方腊与宋江几乎同时举起反叛大旗，但两人的态度却迥异。尽管如此，崇宁兴学的"重八行、轻才学"的理念却对南渡以后的兴学产生了极其深远的影响。诚如史家之评论：自创八行以来，"两科相望几数十年，乃无一人卓然能自著见者"⑤。但朝廷对时人之批评置若罔闻，依然为追求所谓的"风俗敦化"而煞费苦心。

南渡后，虽然与金屡战不胜，但却采用委曲求全的"和战"手段赢得一段又一段的和平时期，权臣当道代替了南渡前的党派纷争，这就为贯彻统一的政令创造了条件。高宗、孝宗、光宗、宁宗、理宗、度宗在位时期，不仅增加了科考录取数，如建炎时期扩大为

---

① 《宋史》卷343《陆佃传》，第10920页。
② 《宋史》卷472《蔡京传》，第13724页。
③ 《宋史》卷157《选举三》，第3669页。
④ 《宋史》卷157《选举三》，第3669页。
⑤ 《宋史》卷157《选举三》，第3667页。

"每科场四取其一"①,而且还放宽了太学录取资格。这样一来,由于朝廷内部的政令统一致使皇帝诏令能很快传达到地方,而地方官员迫于权臣的淫威,或者正好合于自己的心愿,遂尽心尽力地担负起兴学教化之责。对于基层百姓而言,由于地方官员的不厌其烦地命令、劝说;再加上科录人数的增多、做官的希望增大,也就渐渐随波逐流了。长此以往,"万般皆下品,惟有读书高"遂成为一社会风尚。如《嘉定赤城志》对浙江台州一地风俗的转变记载云:"古言广谷大川异制,民生其间异俗。俗诚有异也,转移之则在人焉。(台)州介东南之陬,承平时,号无事,里无贵客,百姓厌渔猎,不识官府。建炎后,官吏从冗,兵旅绎,骚民生产,作业益艰。自是机变,繁滋有逐末而异于争者。幸王化密尔,风雅日奏,薰郁涵浸,遂为文物之邦。"②时人李守兼对《赤城志》的题跋云:"海邦僻左,人未知学。及是(建炎后)风俗翕然,丕变诗书礼义之泽,迄今百余年,渐渍深矣。裒及千里,弦诵之声洋溢,人才辈出。"③由此足见南渡前后赤城风俗大变的最主要原因在于"王化密尔"。

另外从史料的记载中可发现南渡后乡村百姓参加科考的现象多起来,如《夷坚志》支甲志卷五《龚舆梦》载:"潭州士人龚舆,乾道四年冬,与乡里六七人偕赴省试。"④一个小小的乡里竟有六七人参加省试,其乡读书之盛可想而知。再有当时的私塾教师工资低廉,也有利于一些不富裕人家的子弟读书,如"临江人,王省元。失其名,居于村墅。未第时,家苦贫,入城就馆,月得束修二千"⑤。"又有郭信者,京师人。……隆兴甲申冬,黄再入都,因访亲戚陈晟,见信在焉。为晟教幼子,衣冠蓝缕,身寒欲颤,月得千

---

① 《宋史》卷157《选举三》,第3670页。
② (宋)陈耆卿纂:《嘉定赤城志》卷37《风土门·土俗》,第7572页。
③ (宋)陈耆卿纂:《嘉定赤城志》卷37《风土门·李守兼〈跋〉》,第7572页。
④ (宋)洪迈撰,何卓点校:《夷坚志》支甲志卷5《龚舆梦》,第746页。
⑤ (宋)洪迈撰,何卓点校:《夷坚志》丙志卷16《王省元》,第503页。

钱。"① 依前文的论证，当时"日用三十"为口日食 2 升米的价钱，只相当于勉强活命水平。而王省元"月得束修二千"，日才 60 多文；郭信"月得千钱"，日得才 30 多文，其工资可谓低矣。

综上所述，有宋一代由于客观原因，北宋时期尽管在兴教办学方面做了种种努力，但其成效尤其在乡村地区远不如南渡后为强。这种现象对社会进步而言究竟是起了进步作用，还是负面影响？我们应做实事求是地分析。宋代的官方教育就其终极目的而言是为了加强教化，唐亡和五代分裂割据的局面，对打下赵宋江山的宋太祖、太宗言，教训非常深刻。如何保持赵宋江山的稳定和长久是其即位伊始首先考虑的问题。赵氏兄弟选择了以文治取代唐时文武兼治的国策。然而如何以文治国？太祖、太宗仍然以唐时的诗赋为必修科；直到仁宗庆历后，才一改科举诗赋为儒家经义；神宗时王安石又以有利于政治为出发点篡改儒家经典的原义，炮制成所谓的《三经新义》；徽宗时蔡京当权，进一步把科举形式化和畸形化，搞起了"八行取士"大有向"八股取士"转化的倾向。从此，读书人的读书也呈现"死读书"和"读死书"的僵化之势。南宋大诗人陆游描述过其见村童读书的情形：（经过湖北沙市、松滋一带）"皆村落，竹树郁然，民居相望。亦有村夫子聚徒教授，群童见船过，皆挟书出现，亦有诵书不辍者"②。放翁先生另有《秋日郊居》诗云："儿童冬学闹比邻，据案愚儒却自珍。授罢村书闭门睡，终年不著面看人。"③儿童原本天真可爱，但其授业之师却是迂腐透顶的愚儒，长时间如此受学能不变吗？唐元微之所见儿童之"竞习歌诗"内含儿童之情愿状，宋陆放翁之所见儿童之诵书状，显然已不是专心致志了，似有强迫状。即便那些"诵书不辍者"也常让人联想起鸟入牢笼，总

---

① （宋）洪迈撰，何卓点校：《夷坚志》丁志卷 6《奢侈报》，第 583—584 页。
② （宋）陆游著，蒋方校注：《入蜀记校注》卷 5，湖北人民出版社 2004 年版，第 190 页。
③ （宋）陆游著，钱仲联校注：《剑南诗稿校注》卷 25《秋日郊居》，上海古籍出版社 1985 年版，第 1783 页。

感觉有些不是滋味。叶适《石林遗书》卷下中也记载了这样一愚儒：

> 乐君，达州人，生巴峡间，不甚与中州士人相接，状极质野而博学纯至。……家贫甚，不自经理。有一妻、二儿、一跛婢，聚徒城西，草庐三间，以其二处诸生，而妻子居其一。乐君坦率多嬉笑，未尝见其怒。一日过午未饭，妻使跛婢告米竭。乐君曰："稍忍，会当有饷者。"妻不胜忿，忽自屏间跃出，取案上简击其首。乐君袒而走，仆于舍下，群儿环笑，掖起之。已而先君适送米三斗。乐君徐告其妻曰："果不欺汝。饥甚，幸速炊。"俯仰如昨日，几五十年矣。每旦起，分授群儿经，口诵数百过不倦。少间，必曳履慢声抑扬，吟讽不绝。蹑其后听之，则延笃之书也。群儿或窃效靳侮之，亦不怒。①

分明一鲁迅笔下的迂夫子形象。最可怕的是师状徒效，试想原本活泼可爱的一群顽童，长大后全都变成了一副迂腐相，这样的社会能不病态吗？宋代史料中屡屡出现愚儒的例子绝不是偶然的现象，这与宋廷的科举政策不无关系，它对乡村基层教育的影响也渐浸至深。唐宋相较，两朝乡村教育之不同感受尤深。

但从识字角度看，普及民众教育特别是乡村教育有助于百姓的思想开化。建炎后，地方州县学教育的普及在一定程度上带动了乡村私塾、村学的发展。那时乡村中有所谓的"冬学"，清大儒钱大昕论宋村学的情况云："农家十月乃遣子入学，谓之冬学。所读《杂字》《百家姓》之类，谓之村书。今乡村小儿所习《百家姓》一书，盖犹宋人所习，以赵为首，尊国姓也。"② 宋时享有盛名的江州义门陈氏《家谱》云："立书屋一所于住宅之西，训教蒙童。……童子

---

① （宋）叶梦得撰，徐时仪校点：《避暑录话》卷4，上海古籍出版社2012年版，第161—162页。

② （清）钱大昕著，杨勇军整理：《十驾斋养新录新注》卷16《百家姓》，上海书店出版社2011年版，第324页。

三 宋代乡村的文化教育与意识形态　167

年七岁令入学,至十五岁出学,有能者令入东佳(东佳系陈氏家族设立的高级书堂)。"① 其言陈氏宗族子弟 7—15 岁期间要读蒙学,优秀者可升入"东佳"升造,以便为科考作准备,剩下的就只当是识字教育了。对于农家子弟而言,即使这识字教育,恐怕也能被一少部分人所享受。② 读书识字对一部分乡村儿童来说,是为了日常生活、劳动之所需,恰如陆游所言:"识字粗堪供赋役,不须辛苦慕公卿。"③

从两宋实际情况看,对乡村百姓而言真正能够促使其读书识字的并非官府强制所致,而是生活的实际需要。如北宋时期京东路和两宋时期的江南东西路、荆湖南北路和福建路的百姓喜争讼,《宋史》卷八十五《地理志一·京东路》载:"登、莱、高密负海之北,楚商兼凑,民性愎戾而好讼斗。"④ 同书卷八十八《地理志四·江南东西路》云:"其俗性悍而急,丧葬或不中礼,尤好争讼,其气尚使然也。"⑤ 同书卷八十八《地理志四·荆湖南北路》载:"而(荆湖)南路有袁、吉壤接者,其民往往迁徙自占,深耕溉种,率致富饶,自是好设者多矣。"⑥ 同书卷八十九《地理志五·福建路》载:"虽硗确之地,耕耨殆尽。亩直寝贵,故多田讼。"⑦ 其中诉讼最甚者为江西,乡里百姓大事小情稍有争端便诉讼官府,如德兴(属宋

---

① 转引自雷家宏《中国古代的乡里生活》,商务印书馆 2017 年版,第 234 页。
② "淳熙九年(1182)二月九日,知琼州韩璧言:'……深村愚民不谙书算,于收支出入之际,为专典所欺,以致失陷摊陪,逃移破家,死于非命,不知其几。'"载(清)徐松辑,刘琳、刁忠民、舒大刚等点校《宋会要辑稿》食货66之22,第7870—7871页。由此断言,农家子弟识字率不会太高,特别是所谓深村等僻远交通不便的地区。
③ (宋)陆游著,钱仲联校注:《剑南诗稿校注》卷1《观村童戏溪上》,第103页。
④ 《宋史》卷85《地理志一》,第2112页。
⑤ 《宋史》卷88《地理志四》,第2192页。
⑥ 《宋史》卷88《地理志四》,第2201页。
⑦ 《宋史》卷89《地理志五》,第2210页。

江西饶州）陆氏兄弟因分析财产争讼案①，抚州张生与艾氏争水案②，还有洪州崇真坊民杜三不孝，邻居劝其母讼官一事③等。这样一个好讼的社会氛围，一则要求人们熟知诉讼程序，二则要求人们能看懂或能书写诉状。因此促使此地萌发出一个专门的学校——讼学。

> 江西人好讼，是以有簪笔之讥。往往有开讼学以教人者。如金科之法，出甲乙对答，及哗讦之语，盖专门于此。从之者常数百人，此亦可怪。又闻括之松阳有所谓业嘴社者，亦专以辨捷给利口为能，如昔日张槐应，亦社中之琤琤者焉。④

利之所在，争端之所起，固常理也。讼学之所生，乃应百姓之所需，固常情也。民间百姓之生活，就是鸡毛蒜皮的琐事，相对于朝廷的更替、官僚的纷争、制度的改革，他们更关心的是土地的产量、儿女的婚姻和邻里的得失。因此，官方对他们学习四书五经的诱惑，对他们而言，犹如水中月、空中花，可望而不可即，远不如他们家的母猪多生几头猪仔重要。而讼学则不然，直接关乎他们的

---

① "德兴民丁六翁，与同邑陆二翁为姻家，其居隔一都，皆致力农桑，为上户。陆一弟客游他乡，二十余年而归，从兄析赀产。兄靳之，讼于县，乃尽敛金帛浮财，寄诸丁氏。凡田园之在契券者，一切中分，事始息。未几，陆访丁索所藏，丁曰：'君兄弟争讼方竟，遽取物归，万一彰露，是自启祸端，我亦当受追逮证左之挠，且牵连获罪矣。宜更少留吾家，徐取之未晚。'陆喜谢，以为诚言。过两岁，复扣之，则谰词抵触曰：'君盖戏我，安得寄橐如是而无片文只字可凭？盍理于有司？'陆虽知丁已萌掩有之志。念终不可泄漏以招弟讼，但隐忍茹苦，怏怏而殂。"载洪迈撰，何卓点校《夷坚志》支庚志卷1《丁陆两姻家》，第1137页。

② "抚州（治今江西抚州市）民张生，以财雄乡闾，讼辄得胜。所居兹龟岭，其田与艾氏邻，当岁旱，陂塘涸，攘艾水以溉灌，因致争，殴伤艾仆，交诉于郡县。"载洪迈撰，何卓点校《夷坚志》支景志卷9《丘秀才》，第955页。

③ "洪州（治今江西南昌）崇真坊北有大井，民杜三汲水卖之，夏日则货蚊药以自给。与母及一弟同居。弟佣于饼家，唯兄以两饭养母。然特酗酒，小不如意，至于辱詈加箠。邻曲见者皆扼腕，导其母使讼，未及也。"载洪迈撰，何卓点校《夷坚志》乙志卷7《杜三不孝》，第242页。

④（宋）周密撰，吴企明点校：《癸辛杂识》续集上《讼学业嘴社》，中华书局1988年版，第159—160页。

切身利益，多赢一场官司，就意味着增加一次多得财产的几率。因此，他们乐此不疲，识字读书也就有了动力。从这个意义上讲，江西地区民间百姓的识字率高于其他地方当是理所当然的事实，而好讼地方百姓的识字率高于他地也就成为顺理成章的必然。

我们注意到，在宋代好讼的地方都是些交通便利、商业发展、私人产权明晰的地区。这种现象在南宋表现得尤为突出。交通便利—社会开放—经济发展—识字率高，这之间是否为一个必然的逻辑联系呢？费孝通先生讲：一个孤立、隔膜、人口流动率小、社区间交往少的乡土社会是无须那种庙堂性的文字的。"文字是现代化的工具。只有当这种固定的、农业的、乡土性的基层发生了变化，生长在这种社会下的民众才有对文字的需求。"① 反思宋代江西地区这种不同于当时其他各地的特殊之处，这里百姓之所以有对文字的需求，不正与费先生之言相吻合吗？

目前还没有一位学者能系统而全面地概括出宋代乡村教育特别是农民的识字情况，诚如法国汉学家谢和耐所言："没有人不厌其烦地向我们描述过农村的生活及其社会结构。我们所掌握的这方面的资料是零星片断的，因此只有先假定农村生活的变迁既微小又缓慢，我们才能冒险基于其年代顺序和地理位置都残缺不全的材料来勾勒它的图景。"② 基于史料和可参考资料贫乏的状况，我们怎样才能勾勒出一个相对清晰的宋代农民受教育的图景呢？借鉴年鉴学派的"回溯复原法"，可值得注意的事实是：直到清代民间最常见的识字教材仍然是宋代的蒙学读物《三字经》《千字文》和《百家姓》。清代中国大多数人在日常生活中主要在以下三个方面使用文字：喜丧、技术、商业或争讼。③ 这些与宋代也没有什么区别，"据当代中国学者估计，清代中国识字率大致在30%到最低数5%之间"④。而且

---

① 参考费孝通《乡土中国·生育制度》，第12—23页。
② ［法］谢和耐著，刘东译：《蒙元入侵前夜的中国日常生活》，第73页。
③ ［美］吉尔伯特·罗兹曼主编，沈宗美校：《中国的现代化》，第236页。
④ ［美］吉尔伯特·罗兹曼主编，沈宗美校：《中国的现代化》，第234页。

"中国人口的识字率可能长期以来一直居于前现代社会的前列,然而在清代识字率显然没有上升"①。照上述分析讲,宋代的识字率也约在5%—30%之间。不过就前近代社会的教育与实际需要相脱离的特点来看,识字率的高低对社会进步而言似乎意义不大。特别有意思的是,当我们还陶醉在宋代辉煌灿烂的文化时,殊不知已进了"月盈则亏"的境地。也就在此时,世界著名的巴黎大学、牛津大学、剑桥大学产生了。② 这些堪称当今世界最优秀的大学的影响已远胜于我们祖宗遗留下那点"国粹"。不可否认的事实是,11—12世纪欧洲的识字率真是低,且不论一般平民,但就骑士阶层而言,"十二世纪以前,骑士教育还没有规定必须学习读和写,因此在早期中世纪(6—11世纪),有许多骑士不识字,连自己的名字都不会写,要请牧师代为签名"③。然而就是这样一种状况,从12世纪开始,欧洲的社会进步已跨入了快车道,而中国却依然故我。著名乡村建设派领袖、政治活动家、教育家梁漱溟对前近代中国乡村教育情况分析很透彻:"平民识字是件费钱的事,它只会'劳民伤财'。幼时定要他读,长大却又去种笨地,终年看不见,用不着。种上七八年地,从前所辛辛苦苦读来的书,早都忘了。"④ 这种情况不必说适合于宋代的情况,于当代一些情况又何尝不适合呢?且不论小学、初中毕业,我目睹一些因无缘上大学而又没路子外出的高中同学,而今都成了一个个实实在在的"农民",现在面对他们时,与先前没有经受十年苦读的半文盲已无多大差别。教育改革,乡村改造,已是改变当今农村落后状况的当务之急。

综上所述,可得出如下结论:有宋一代,在普及基层教育方面做了种种努力,但由于客观原因,北宋时期不如南渡后所取得的成效大。尽管宋代的识字率高于同时代的欧洲和世界其他各地,但由

---

① [美]吉尔伯特·罗兹曼主编,沈宗美校:《中国的现代化》,第192页。
② 毛礼锐、张鸣岐:《古代中世纪世界教育史》,湖北人民出版社1957年版,第75页。
③ 毛礼锐、张鸣岐:《古代中世纪世界教育史》,第71页。
④ 梁漱溟:《北游所见纪略》,《村治月刊》1929年第4期。

于官方教育与实际需要脱节,已阻碍了社会的进步。

(二)乡村民众的意识形态[①]

民众的意识形态取决于自然和社会因素两方面。其中自然因素即生于斯长于斯的自然环境;社会因素是包括社会教育在内的文化传统。而传统又分为以上层精英文化为基础的大传统和以下层民俗文化为基础的小传统。在前近代的中国,大传统以正统的儒学文化为主,小传统则是一个包括宗教、迷信、经验、血缘等在内的大杂烩。这个大杂烩受大传统一定的影响,但更多的却是基层民众生存安全需求、娱愉的反映。长期以来,人们对基层民众意识形态有一种误读,用一种想当然和简单化的概念来掩盖基层民众那缤纷多彩、新鲜活泼的意识形态。往往一说到乡村民众,呈现在我们眼前的似乎总是那么令人费解的两张皮:一张是封建愚昧和斤斤计较的"小农意识",另一张是百折不挠的"革命"精神。同一类群体的性格特征反差如此巨大符合常理吗?别说一个群体,就是一个人,如果有谁把他塑造成如此迥异的性格,肯定会使人产生失真感。然而半个世纪以来,却有那么多的人奉为至理。其实,事实远非那样简单,且以宋代乡村民众的意识形态论之。

1. 追末逐利,诚信孝悌朴素伦理的式微[②]

缘于精英层对程朱理学的误读,致使普通人对宋代社会观念的

[①] 本书的"意识形态"不同于政治经济学中的意识形态,只取观念形式之义。

[②] 本书所讲的"诚信孝悌"即原始形态的"忠孝",是政治化前的儒学学理的精粹。费孝通讲"孝悌"和"忠信"是作为乡土社会的一种基本道德,亲属之间讲孝悌,朋友之间讲忠信。与后来政治化后的"三纲五常"的忠孝是绝然不同的概念。参见费孝通《乡土中国·生育制度》,第31—36页。岳庆平也讲:原始形态的孝的平等性,其正常型是子女对父母的一种发自内心的淳朴的伦理感情,与后来异化为哗众取宠、博取功名的功利需要的"鲜血淋淋的恐怖感"的孝绝然不同。参见岳庆平《孝与现代化》,载乔健、潘乃谷主编《中国人的观念与行为》,天津人民出版社1995年版,第123—136页。

曲解，这在对乡村民众意识形态的理解方面也有所表现。比如说妇女改嫁、妇女地位等，决不是大家所想象的那样的"好女不嫁二男"，及"夫为妻纲"等，有宋一代的妇女改嫁不仅存在于普通民众，而且存在于皇帝及一些大官僚的家中，最典型的莫过于范仲淹之母的改嫁。"夫为妻纲"事实远非人们想象的那样恐怖。准确地讲，应是妇女很少参加社会交际，但在家的地位却是以其能力的高低为准。鉴于此，从史实出发，实事求是地描述宋代乡村民众的意识形态就成为史学者的一种职责。

宋代社会普遍存在一种追末逐利的风气，人情所固有的忠信孝悌却呈式微之势。曾巩曾论当时时俗云："时之人，非皆不知事之本末，势之治乱也。然而举天之务者，惟利而已。"① 王安石对当时社会风气的描述是："贤者不得行道，不肖者得行无道；贱者不得行礼，贵者得行无礼。"② 李清臣讲得更具体："今天下之民，莫不割其室庐，计其桑柘，殊井爨坟墓，离血气色脣之亲，而邈若历越。其联族而居者，千室无二三焉，奚翅秦俗之薄也！"③ 上述身处庙堂之高的官僚们的言论，反映的是一种总的社会风气，那么乡村的情况又如何呢？曾巩《分宁县云峰院记》载：

> 分宁（治今江西修水县）人勤生而啬施，薄义而喜争，其土俗然也。自府来抵其县五百里，在山谷穷处。其人修农桑之务，率数口之家，留一人守舍行饷，其外尽在田。田高下硗腴，随所宜杂殖五谷，无废壤。女妇蚕杼，无懈人。茶、盐、蜜、纸、竹箭、材苇之货，无有纤钜，治咸尽其身力。其勤如此，富者兼田千亩，廪实藏钱，至累岁不发。然视捐一钱，可以易死，宁死无所捐……父子、兄弟、夫妇，相去若弈棋然。于其

---

① （宋）曾巩撰，陈杏珍、晁继周点校：《曾巩集》辑佚《杂文·时俗辨》，第732页。
② （宋）罗大经撰，王瑞来点校：《鹤林玉露》乙编卷3《末世风俗》，第165页。
③ 曾枣庄、刘琳主编：《全宋文》卷1716李清臣《厚俗策》，第79册，第19页。

三 宋代乡村的文化教育与意识形态　　173

亲固然，于义厚薄可知也。长少族坐里间，相讲语以法律，意向小戾，则相告讦。结党诈张，事关节以以动视听。甚者画刻金木为章印，摹文书以给吏，立县庭下，变伪一日千出，虽笞扑徙死交迹，不以属心。①

江西人以好讼著称，而以分宁县为甚，他们为利可以弃亲人，仇宗族，伪官府，简直就是一群拜金狂。上例固已足证，但还有更露骨者，王令《烈妇倪氏传》载：

> 近世父母死，兄弟相利以财，遂因缘不相容，必分以居。……故今世谓久能相家者为义门，朝里交多之，往往加旌识、复租调以为表劝，而民犹不乐从。……天长县西有夏侯氏，兄弟而家者二十年，予固尝疑其久也。已而徵之，乃为勋（人名）者力焉。勋善总维，每相求柔之，族赖以久。勋死则夏侯氏之族离矣。甫其艸者曰开，性愎拂，不乐相长幼，既利分，逼兄以兵，既而从之。已饕其财田，兼慊于他兄弟，欲稍稍并欺之。间争不为有，则亢强自为利，时时攘寇无忌。其妻耻而谏者数四，已而不之从，又欲夺弟之庑门，不得，怒，摔弟于阶，坠之伤。②

这个夏侯开看来是不把其兄弟们的财产争到手不罢休，不把其兄弟们置于死路而不快。更绝的还有大难当前试图弃老母而后生的例子："乾道三年（1167），江西大水，濒江之民，多就食他处。丰城（治今江西丰城县）有农夫挈母妻并二子欲往临川。道间过小溪，夫密告妻曰：'方谷贵艰食，吾家五口难以偕生。我今负二儿先渡，

---

① （宋）曾巩撰，陈杏珍、晁继周点校：《曾巩集》卷17《记·分宁县云峰院记》，第272页。
② 曾枣庄、刘琳主编：《全宋文》卷1747王令《烈妇倪氏传》，第80册，第153—154页。

汝可继来。母已七十，老病无用，徒累人，但置之于此。渠必不能渡水，减得一口，亦幸事。'遂绝溪而北。"① 如此禽兽不如的不孝儿郎的事例还有洪州的杜三等②。看来这不是个别现象，而是一种社会风气在作祟。

重利轻义的实例不惟出现在江西，其他各地也有。《嘉定赤城志》卷三十七《风土门·睦宗族》载："今尔百姓多逆人理，不知族属，苟有忿怨不能自胜，则执棒杖，恣相殴击，岂择尊长也。力足以胜之，斯殴之矣。我富而族贫，则耕田佣地、荷车负担之役皆其族人，岂择尊长也。财足以养之，斯役之矣。皆风俗薄，恶人伦之深害。"③ 利之所在什么宗族亲情都可以抛入云霄，力胜者殴之，财胜者役之。看来宋时两浙地区的薄亲厚利的情况不亚于江西。

通过宋时官僚对时俗不满的言论及上述事实，可以确定在两宋，不惟乡村而且整个社会都充斥着一种与正统教化和人类原始伦理不相协调的气息。如果说这种现象出现在商人身上还有情可原，而偏偏大量出现在乡村。这相对于乡村的传统礼治秩序④而言，的确是一种反动。这种与人伦不合的行径不仅是对原始血缘亲情的挑战，对皇帝的统治而言也是一种潜在的威胁。宋廷长期处于内交外困，无疑又是一种离心剂。无怪乎，这些无关切身痛痒的事情会使忠心于大宋社稷的官僚们大呼小叫，其间的屡次以图教化为目的大规模兴学运动也就应运而生。

其实根据常识判断，这些具有叛逆性质的例子尽管很多，但与整个社会的总状况相比，恐怕还只能算是特殊的。俗话说"好事不出门，坏事传千里"，对于普通人来说，只有那些能产生社会效应的事，才会被当作榜样或反面样板出现在史书上。大凡被极力吹捧的如"义门"，和被极力批判的如"不孝"等，都应是当时社会的极

---

① （宋）洪迈撰，何卓点校：《夷坚志》丁志卷11《丰城孝妇》，第627页。
② 详见（宋）洪迈撰，何卓点校《夷坚志》乙志卷7《杜三不孝》，第242页。
③ （宋）陈耆卿纂：《嘉定赤城志》卷37《风土门·睦宗族》，第7576页。
④ 详见费孝通《乡土中国·生育制度》，第48—53页。

个别现象。正因为它们符合或不符合当权者的利益或社会规范，才映入文人（或史学家）的视野。

尽管"重利轻义"在宋代当不具有普遍性，但毕竟是一种不可忽视的社会存在。它的出现之所以相对前朝比较突出，应该说它体现的是一种相对于前朝的普遍和相对于本朝的特殊的一种社会经济发展的反映。财富太少的情况下很少有纷争，财富足够多的情况下无须纷争，只有在财富增多但又不足够多的情况下才会导致纷争增多，并且在此时利益常常会胜过伦理和道德，成为人们追逐的对象。在社会转型期，利益置于道德之上的情况是不可避免的。

2. 富求贵，贫求富心态

且以北宋末年的宋江、方腊起义为例。这两次起义有共同的社会背景："哲宗崩，徽宗即位。……役民夫百千万，自汴梁直至苏杭，尾尾相含，人民劳苦，相枕而亡。加以岁岁灾蝗，年年饥馑，黄金一斤，易粟一斗；或削树皮而食者，或易子而餐者。"[①] 但两次起义的具体情况不同。宋江领导的梁山起义在《水浒传》里有直接反映。陈独秀称梁山起义的本质为"赤日炎炎似火烧，田中禾黍半枯焦。农夫心内如汤煮，公子王孙把扇摇"[②]。可以说这是梁山起义中农民们反抗的本旨，他们是因为朝廷横征暴敛而无法活命，为活命而举起了义旗。然而宋江则不同，"曾为济州郓城县把笔司吏，因带酒杀了阎婆惜，一脚踢翻烛台，延烧了官房。被官军拿某到官，脊杖了六十，迭配江州牢城军营。因打梁山经过，遇着晁盖哥哥，打开枷锁，救某上山，就让某第二把交椅坐了"[③]。后由于晁盖战死，成了梁山义军的首领。从此一改晁盖"替天行道"的原旨，身在梁山，心却在朝廷，官心未泯，一意招安。名为报国，实是贪图

[①] （元）无名氏：《新刊大宋宣和遗事》元集，古典文学出版社 1954 年版，第 10 页。

[②] 陈独秀：《新叙》，《水浒》，亚东图书馆 1922 年版，第 1 页。

[③] （元）李文蔚：《同乐院燕青博鱼》，载（明）臧晋叔编《元曲选》，中华书局 1979 年版，第 229 页。

富贵。这与那些千千万万举义的农民不同,对他们而言,招安也罢,推翻皇帝也罢,最后的结果没有什么不同,顶多也就是分得几块土地种,赋税少交一些,劳役少服一些罢了。农民的要求不高,"三十亩地一头牛,老婆孩子热炕头"就是小康生活了。中国农民是世界上最老实的农民,他们与世无争,只要有地种,哪怕是天塌下来也难以使其离开故土。《长编》卷二六九熙宁八年(1075)十月辛亥条云:"夫田野山谷之氓,止知蚕而衣,耕而食,生梗畏怯,有自少至老,足不履市门,目不识官府者;有生平不敢自出输税,而倍价募人代之输者。"① 这些农民,即使上富者宁愿倍价募人代之输税也不愿离开家门一步。如此心态下的农民,难道还会有什么非分之想吗?等到天灾人祸时,富者一般无衣食之忧,而于贫民哪怕是朝廷发的一点慈悲,他们都会感激涕零,何言造反?即使像宋徽宗那般折腾,他们为活命暴动,还是在别有用心的人的鼓动下生成的。《长编拾补》卷五十一徽宗宣和七年(1125)十二月甲子条载:"(太学生陈东上书)去年京东、河北正以租钱及燕山免夫之征,剥克太甚,盗贼四起。正如两浙曩时青溪之寇,实由朱勔父子渔夺东南之民,怨结数路,方腊一呼,四境响应。"②《大宋宣和遗事》载:"时方腊家有漆园,常为造作局多所科须,诸县民受其苦;两浙兼为花石纲之扰。腊以妖术诱之,数日之间,啸聚睦州、青溪、帮源洞,响聚者数万人,以诛朱勔为名,纵火大掠,驱其党四出。"③ 显然方腊抗宋的直接原因是其漆园"常为造作局所科须"。另外,他还有更大的野心——想做皇帝。《宋史》卷四六八《宦者三·方腊》云:"方腊者,睦州青溪人。世居县堨村,讬左道以惑众。初,唐永徽中,睦州女子陈硕真反,自称文佳皇帝,故其地相传有天子基、万年楼,

---

① (宋)李焘:《续资治通鉴长编》卷269,神宗熙宁八年十月辛亥,第6605页。
② (清)黄以周等辑注,顾吉辰点校:《续资治通鉴长编拾补》卷51,徽宗宣和七年十二月甲子,第1596—1597页。
③ (元)无名氏:《新刊大宋宣和遗事》元集,第34页。

三　宋代乡村的文化教育与意识形态　　177

腊益得凭借以自信。"① "而浙人安习太平，不识兵革，一闻金鼓声，即敛手听命。不逞小民，往往反为贼乡导，劫富室，杀官吏士人，以徼货利。"② 综合上述因素看，方腊起义军当中心怀各异。方腊想当皇帝图富贵，"不逞之民"想发财，一般受苦百姓，只想活命。由此足可以看出身处不同环境下的农民的心态——富者图贵，贫者求富。文崇一指出："中国虽然很早就已经是一个复杂的农业社会，但由于官民两阶级分立，甚至某种程度的对立，使人民在价值对念上也有比较大的差异。""在官民文化中塑造的官吏和地主阶级，成为权力和财富的集中点，自然成为社会人士追求的主要对象。"③ 这与笔者所主张的观点是一致的。

3. 重神鬼、祭祖，轻法度

人之于自然，之于社会，是伟大的也是渺小的。其伟大，在于能改造自然、改造社会；其渺小，在于其又不得不受制于自然和受制于社会。人总得有需要，但不是任何需要都能得到满足。对于任何人而言，都是希望与失望并存，为了求得一种失望后的安慰就要寻求一种精神寄托，或者信仰宗教，或者执着理想，或者溺于迷信，甚至是充满一种最普通的虚荣心，亦即所谓的"阿Q精神"。中国自来不是个宗教社会，宗教之于中国人是属于少数人的。对于最大多数的普通民众而言，特别是乡村民众，出于生存的需要，如安全、温饱等，及"万物有灵"的固有观念的影响，在其骨子里天生有一种崇拜自然生灵的逻辑。巫祝信仰的传统加上长期处于弱势群体的地位、自然灾害的频发等都加固了他们对

---

①《宋史》卷468《方腊传》，第13659页。《泊宅编》卷5也有相似乎的记载："宣和二年十月，睦州青溪县堨村居人方腊，讬左道以惑众，县官不即锄治。……故梓桐相传有天子基、万年楼，方腊因得凭藉以起。"载（宋）方勺撰，许沛藻、杨力扬点校《泊宅编》卷5，中华书局1983年版，第28—30页。

②（宋）方勺撰，许沛藻、杨力扬点校：《泊宅编》卷5，第30页。

③ 文崇一：《富贵与道德：再论价值的冲突与整合》，载乔健、潘乃谷主编《中国人的观念与行为》，第52、66—67页。

于巫祝的依赖和对神的膜拜。宋代这种情况依然存在，有时甚至到了危害官府统治的地步。

《长编》卷一五九仁宗庆历六年（1046）十月甲戌条载："又京东西之民，多信妖术，凡小村落，辄立神祠，蚩蚩之氓，惑于祸福，往往奔凑，相从聚散，递相蔽匿，官不得知，惟知畏神，不复惮法。浸使兹漫，恐益成俗。"①《宋史》卷八十七《地理志三·陕西路》也载："上洛（治今陕西白河县）多淫祀，申以科禁，故其俗稍变。"②但总的说来，在神巫、宗教崇拜方面，北方地区远远逊色于南方。在《宋史·地理志》中有关南方各路的记载几乎都提及了信巫、神的问题，如"荆湖南北路"条载："归、峡信巫鬼、重淫祀。"③"成都路"条载："涪陵之民尤尚鬼俗。"④"福建路"条载："其俗信鬼尚祀，重浮屠之教。"⑤"两浙路"条载："人性柔慧，尚浮屠之教。"⑥"广南东西路"条载："尚淫祀，杀人祭鬼。"⑦从发生学角度看，南方崇鬼神、尚浮图的现象源于自然和社会两种因素。从自然的因素讲，神鬼文化是原始宗教的重要组成部分，对自然的敬畏和对祖先的崇仰交融在一起，使其成为绵延不绝的民间文化表象。浮屠为舶来品，由于南朝对浮屠的史无前例的崇重（所谓"南朝四百八十寺，多少楼台烟雨中"者也），其遗风便成为赵宋江南尚浮屠的理由。然浮屠者，断发出家，爹不闻，娘不问，祖宗后代不关心的绝缘"红尘"之举，实为深染"不孝有三，无后为大"理念的中国人不能接受。其出家者，往往是那些所谓的看破红尘者，出家便是走上了一条不归路。倒不如祖先、神鬼

---

① （宋）李焘：《续资治通鉴长编》卷159，仁宗庆历六年十月甲戌，第3849—3850页。
② 《宋史》卷87《地理志三》，第2170页。
③ 《宋史》卷88《地理志四》，第2201页。
④ 《宋史》卷89《地理志五》，第2230页。
⑤ 《宋史》卷89《地理志五》，第2210页。
⑥ 《宋史》卷88《地理志四》，第2177页。
⑦ 《宋史》卷90《地理志六》，第2248页。

三 宋代乡村的文化教育与意识形态 179

可爱。神者，可以保平安；鬼者，可以禁邪欲；祖先者，是家族绵延的根，是后继者为之奋斗的终极目标，所谓"光宗耀祖"者也。重鬼神者，常与敬祖联系在一起，它是家族制度崛起的一种表现。经唐五代后，士族贵族身份制度遭到了毁灭性的打击，取而代之的是不分贵族、平民的科举竞争机制。特权保护的丧失直接催生了以血缘为纽带的家族制度的强化。所以宋代以降，尽管五代之风犹存，重利轻义、重私轻亲的情状常见，但从大官僚如范仲淹和吕大防、吕大临兄弟等开始，已掀起了强化家族的行动。随之，庶民百姓闻风而起，重家族已成为一股不可抗拒的社会潮流，到明代渐为定型。

　　南宋时，民间不少地方把拜神、祭祖融为一岁的节日中。《淳祐玉峰志》卷上《风俗》云："昆山（治今江苏昆山县），自昔号壮盛，吴诸邑之最繁剧者。大抵其俗……多奢少俭，竞节物，信鬼神。岁节，山寺有岁谶为佛会。一月，……十月朔，谒墓如寒食不拜朔，谓之鬼节。……腊月二十四日，祭灶，妇女不预。二十五日，食赤豆粥，下至婢仆、猫犬皆有之。有出外者，亦分及名口数粥。是日爆竹驱傩，田家燃炬，名照田蚕。岁节祀，先用除夜，焚苍术，辟瘟丹，家人酌酒，分岁夜分，祭瘟鬼，易桃符。向明，打灰堆，饮屠苏。"① 此外，在婚丧嫁娶的礼仪中也要祭鬼神，以保平安大吉，其实质也是为了这个"家"。庄绰《鸡肋编》卷上载："南方之俗，尤异于中原故习。如近日车驾在越，尝有一执政家娶妇，本吴人也。用其乡法，以灰和蛤粉，用红纸作数百包，令妇自登舆，手不辍掷于道中，名曰'护姑粉'。妇既至门，以酒馔迎祭，使巫祝焚楮钱，禳祝，以驱逐女氏家亲。"② 另外，像发财、祸福等也与鬼神相连。《夷坚志》乙志卷十九《韩氏放鬼》载："江浙之俗信巫鬼，相传人

---

①（宋）凌万顷、（宋）边实纂修：《淳祐玉峰志》卷上《风俗》，《宋元方志丛刊》第1册，中华书局1990年版，第1061—1062页。
②（宋）庄绰撰，萧鲁阳点校：《鸡肋编》卷上，第8页。

死则其魄复还。以其日测之，某日当至，则尽室出避于外，名为避放。命壮仆或僧守其庐，布灰于地，明日视其迹，云受生为人、为异物矣。"① 同书甲志卷十六《碧澜堂》载："南康建昌县民家，事紫姑神甚灵。每告以先事之利，或云下江茶贵可贩；或云某处乏米可载以往，必如其言获厚利。"② 看来乡村间的不论婚丧嫁娶的大事，还是所有所有的生活琐事没有不和神鬼挂上钩的，而巫师作为神鬼与人的中介人也就成了须臾不可缺少的对象。

社会是个复杂的群体。人有贵贱、善恶，往往是善者引之从善，恶者引之从恶。神鬼本不存在，但长期以来，由于志怪小说和道教的影响，贵者迷信神仙以图长寿，甚者升仙；贱者迷信鬼神以图平安。人们本就相信万物有灵、灵魂不死，加之佛教传入中国后产生的弘扬佛法和因果报应的影响，招致本就多神信仰的民间百姓更加信仰混乱，特别是在乡村当中，佛、道、神、人、鬼根本不分，往往是佛中有道、道中有佛，人神不分，人鬼不分。于是祭祖、礼仪、节日、行为（包括常见的盖房、出门、种田等）全部和神、鬼、菩萨掺和在一起。在这样一种氛围中，天界、人间、地狱构成了一种超越时空的立体式实虚相间的生活图。农民们凭借想象造了很多神，而且这些神和人间的官一样，都是各管一段，并且形成了一物克一物的逻辑：神能治鬼、驱邪，巫是神的代言人，于是真正凡人所能看到的都是巫师治鬼。后人靠祭祀祖先而获得祖先在冥冥之中的佑护。祖先与神的不同之处，在于神是保护管辖区内的所有人，于是一乡或一村有一庙；而祖先是保护其后人的，所以富者、贵者每家有祠堂，贫者每家长房供有祖宗案。美国学者武雅士和英国学者王斯福对中国乡村民众崇拜有一种颇为独到的见解，武雅士认为："神、祖先和鬼虽是象征物而已，但在很大程度上表现中国农民的社会经历：神即是封建时代来自社区的'官'；祖先代表社区以内的家

---

① （宋）洪迈撰，何卓点校：《夷坚志》乙志卷19《韩氏放鬼》，第352页。
② （宋）洪迈撰，何卓点校：《夷坚志》甲志卷16《碧澜堂》，第140页。

三 宋代乡村的文化教育与意识形态　181

族；鬼象征社区与外部社区的划分（鬼即家族以外的陌生人）。"王斯福进一步指出：神、祖先和鬼是家户和社区祭祀的对象，神与鬼代表社区的外界范围，祖先代表家的内部一致性。① 从总体而言，二位海外学者的研究是符合实际的。

从具体的资料看，宋代乡村民众的观念是迷信高于信仰。同样是一种安慰剂，但迷信的副作用就大得多，以致在乡村出现恐怖、愚昧的现象屡见不鲜。《宋史》卷九十《地理志六·广南东西路》载："尚淫祀，杀人祭鬼。"② 同书卷八十九《地理志五·成都路》载："尚鬼俗，有父母疾病，多不省视医药。"③《淳熙三山志》卷三十九《土俗类·土贡》载此地风俗："疾溺于巫，丧溺于佛。"④《至顺镇江志》卷三《风俗·杜祈祷》所载："土俗尚谶，病者多不服药，唯事巫祝。"⑤ 也代表宋时的情况。对此种现象，朝廷是明令禁止的。因此，我们在理解宋代乡村民众的"重神鬼，轻法度"的意识形态时，应作全面理解：一则由于农民所接触的官府形象是索要太多，关心太少，以此来逃避现实，寻求宁静；二则农民与官府接触不多，日常生活所遇到的麻烦，往往是官府政策所不及也及不了的。官府不常接触，一接触就是赋税、徭役，为他们所深恶痛绝。神鬼虽未见过面，但通过崇神祭鬼，还能解决心情不安，因此农民们对神鬼的好感远胜于官府；三则农民重神鬼轻法度，不利于官府教化，易生乱子；再者，官府也不容许其子民对法度漠视；四则农民重神鬼轻法度，有时迷信到愚昧和杀人的地步，官府如果连这样的事都置之不理的话，便是官府缺乏人性的表现。因此，官府的禁止有维护公利的一面，也有自私的一面。

---

① 转引自王铭铭《社区的历程——溪村汉人家族的个案研究》，第67页。
② 《宋史》卷90《地理志六》，第2248页。
③ 《宋史》卷89《地理志五》，第2230页。
④ （宋）梁克家纂：《淳熙三山志》卷39《土俗类·土贡》，第8242页。
⑤ （元）俞希鲁纂：《至顺镇江志》卷3《风俗·杜祈祷》，《宋元方志丛刊》第3册，中华书局1990年版，第2640页。

小结："追末逐利，诚信孝悌朴素伦理的式微""富求贵，贫求富"和"重神鬼，轻法度"是宋代乡村民众三种具有代表性的意识形态。其出现或恢复是宋代经济社会变动的反映，它具有中国前近代社会乡村民众的共性意识形态，也体现了有宋一代的时代特点。

四　宋代农民与国家[①]

在前近代的中国社会中，农业是立国之本。战国以来，历代都标榜"重农"，但所谓"重农"，实际上是一种治国的权术。《吕氏春秋·上农》云：

> 古先圣王之所以导其民者，先务于农。民农非徒为地利也，贵其志也。民农则朴，朴则易用，易用则边境安，主位尊。民农则重，重则少私义，少私义则公法立，力专一。民农则其产复，其产复则重徙，重徙则死其处，而无二虑。民舍本而事末则不令，不令则不可以守，不可以战。民舍本而事末则其产约，其产约则轻迁徙，轻迁徙则国家有患皆有远志，无有居心。民

[①] 前近代中国的国家形式为"传统型国家"。英国著名社会学家安东尼·吉登斯把"传统型国家"的本质特性概括为"裂变性"，其基本特征是：1. 其政治中心的行政控制能力有限，以至于政治机构中的成员并不进行现代意义上的"统治"；传统国家有边陲而无国界；2. 传统国家的统治集团缺乏左右其臣民日常生活的固定手段；3. 尽管统治阶级（按：并不一定适合中国）和民众在财富和特权方面都在巨大的差异，但阶级冲突却并非集团格局的主轴，也并非造就社会变迁的重大转型力量之根源所在。在阶级分化的社会中，引人注目的却并非普遍存在的阶级冲突（即动态的阶级斗争），而是相对而言缺乏阶级冲突；4. 农业社区构成这种社会体系的基础，它们在日常运作过程中，不仅相对独立于国家之外，而且相互之间也都有巨大的自主性；5. 传统国家的"政体"只限于极少数人的积极参与，其政策和内部冲突很大程度上决定了权威性和资源配置；6. 统治者和国家机构的上层精英对统治阶级的其他成员和行政官员行使意识形态霸权；7. 国家与民众（即农民）之间总体上的主要联系在于国家需要征税。以上特征在不同程度上适用于中国传统社会。详见［英］安东尼·吉登斯著，胡宗泽、赵力涛译《民族、国家与暴力》，生活·读书·新知三联书店1998年版，第4、11、83、83、86、95、69页。

舍本而事末则好智，好智则多诈，多诈则巧法令，以是为非，以非为是。①

宋代的史料在不同程度上也体现着这种思想。《宋史》卷一七七《食货上五·役法上》载："司农寺言：今立役条，所宽优者，皆村乡朴蠢不能自达之穷氓；所裁取者，乃仕宦兼并能致人言之豪右。"②显然在士大夫眼里，农民是愚夫之象征，名为同情实正是他们所心愿的。因为一旦民智开化，他们就不能随心所欲了，所以对那些不同于愚农的官户、坊郭，为避免这些人找麻烦，在政策上对他们特别照顾。《长编》卷二二三神宗熙宁四年五月条载："上初疑官户取助役钱少，安石因是白上曰：官户、坊郭，取役钱诚不多，然度时之宜，止可如此，故纷纷者少。不然，则在官者须作意坏法，造为议论，坊郭等第户，须纠合众人，打鼓截驾遮执政，恐陛下未能不为之动心。"③看来官府也是欺软怕硬，刁民耍横，官府也怕；农民驯服只好挨宰。然而，随着农民阶层的日益分化，那些富有的上户也不好惹了，因此官府对这部分人也得格外小心。《长编》卷三六八哲宗元祐元年（1086）闰二月甲午条载："右正言王觌奏：……所谓陈诉者，亦不过上户合充衙前重役者而已。然上户虽少，最能摇扇人情，以其下户多衣食于上户而畏之，惟其所使也。"④时移世异，战国时的治国权术显然已不能完全适用于宋代。在"土地不抑兼并"的形势下，大土地所有制应运而生，乡村中出现了一个富有但却桀骜不驯的豪民阶层；同时由于朝廷的积贫积弱，其对官员的控制也力不从心，整个官场腐败丛生，徇私舞弊之风日盛。他们就

---

① 许维遹撰，梁运华整理：《吕氏春秋集释》卷26《上农》，中华书局2009年版，第682—684页。
② 《宋史》卷177《食货上五》，第4299—4300页。
③ （宋）李焘：《续资治通鉴长编》卷223，神宗熙宁四年五月庚子，第5427页。
④ （宋）李焘：《续资治通鉴长编》卷368，哲宗元祐元年闰二月甲午，第8882—8883页。

像帝国大厦的寄生虫在悄悄地腐蚀着寄体的健康。尽管宋廷不断加强中央专制集权的力度,然其成效却并不大。如果说太祖、太宗时期的成效还差强人意的话,那么后来的绩效却是一团糟,但赵宋的每一个皇帝却并未因此而放弃加强专制与集权的努力。一些忠诚于大宋江山社稷的官僚们也在不遗余力地为宋廷的稳固出谋划策。他们不断地向皇帝鼓吹"富能夺,贫能予,乃可以为天下"的理念。其中说得最直接的莫过于哲宗元祐年间的殿中御史孙升,其言:"朝廷之于民,犹父之于子。父子之财宜无异籍,故古语谓:'未闻子富而父贫也。'"① 看来他们是铁了心想从百姓身上捞一把了。诚如安东尼·吉登斯所言:"传统国家的农民常居于难以忍受的贫困状态之中,税官们占用了他们所产的一切'剩余',他们遭受着饥荒、慢性病和瘟疫的煎熬。"②

农民与国家的矛盾就这样潜移默化地存在并加深着。这些向国家纳税的农民们在毫无保留地向国家尽着义务,但其奉献却没有得到应有的权利享受。然而农民们由于贫富的差别,缺乏一致的利益追求,即使相同的阶层之间也以家庭、家族、地方利益为至高原则。因此不同阶层之间、相同阶层之间都难以形成强有力的团结协作的组织来同统治者进行争取权益的斗争。也正由于此,中国农民反抗压迫的方式很特别:常常是在富人地主的领导下进行的,而地主富人的斗争目标无非是想顺利地加入统治者行列。这种急功近利的求贵心态所导致反抗斗争的结果不是被旧有的统治者巧妙分解,就是建立了一个新瓶装旧酒的新政权。至于那些作为反抗运动主力的贫民们可能在刚获得胜利时取得一小块土地,然而之后,仍旧摆脱不了饥寒交迫、受欺受虐的命运。所以此起彼伏的农民反抗运动不管胜利与否束缚他们改变命运的政治制度却几千年一贯。

宋代以降,一改以前各朝对乡村的控制方式,"从这一时期开

---

① (宋)李焘:《续资治通鉴长编》卷394,哲宗元祐二年正月辛巳,第9612页。
② [英]安东尼·吉登斯著,胡宗泽、赵力涛译:《民族、国家与暴力》,第72页。

始，乡里制度由乡官制转变为职役制"①。里甲制、保甲制应运而生，一些学者所讲的中国古代社会的乡村自治开始了。这种制度的优点是：以民制民，减少了官府的行政负担；但最直接的缺陷是：1. 刺激了宗族制度的发展，滋生了地方主义，无形中增加了对中央政权的离心作用；2. 对乡村管理的松散直接造成了地方官吏与当地百姓联合舞弊，加快了官僚—地主一体化的步伐，并且大有豪民控制地方官府之势，直接腐蚀着封建体制的肌体。

通过上述分析，可以得出本论题研究的脉络：农民与国家的关系，其核心是农民中之中上户特别是豪民阶层，及封建官僚体系中之中下层官吏，二者的相互勾结、相互利用、因缘为奸、徇私舞弊，它是造成一个朝代灭亡的重要原因。

（一）豪民与官吏勾结对国家的内耗性分析

已故著名史学家傅衣凌先生在分析中国传统社会结构时，曾这样说过：

> 中国传统社会的控制系统分为"公"和"私"两个部分。特别是秦汉以后，大一统国家真正形成，继承了六国的传统，中央集权与地方分权的斗争更为激烈和明显，但两种势力又互相妥协和利用。一方面，凌驾于整个社会之上的是组织严密、拥有众多官僚、胥役、家人和幕友的国家系统，这一系统利用从国家直至县和次于县的政权体系，依靠军队、法律等政治力量和经济的、习惯的等方面的力量实现其控制权，在"溥天之下，莫非王土；率土之滨，莫非王臣"这一影响深远的观念之下，国家的权力似乎是绝对的和无限的。另一方面，实际对基层社会直接控制的，却是乡族的势力。乡族保留了亚细亚公社

---

① 赵秀玲：《中国乡里制度》，第25页。

的残余，但在中国历史的发展中已多次改变其组织形态，既可以是血缘的，也可以是地缘性的，是一种多层次的、多元的、错综复杂的网络系统，而且具有很强的适应性。传统中国农村社会的所有实体性和非实体的组织都可被视为乡族组织，每一社会成员都在乡族网络的控制之中，并且只有在这一网络中才能确定自己的社会身份和社会地位。国家政权对社会的控制，实际也就是"公"和"私"两大系统互相冲突又互相利用的互动过程。①

傅先生所言的这种"公"和"私"分明的情况，于明清时期表现最为典型。从宋代的情况看，由于三国两晋南北朝的长期分裂，士族贵族长期居于统治地位；隋唐尽管统一，但士族贵族遗留势力依然存在；又经五代分裂，地方军阀对辖地进行严格的控制管理；宋代尽管完全结束了士族控制和地方军阀割据的局面，继承了秦汉以来的经济、政治制度，但人们长期以来形成的固有观念，不是一朝一夕所能消亡的。地方的乡族势力正在形成，但不太普遍，也未形成气候。从北宋初的王小波、李顺起义看，尽管是场地方反抗中央的斗争，但尚属军阀割据的遗存。②乡族的亲和力尚未牢固，前文已有所及。另外从范仲淹的《告子弟书》中也能感觉到："吾吴中宗族甚众，于吾固有亲疏。然吾祖宗视之，则均是子孙，固无亲疏也。苟祖宗之意无亲疏，则饥寒者吾安得不恤也？自祖宗以来，积德百余年，而始发于吾，得至大官。若独享富贵而不恤宗族，异日何以见祖宗于地下，今何颜入家庙乎？"③这显然是范仲淹针对宗族中的不睦行为有感而发。而李清臣对时俗的感慨就直截了当："今天下之民，莫不割其室庐，计其桑柘，殊井夔坟墓，离血气色臂之亲，

---

① 傅衣凌：《中国传统社会：多元的结构》，《中国社会经济史研究》1988年第3期。
② 邢铁：《经济史与社会经济史》，《思想战线》2001年第5期。
③ （宋）范仲淹著，李勇先、王蓉贵校点：《范仲淹全集·范文正公集》续补卷2《书简·告子弟书》，第802页。

而邈若历越，其联族而居者，千室无二三焉，奚翅秦俗之薄也！"①钱公辅在对范仲淹创义田之举大加赞之余，也对时俗表示了不满："嗟乎！世之人居三公位，享万钟禄。其邸第之雄、舆马之盛、声色之侈、妻孥之富，止乎一己。而族之人不得其门而入者岂少哉，况于施贤乎！其下为卿、为大夫、为士，而廪稍之充、奉养之厚，足乎一己。而族之人操瓢为沟中瘠者，又岂少哉，况于賙人乎！是皆文正公之罪人也。公之忠义满朝廷，事业满边陲，功名满天下。后必有良史书之者，予可无书也。独书其义田以警于世云。"②足见时人之所以对范文正举义庄一事大加推崇，恰反证出此事在当时是个十分特殊的例子，正如当时的义门一样。以后义庄的结局也证明了在利益至上的风俗下仅用道德来维持的事物是难以长久的。"不数年，忠宣公（范纯仁）已虑其废坏，故治平奏请圣旨，违犯义庄规矩之人，许令官司受理。又与右丞侍郎，自熙宁以至政和，随事立规，关防益密。今之规约，又加密矣。"于是楼钥感叹道："一门同姓，为此义事，其难如此；况天下之大，思所以为亿万世之计者，又可忽乎。呜呼！衣冠之族，不免饥寒者甚众，愿如范氏之宗派而不可得。今坐享饱暖者几人？若人人如良器用心，更相扶持，以永其传，则善矣。"③

由此可确证，宋时期乡族势力并未形成气候，至于原因前文已有所及，与宋代处在社会转型时期的心态有关。但在宋代乡村，豪民势力却得到了迅速发展。关于豪民，田泽滨曾有所论：

在封建士大夫的笔下，"豪民"是个贬义词，通常是指那种没有政治权势而"厚自封殖"、家富于财、欺凌百姓的地方

---

① 曾枣庄、刘琳主编：《全宋文》卷1716李清臣《厚俗策》，第79册，第19页。
② （宋）钱公辅：《范文正公义田记》，载（宋）范成大撰，陆振岳点校《吴郡志》卷14《园亭》，江苏古籍出版社1999年版，第203页。
③ （宋）楼钥：《义宅记》，载（宋）范成大撰，陆振岳点校《吴郡志》卷14《园亭》，第204页。

势力。首先，豪民是"民"，是"编户齐民"中之富者，即"庶人之富者"。其次，豪民虽为"庶人之富者"，但一般的庶民地主却并不都是豪民。第三，同豪民善于"以利相欺，厚自封殖"联系在一起的，便是社会经济的各个领域都有豪民的经济活动。

> 凡是没有政治身份而善于渔利的致富之徒，在统治者看来都是豪民。①

但是宋代的豪民与秦汉时期的豪族地主有所不同。秦汉时期的"豪族地主，主要有原六国贵族的后裔和地方上的大姓。六国贵族的后裔在国亡后，失去了贵族身份，但仍在地方上保持很大的势力，而成为豪族。地方上的大姓，也是依靠传统优势成为控制地方的势力。……在秦汉时期豪族地主是一股有很大影响的社会势力，有时甚至对专制统治者是一大威胁"。"东汉时期，豪族的势力显然很大……豪族地主迅速发展，成为地主阶级中一个很有势力的阶层。……东汉以后，在三国两晋南北朝时期，中原地区的长期分裂割据，跟豪族地主势力的发展不无关系。"② 宋代的豪民阶层显然没有这么猖狂，其势力充其量也就是仰仗一点相对充裕的财富，役使一些贫民、敲诈一些良善，最出格的也只是勾结里胥或贿赂地方官获得一些小恩小惠罢了。还不足于形成对皇权的威胁，但不论是秦汉还是宋以后的豪民对封建政权的稳定都起着不同程度的破坏作用。试以宋代豪民言之。

宋代豪民对政权的破坏作用，其一，表现在直接与官府对抗。《长编》卷九十五真宗天禧四年（1020）四月丙申条载：

---

① 田泽滨：《试论中国封建社会的"豪民"经济》，《中国史研究》1983年第3期。
② 白寿彝、高敏、安作璋主编：《中国通史第4卷·中古时代·秦汉时期上》，上海人民出版社1996年版，第494、495页。

> 浮梁县民臧有金者，素豪横，不肯输租。畜犬数十头，里正近其门，辄噬之。绕垣密植橘柚，人不可入。每岁，里正常代之输租。及临泾胡顺之为县令，里正白其事，顺之怒曰："汝辈嫉其富，欲使顺之与为仇耳，安有王民不肯输租者耶？第往督之。"里正白不能。顺之使手力继之，又白不能，使押司录事继之，又白不能。顺之怅然曰："然则此租必使令自督耶。"乃命里正取藁，自抵其居，以藁塞门而焚之。臧氏皆迸逸，顺之悉令掩捕，驱至县，其家男子年十六以上，尽痛杖之。乃召谓曰："胡顺之无道，既焚尔宅，又痛杖汝父子兄弟，尔可速诣府自诉矣。"臧氏皆慑服，无敢诣府者。自是臧氏租常为一县先。①

这个臧有金显然是浮梁一地的地头蛇，其上不服官府，下坑害百姓。他"素豪横，不肯输租"。"每岁里正常代之输租。"里正所代之输的租，恐怕也只能摊在其他农民头上。明眼人不难看出臧有金实际上就是一于国无益于民有害的恶霸。

类似的例子还有杭州的颜氏兄弟，苏轼在哲宗元祐四年（1089）八月的奏折中写道：

> 臣自入境以来，访闻两浙诸郡，近年民间例织轻疎糊药紬绢以备送纳，和买夏税官吏，欲行拣择，而奸猾人户及揽纳人递相扇和，不纳好绢，致使官吏无由拣择，期限既迫，不免受纳。岁岁如此，习以成风。……至七月二十七日，有百姓二百余人，于受纳场前大叫数声，官吏军民，并皆辟易。遂相率入州衙，诣臣喧诉。臣以理谕遣，方稍引去。臣知此数百人，必非齐同发意，当有凶奸之人，为首纠率。……其颜章又不合，与兄颜益商量……扇摇众户，叫喊投州，吓胁官吏。……颜章、

---

① （宋）李焘：《续资治通鉴长编》卷95，真宗天禧四年四月丙申，第2189—2190页。

颜益系第一等豪户颜巽之子。①

这个颜氏兄弟不显山不露水,躲在暗处遥控民众同官府作对的做法,比起孤身同官府对抗的臧有金来显得颇有城府,企图用法不责众的手段,达到不可告人的目的。但有道是"魔高一尺,道高一丈",其如意算盘被苏轼用离间的手法轻而易举地化解了。颜氏兄弟鼓动众人同官府作对,并非由于剥夺苛刻而致,而是颜氏兄弟有逃避正常赋税的意图。封建社会的赋税制度固然有极其不合理的一面,但反观臧有金、颜氏兄弟的抗租税行为,绝非站在一个为民众争取权益的立场上、有超前觉悟的反制行为,而是一个赤裸裸的狭隘的自私自利行为。与那些受官欺压而被迫反抗的义举有着质的区别。

其二,更多地表现为与胥吏、官吏相勾结共谋私利。这种情况遍及大利所及的方方面面。趋利于官府禁榷品有之,如"太平兴国二年(977),右拾遗郭泌上言:剑南诸州官粜盐,斤为钱七十。盐井濬深,鬻盐极苦,樵薪益贵,辇之甚艰,加之风水之虞,或之漂丧;豪民黠吏,相与为奸,贱市于官,贵粜于民,至有斤获钱数百,官亏岁额,民食贵盐"②。

强占公田和他人之田者有之。"皇祐元年(1049)正月二十五日,两浙转运司言:'知越州余姚县谢景初申:当县陂湖三十一所,并系众户植利荫田,内二十一所见于图经。其间有被形势豪强人户请射作田纳租课,后来遂废水利去处。虽累有诏敕及赦令,山泽陂湖不得占固,即无明言不得请射营种,及无簿籍拘管,所以官司因循请讬,或致受纳赂遗,令形势豪强人户请射作田,以起纳租税为名,收作己业。'"③"建康城外二十里,乡豪民操执中,赀业本不

---

① (宋)苏轼著,孔凡礼点校:《苏轼文集》卷29《奏为法外刺配罪人带罪状》,中华书局1986年版,第840—841页。
② 《宋史》卷183《食货下五·盐下》,第4472页。
③ (清)徐松辑,刘琳、刁忠民、舒大刚等点校:《宋会要辑稿》食货61之94,第7501页。

丰，而善谐结府县胥徒，以为嚣讼地，里人望而畏之。所居近处有田百亩，皆已为己有，唯甲氏一丘介其间，颇为妨碍，屡欲得之而未获。一日告家人曰：'我有计矣，俟栽禾之际，先命数仆掘开田塍，尽插挟稻，合而为一。甲氏必来责问，但加打逐，须它经官理诉可也。'既成讼，县委官验视，吏纳赂，甲受其曲。"①

　　破坏国家法制者有之。如逃避赋役方面，《宋会要》食货十四之四十七载："大率一县之内，系女户者其实无几，而大姓猾民避免赋役，与人吏、乡司通同作弊，将一家之产析为诡名女户五七十户，凡有科配，悉行蠲免。"②还有逃避或降低租税方面。"绍兴五年（1135）四月十九日，臣僚言：两浙诸州自建炎中残破之后，官司亡失文籍，所有苗税元额不登。盖为兼并隐寄之家与乡村保正、乡司通同作弊，隐落官物，至有岁收千亩之家，官中收二三顷者；有岁收千斛之家，官无名籍者。"③又"绍兴三十一年（1161）正月十八日，都省言：江浙和、预买绸绢，合将官户与编民均敷，务要均平。见今州县有科和买止及上三等去处，及有限以物力钱数均敷者，本系优恤下户，易于输纳，却有上户权势之家计嘱黠吏，诡名寄产，分析子户，走弄物力，以致科敷不及，使贫民受弊，无所赴愬"④。另外还表现在根括土地数量方面。"（淳熙元年，1174）六月十八日，臣僚言：'伏睹根括没官田产，除两淮、京西、湖北外，尽行出卖。始限一季，继展一年。已卖者十不及二三。盖已卖者尽皆膏腴之田，富家大姓计嘱官吏、牙侩，低估价值，却将中下之田高其价值，是致无人承买。'"⑤

---

① （宋）洪迈撰，何卓点校：《夷坚志》三志辛卷6《操执中》，第1432页。
② （清）徐松辑，刘琳、刁忠民、舒大刚等点校：《宋会要辑稿》食货14之47，第6291页。
③ （清）徐松辑，刘琳、刁忠民、舒大刚等点校：《宋会要辑稿》食货61之10，第7438页。
④ （清）徐松辑，刘琳、刁忠民、舒大刚等点校：《宋会要辑稿》食货38之19，第6837页。
⑤ （清）徐松辑，刘琳、刁忠民、舒大刚等点校：《宋会要辑稿》食货61之34，第7451页。

又"绍熙元年（1190），……（朱熹）知漳州。……乃奏言：经界最为民间莫大之利，绍兴已推行处，公私两利，独泉、漳、汀未行。……版图一定，则民业有经矣。……明年春，诏漕臣陈公亮同熹协力奉行。会农事方兴，熹益加讲究，冀来岁行之。细民知其不挠而利于己，莫不鼓舞，而贵家豪右占田隐税，侵渔贫弱者，胥为异论以摇之，前诏遂格，熹请祠去"①。

已无须再多举例证。豪民的所作所为虽未对封建政权造成直接的威胁，但其就像蚁穴破堤一般在一点一滴地损坏着宋王朝的大厦。他们和官户一起构成赵宋大地主土地所有制的基础。豪民们千方百计地逃避或降低纳税标准，而官户们也由于享受特权免交或少缴赋税；而他们又广占田地，不少贫民靠租种田地或受他们雇佣为生，这严重影响了封建政府的财税收入和劳役力量，成为封建政府之大患。诚如理宗淳祐年间，殿中御史兼侍讲谢方叔言：

> 豪强兼并之患，至今日而极，非限民名田有所不可，是亦救世道之微权也。国朝驻跸钱塘，百有二十年矣。外之境土日荒，内之生齿日繁，权势之家日盛，兼并之习日滋，百姓日贫，经制日坏，上下煎迫，若有不可为之势。所谓富贵操柄者，若非人主之所得专，识者惧焉。……今百姓膏腴皆归贵势之家，租米有及百万石者，小民百亩之田，频年差充保役，官吏诛求百端，不得已，则献其产于巨室，以规免役。小民田产日减而保役不休，大官田日增而保役不及。以此弱之肉，强之食，兼并浸盛，民无以遂其生。于斯时也，可不严立经制以之防乎？②

这完全是衰败之相，此已是南宋之末。自陈桥兵变以来，经过近百年的日积月累，赵宋王朝的所有矛盾终于迎来了一场总暴露的

---

① 《宋史》卷173《食货上一·农田》，第4177页。
② 《宋史》卷173《食货上一·农田》，第4179—4180页。

机会。朝廷内部腐败丛生，朝外民怨沸腾，而境外又有强敌窥视，真是苦不堪言。究其衰败原因，制度本身的缺陷难逃其责，但历来为大家所忽视的豪民和官吏对王朝大厦的日侵月蚀应进入史学者的研究视野。传统观点向来认为阶级矛盾才是一个朝代和制度覆亡的根本原因，如抛除"阶级"的有无暂且不论，是谁在导致农民与政府产生矛盾。就统治者上层而言，他们当中不少人是在为缓和矛盾不遗余力，而那些执行者却是阳奉阴违，变着花样为中饱私囊而肆意篡改朝旨，让该负重担的不负担或少负担，让理应负担轻的却负重累累。因此说宋朝的衰败和覆亡，官吏的徇私和舞弊是十分重要的原因。正是由于官吏的腐败才招致朝旨的变味和豪民的肆意妄为，才招致社会矛盾的累积和爆发。

为什么宋代官吏与豪民的夤缘为奸的问题这么突出呢？其实，宋仁宗庆历时范仲淹、富弼等就发现了这个非常危险的问题，并对出现问题的原因作了分析。《长编》卷一四三仁宗庆历三年（1043）九月丁卯条载：

> 既又开天章阁，召对赐坐，给笔札使疏于前。仲淹、弼皆皇恐避席，退而列奏曰：
>
> ……
>
> 皇朝初，承五代乱离之后，民庶凋弊，时物至贱，暨诸国收复，郡县之官少人除补，至有经五七年不替罢者，或才罢去，便入见缺。当物价至贱之时，俸禄不辍，士人家无不自足。咸平已后，民庶渐繁，时物遂贵，入仕多门，得官者众，至有得替守选一二年，又受官待缺一二年者。在天下物贵之后，而俸禄不继，士人家鲜不穷窘，男不得婚，女不得嫁，丧不得葬者，比比有之。复于守选、待缺之日，衣食不足，求人贷债，以苟朝夕。到官之后，必来见逼。至有冒法受赃，赊贷度日，或不耻贾贩，与民争利。既作负罪之人，不守名节，吏有奸赃而不敢发，民有豪猾而不敢制。奸吏豪民得以侵暴，于是贫弱百姓

理不得直，冤不得诉，徭役不均，刑罚不正，比屋受弊，无可奈何，由乎制禄之方有所未至。①

素以天下为己任著称的范仲淹、富弼斗胆向性格温和的仁宗皇帝针砭时弊，指出冗官、冗费是导致吏治腐败的罪魁祸首，而其根源正是盲目地扩大科举数量又不切实际地任意选官，致使官员数量猛增，但是受制于俸禄数目的滞后，遂引发不少在家待业官员的穷困，而一旦有衔可补，便不惜冒法，做出贪污受贿等一系列不法行为。于是上梁不正下梁歪，倒霉的只有贫苦百姓，"理不得直，冤不得诉，徭役不均，刑罚不正，比屋受弊，无可奈何"。另外关于吏治腐败的原因，沈括也曾作过恰如其分的分析："天下吏人素无常禄，唯以受赇为生，往往有致富者。"② 为改变这种状况，神宗皇帝于"熙宁三年（1070）始制天下吏禄，而设重法以绝情托之弊"。但又何尝容易！"庆历新政"的流产使冗官、冗费有加重的趋势。神宗制天下吏禄非但没解决原来的问题，反而致使官吏的贪欲更加膨胀，使本就虚脱的财政体系更加不堪重负。"是岁（熙宁三年［1070］）京师诸司岁支吏禄钱三千八百三十四贯二百五十四，岁岁增广，至熙宁八年岁支三十七万一千五百三十三贯一百七十八"，这相当于一个什么概念呢？"京师旧有禄者及天下吏禄皆不预此数。"③ 因此，我们有理由相信，神宗的做法是在饮鸩止渴。更何况一点点俸禄怎能使官吏们已经习以为常的贪婪之性得到满足呢？神宗以后，随着朝政的日益腐败，地方上的吏治更加混乱，跟难以惩治官吏腐败一样，对豪民的蛮横，政府同样束手无策。中央财政的拮据已使宋廷无法像秦汉那样采取迁徙的办法对豪民进行扼制。在赈灾、兴修水

---

① （宋）李焘：《续资治通鉴长编》卷143，仁宗庆历三年九月丁卯，第3431—3438页。
② （宋）沈括撰，金良年点校：《梦溪笔谈》卷12《官政二》，中华书局2015年版，第123页。
③ （宋）沈括撰，金良年点校：《梦溪笔谈》卷12《官政二》，第123—124页。

利等凡需要用钱的地方，朝廷往往还得借助豪民的力量加以解决。有宋一代的水利工程主要集中在江南地区，其中大部分是由官府组织并出资建造的，只有一小部分是地方势力兴造的，而明确提出有豪民的是浙江慈溪的双河塘，《宝庆四明志》卷十六载："乾道元年（1165），里人曹阅捐钱二千缗，倡率乡豪，益以二千缗，创建双河界塘六百余丈。"① 如果说宋廷在兴修水利方面对豪民的依赖还不是太大的话，那么在赈灾方面对其依赖性就加大了，并且为劝诱豪民出粮出钱赈灾，朝廷不惜以授官、免税役为代价。《长编》卷三十六太宗淳化五年（994）九月是月条载："募富民出粟，千石济饥民者，爵公士阶陪戎副尉，千石以上迭加之，万石乃至太祝、殿直。"② 同书卷四十六真宗咸平三年（1000）三月是春条载："江南、两浙，自去年至今，民饿者十八九，未见国家精求救疗之术。……所贵王者，德泽及于存亡。然后访有兼并之家，能出财助国者优奖之；有储蓄之家，能发廪救民者旌酬之。又宜放一二年税赋，免三二年徭役。"③ 同书卷七十二真宗大中祥符二年（1009）十一月壬子条载："陕西流民相续入境，有欲还本贯而无路粮者，臣（知邓州张知白）诱劝豪民出粟数千斛，计口给之，以半月为准。"④ 同书卷八十六真宗大中祥符九年（1016）三月壬子条载："卢澄者，陈留县大豪也，尝入粟，得曹州助教。"⑤ 卷八十九天禧元年（1017）五月乙卯条载："以高邮军民荀怀玉为本军助教，以其出米麦三千斛济饥民故也。"⑥ 值得注意的是，宋廷对豪民的态度已不是命令而是"劝诱"，与唐懿宗时对富商的强取态度形成鲜明对照。并且此种现象从太宗时期呈现端倪，至真宗时已十分突出。中央财政拮据

---

① （宋）罗濬等纂：《宝庆四明志》卷16《叙水·古窑闸》，第5211页。
② （宋）李焘：《续资治通鉴长编》卷36，太宗淳化五年九月丁丑，第797页。
③ （宋）李焘：《续资治通鉴长编》卷46，真宗咸平三年三月是春，第1003—1004页。
④ （宋）李焘：《续资治通鉴长编》卷72，真宗大中祥符二年十一月壬子，第1639页。
⑤ （宋）李焘：《续资治通鉴长编》卷86，真宗大中祥符九年三月壬子，第1977页。
⑥ （宋）李焘：《续资治通鉴长编》卷89，真宗天禧元年五月乙卯，第2061页。

的状况由此可见一斑。以后随着冗兵、冗官、冗费的形势日趋加重，中央财政状况日益恶化，官府对富民们的依靠比起真宗时只能是有过之而无不及。此外，这从官府对商人的态度由唐以前的与商争利变为与商共利的现象也可以体察到。

官府借用豪富的力量缓解了燃眉之急，但这却助长了豪富们的骄横气焰。如那个陈留县大豪卢澄自打通过入粟得到"助教"头衔以后，便"殖货射利，侵牟细民，颇结贵要，以是益横"[1]。而官员们对豪民们的胡作非为竟是熟视无睹，"故宁坐视邑政之坏，而不敢诘猾吏奸民之欺；宁忍取下户之苛，而不敢受豪家大户之怨"[2]。南宋末年，豪民们的肆无忌惮到了无以复加的地步："豪家大姓所以欺妄者万端，姑概言之：则名字、行第、小字称谓裂为数户者有之，若祖、若父、若兄弟、若子侄、若姻党剖为数十户者又有之。大抵岁月浸久，则上户皆入于下，惟谨畏之家不敢肆欺者，则和买之额偏聚焉，……如是乃下户岁加进，而上户日加削，愚弄官府，虐视良民。"[3] 由此来看，宋廷对豪民采取既纵容又利用的政策，在稳定政权的实际效用上看是因小失大。开始时，豪民们蛮横的凭借就只是因为有点钱有点粮食，可慢慢地，他们和官吏们勾结起来，互相利用，问题就严重了，因为小豪勾结小官小吏，大豪勾结大官大吏，而等出现了超级富豪，就连一些朝廷的显赫权贵要都要向他们靠近了。《长编拾补》卷二十九徽宗大观四年（1110）五月条载："蔡京顷居相位，擅作威福，权震中外。……讬爵禄以布私恩。谓财利为有余积，皆出诞慢；务夸大以兴事功，肆为骚扰。援引小人，以为朋党；假借姻娅，布满要途。以至交通豪民，兴置产业……"[4] 如此

---

[1] （宋）李焘：《续资治通鉴长编》卷86，真宗大中祥符九年三月壬子，第1977页。
[2] 《宋史》卷173《食货上一·农田》，第4181页。
[3] （宋）周应和纂：《景定建康志》卷41《田赋志·蠲赋杂录·溧阳县均赋役记》，第2005—2006页。
[4] （清）黄以周等辑注，顾吉辰点校：《续资治通鉴长编拾补》卷21，徽宗大观四年五月甲子，第979页。

一来，就导致了官豪一家，吏豪一家，他们都成为朝廷旧制度下的既得利益者。因此就不难理解宋代的两次新政都招致失败的深层次原因，也就不难理解有宋一代积贫积弱的深层次原因了：绝非简单的是由于采取了"以财物和土地换和平"的政策所致，掩在其背后的是寄生在帝国大厦上的无数的蠹虫，由于他们贪得无厌地对寄体的精血的吸食，致使宋王朝呈现一副病态样。外有天敌的蚕食，内有蠹虫的侵害，这样的国家能好得了吗？外忧与内患相比，内患的威胁更严重些。我们不妨以一地方官吏收租税的实例来体会一下这种严重性吧。

朝廷发下文思院式样（按：指斛斗）之后，岁久更换不常，州府不曾仔细契勘，听其添新换旧，并造一等新斛。所谓新斛者，多用碎板合成，厚薄不等。其口或敞或撮，其制或高或低，分寸差殊，升斗赢缩。官员每早入仓，斗级谬为呈斛，诡称公当。其实不然，瞬息之间，纳米丛杂，心机手法捷若鬼神，病弊万端，不可枚数。究其大指，则揽户城居也，仓斗亦城居也。或自为揽户，或身非揽户而子婿亲戚为之，事同一家，臂指相应。始者受纳民户之米，民户乡人也，岂能一一计嘱，此曹就使效尤，局生情格，不能相乎，故自纳者常是吃亏。堆头量米已自取尖，暨过厅前，复行打住，拂去尖角，再令增加；至于揽户入纳，则尽是自家人，暗记小斛，计嘱扛夫注米，则如奉盈倒斛，则必看铁或用泥涂其底，或用板衬令高，过厅则疾走如飞。官员虽欲诘问，而已去。却取民户之有余以补揽户之不足。粞碎当筛不筛而亦交，湿润当退不退而亦来。今日退出，明日复入，而亦交。利尽归于猾揽矣。民户则无是也。一行仓斗，都吏所差，彼固不应，无谓而差；而被差者，皆以钱买也。借钱做债以媒身，幸其著身而偿债，享肥甘、据娼妓，皆做此一番经纪，而吾民之膏血不得而不朘削矣。①

这是一幅栩栩如生的硕鼠丑态现形图，官员们不负责任、量具的粗糙、揽户的诡诈等令人扼腕的情景尽收眼底，禁不住如此慨叹：若大宋不亡，则天理难容！

有一个有趣的现象值得注意，有宋一代自始至终呈现出一种"积贫积弱"的状况，但却持续了320年，其间没有发生全国性的大规模的农民战争，仅有的几次局部的小规模的农民战争，不仅持续时间短，而且剧烈程度低，没有对社会造成毁灭性破坏。如把宋与前后的唐和明清作比较，一个明显的区别没有形成强大的地方民间势力。而地方民间势力的形成，最主要的原因是因为宗族制的加强，这一点尤以明清时期为突出。并且明清时期的地方宗族势力与唐以前有权贵等级性宗族制不同，它是一种庶民型宗族制。② 如前傅衣凌先生所言：中国传统社会是个多元的结构，而最突出的特点是存在"公"和"私"两个系统，且他们是相互对立的两股势力。私系统主要是指基层社会，控制者是"乡绅"阶层。乡绅阶层大多是具双重身份：既是一地方领袖，同时也是宗族族长，或者换言之，地方势力实际上就是指宗族势力。而之所以官府选择乡绅作为地方自治的代表，很大程度上归因于他们作为宗族族长的头衔，用诺思的话讲，这些地方势力的首领就是现任统治者的潜在竞争者。③ 颇具威胁的是这些乡绅既有作为现任统治者代理人的一面，替官府管理乡民；同时又具有乡民庇护者的身份，为乡民争取权益。这种特殊性意味着，一旦朝廷对乡绅安抚失当，就意味着为乡绅率领乡民反抗朝廷

---

① （宋）周应和纂：《景定建康志》卷40《田赋志·赋税》，第1996—1997页。
② 李文治、江太新二先生认为：中国中古时期的宗法宗族制的时代特点是"重门第的等级性，是世族门阀的宗族制"。宋至元明清，随着土地关系的改变，其宗族制的特点是庶民式的。笔者同意此说法。参见李文治、江太新《中国宗法宗族制和族田义庄》，社会科学文献出版社2000年版，第1—26页。
③ [美]道格拉斯·C.诺思著，厉以平译：《经济史上的结构和变革》，商务印书馆1999年版，第32—33页。

提供机会。事实也是明清时期都爆发了全国性的大规模的替代或几乎替代前朝的农民战争。

宋代同明清时期的这种情况不同，有理由让我们去思考是宋代豪民的猖獗限制了宗族势力的发展，而地方宗族势力的弱势又限制了分裂中央集权的地方力量，相当于扼杀了宋朝皇帝的潜在竞争者，从而保证了宋朝政权的持续性。而豪民之间的自私自利又难以形成集团力量，形不成一股同官府对抗的新生力量，他们同官吏之间相互利用，尽管造成了国家的内耗、民怨的沸腾，但民众却由于群龙无首，即使痛不欲生，也只能忍受和挣扎。特别是直接坑害百姓的是豪民和胥吏而不是朝廷，因此，对于民众而言，他们恨豪民和胥吏的程度远胜于皇帝。在不少百姓眼里，皇帝还是救他们出苦海的救星。宋江提出"只反贪官不反皇帝"的口号能得到起义农民的响应，很能说明问题。因此，宋代豪民的大量存在在很大程度上压制了社会总矛盾的爆发，它存在的作用是让赵宋王朝病而不死。

小结：本节对豪民问题的探讨意在澄清一种错误认识，即历来把破坏封建政权的行为都看作革命行为，仿佛在封建制度下官府所法办的一些不轨分子都是勇于同腐朽势力作斗争的猛士，监狱中所关押的都是些反对封建势力的英雄，这是极端片面的。当一种反对现行制度、现有政权的势力没有代表一种新的生产力形式，没有代表一种从根本上超越旧思想体系的新的意识形态时，那么这种反对势力无论如何不能算作革命者。我们不能用一种非历史主义的观点去看待封建社会制度，看待封建社会的各种现象。最有说服力的例子是在新民主主义革命时期当中，共产党和国民党对"土豪劣绅"的态度。众所周知，共产党对土豪劣绅的态度是"打土豪，分田地"，而蒋介石领导的国民党政权对土豪劣绅的打击也是毫不手软。1933年8月，国民党政府颁布了《惩治土豪劣绅条例》，规定凡"武断乡曲，虐待平民"，"恃势估豪，朦蔽官厅"，"变乱是非，胁迫官吏"，"逞强恃众，阻挠政令"，"假借名义，派捐派税"者，均应严加惩处。①而最后国民党失去人心，也与对土豪劣绅惩治不力有关，"正是这种恶性膨胀的无组织力量，最终吞噬了国民党基层政权的基础"②。宋代豪民的势力还没有发展到民国时期的恶性膨胀水平，但其上欺国下欺民的顽劣质性却毫无二致。对于这种恶劣性质的豪民而言，不仅是反政权的而且是反社会的。政权可能会有阶级性，反政权是统治者所不能容忍的，对于这种力量而言，有正义与非正义之分；但对反社会的行为来说，不论其打着什么样的旗号、采用什么样的手段，都是非正义举动，都应该遭到摒弃。而且对于这种不利于社会安定的行为和组织，不论什么样性质的政权都会予以毫不留情地打击。对于反对封建政权的行为和活动，我们应该实事求是，区分不同的性质，做到有区别的对待。

（二）宋代国家政权的无根基性分析

自战国确立专制主义中央集权制度以来，历代都根据其实际情况有所变通，呈现阶段性特征。宋以前对皇权的制约不仅来自相权，而且还受制于颇具实力的士族。到宋代时，由于士族的覆亡，约束皇权的一大基础已经不在，从而为皇权的强化提供了前提。宋代专制主义中央集权的空前加强，已是众所周知的事实，但从实际效果看，这一措施并未使其行政效率较前朝有所进步，相反倒呈现行政不力之势。因何会出现这种事与愿违的情况呢？以下不妨就宋代国家政权的行政特征作一分析。

陈桥兵变后，赵匡胤以不体面的角色夺得了后周的皇位。他深知自己之所以能对后周取而代之的原因：一在于身为殿前都点检的他手握兵权，二在于后周即位皇帝的弱小不更事。其中宋太祖尤对

---

① 湖北省档案馆藏，民国湖北省民政厅档案，卷号 LS3-1-308。
② 王奇生：《民国时期乡村权力结构的演变》，载周积明、宋德金主编《中国社会史论》，湖北教育出版社 2000 年版，第 590 页。

前者一直耿耿于怀。从建国后，他就深忌大臣掌重兵权，只是碍于大业尚未完成，姑且容忍而已。等局面稍微稳定后，他便迫不及待地为切除后患而处心积虑。最重要的一条是，他不能容忍平起平坐式的君臣议政方式，因此在他上台伊始，便略使伎俩一改传统的"坐式论政"为"站式听政"。《邵氏闻见后录》卷一载："自唐以来，大臣见君，则列坐殿上，然后议所进呈事，盖坐而论道之义。艺祖即位之一日，宰执范质等犹坐。艺祖曰：'吾目昏，可自持文书来看。'质等起进呈罢，欲复位，已密令中使去其坐矣，遂为故事。"① 从此，大臣们失去主人的身份，一跃而变为替天子料理家务的仆人。太祖大言不惭地称国务为"吾家之事"，"太祖既定天下，尝令赵普等二三大臣，陈当今已施行、可利及后世者。普等历言大政数十。太祖俾更言其上者，普等历毕思虑，无以言，因以为请。太祖曰：'吾家之事，唯养兵可为百代之利……'"②

宋太祖为达到此目的，不仅要使他的开国元勋们变为奴仆，还要用科举制使天下所有的入仕者都变为他的奴仆。王栐《燕翼诒谋录》卷一载："唐末，进士不第，如王仙芝辈唱乱，而敬翔、李振之徒，皆进士之不得志者也。盖四海九州之广，而岁上第者仅一二十人，苟非才学超出伦辈，必自绝意于功名之途，无复顾籍。故圣朝广开科举之门，俾人人皆有觊觎之心，不忍自弃于盗贼奸宄。开宝三年（970）三月壬寅朔，诏礼部阅贡士十五举以上曾经终场者，具名以闻。庚戌，诏曰：'贡士司马浦等一百六人，困顿风尘，潦倒场屋，学固不讲，业亦难专，非有特恩，终成遐弃，宜各赐本科出身。'此特奏所由始也。自是士之潦倒不第者，皆觊觎一官，老死不止。……英雄豪杰皆汩没消靡其中而不自觉，故乱不起于中国，而起于夷狄，岂非得御天下之要欤。"③ 宋太祖在奴化人方面很得要

---

① （宋）邵博撰，刘德权、李建雄点校：《邵氏闻见后录》卷1，中华书局1983年版，第1页。
② （宋）邵博撰，刘德权、李建雄点校：《邵氏闻见后录》卷1，第1页。
③ （宋）王栐撰，诚刚点校：《燕翼诒谋录》卷1，中华书局1981年版，第1—2页。

领，一方面大开科举，不论贫富让天下的读书人人人觉得自己都有富贵的机会，而且没有年龄限制，可以活到老，考到老。必要时，为照顾那些屡考不中的考生的感情，还常突然间来一个不论优劣照单全收的意外举措，更使一些人有了科考不中死不罢休的自我激励心态，真可谓"英雄豪杰皆汩没消靡其中而不自觉"了。长期考下去，即使是老虎也变成一只乖顺的绵羊了。后来，倒真有自觉者，看透了科举的玄机，可早已年老力衰，所有的醒悟，惟有皈依佛门而自慰了。吴处厚《青箱杂记》卷八载：

> 枢相张公昪，字杲卿，阳翟人。大中祥符八年（1015）蔡齐下及第，仕亦晚达。皇祐中自润州解官时已六十余，语三命僧化成曰："远限恰好，去未得。"未几，除侍御史知杂事，不十年作枢相。退归阳翟，生计不丰，短毡轻绦，翛然自适，乃结庵于嵩阳紫虚谷。每旦晨起，焚香读《华严》。庵中无长物，荻帘、纸帐、布被、革屦而已。年八十余，自撰《满江红》一首，闻者莫不慕其旷达。词曰："无利无名，无荣无辱，无烦无恼。夜灯前，独歌独酌，独吟独笑。况值群山初雪满，又兼明月皎交光好。便假饶百岁拟如何？从他老。知富贵，谁能保。知功业，何时了。算箪瓢金玉，所争多少。一瞬光阴何足道，但思行乐常不早。待春来携酒带东风，眠芳草。"①

从中我们可以体会到一种"天凉好个秋"的味道，这个"大器过于晚成"的枢相，不但未有做官后的自豪，相反倒有一种"悲从心头起，却无处说凄凉"的惆怅。也许这就是宋太祖心计的目的之所在。

宋太祖的奴化手段还表现在向大臣们灌输享乐思想。如在"杯酒释兵权"一事中，太祖向石守信、王审琦等道："人生如白驹之过

---

① （宋）吴处厚撰，李裕民点校：《青箱杂记》，中华书局1985年版，第88页。

隙，所谓好富贵者，不过欲多积金银，厚自娱乐，使子孙无贫乏耳。"①因此当曹彬为太祖失信于赐其使相事而郁郁寡欢时，宋太祖却不失时机地送钱五十万给他，曹彬于是感叹说："好官亦不过多得钱耳，何必使相也"②，看来宋太祖对享乐主义的言传身教还是很见效的。

宋太祖一味地坚持奴化的专制理念，还很重要的一点是他近乎变态的后怕心理，生怕有一天手下某一军将也会像他那样"黄袍加身"，取他而代之。因此，他除运用"杯酒释兵权""欢宴罢节镇"的方式，消弭军将的威胁外，还对文臣们采用"居心叵测"的伎俩，让他们感到皇帝的威严，从而害怕他，服从他。并且这种"要人绝对臣服于他"的心态，有时表现得很极端。他不允许臣子不驯，哪怕是对不驯服于他的马，也恨之入骨，直到将之杀死而后快。《邵氏闻见录》卷一载："太祖猎近郊，所御马失，帝跃以下，且曰：'吾能服天下矣，一马独不驯耶？'即以佩刀刺之。"③宋太祖的这种害怕心理导致他不信任任何人，"太祖即位之初，数出微行，以侦伺人情，或过功臣之家，不可测"。即使是他自称为其左右手的赵普，也照察不误。"赵普每退朝，不敢脱衣冠。"在一个下大雪的晚上，赵普原本以为太祖肯定不会来了，殊不知，太祖恰喜欢在别人原本以为不可能的情况下出现，"久之，闻叩门声，普出，帝立风雪中"④。宋太祖就是这种异于常理的手段，让所有的臣下人人自危，安分守己，没有半点儿异心地效忠于他。

赵宋建国伊始，太祖就为君臣关系定下了这种灰色基调，君视臣为奴仆，臣视君为虎狼，所谓的"伴君如伴虎"是也。宋以前的

---

① （宋）司马光撰，邓广铭、张希清点校《涑水记闻》卷1，中华书局1989年版，第11页。
② （宋）司马光撰，邓广铭、张希清点校：《涑水记闻》卷1，第7页。
③ （宋）邵伯温撰，李建雄、刘德权点校：《邵氏闻见录》卷1，中华书局1983年版，第6页。
④ （宋）邵伯温撰，李建雄、刘德权点校：《邵氏闻见录》卷1，第4页。

那种相对融洽的君臣关系被宋太祖用明的剥夺和暗的限制的种种阴谋权术涤荡的一干二净。为了寻求生存空间,不少大臣已接受了宋太祖所倡言的"多积金银,厚自娱乐"的"富贵"思想,"好官不过多得钱"的为官理念深植于大臣们的头脑。他们知道,只有安分守己、驯服听话,才是安身立命的唯一手段。至于忠君报国的思想,只能挂在嘴上;如果真的实干的话,最终只会遭到皇帝的猜疑,弄不好还有性命之忧。赵普就是个明显的例子,作为太祖的左右手,为其登基和巩固帝位立下了汗马功劳,可仍未得到充分的信任。当太祖已没有帝位不稳之忧时,便千方百计地对赵普进行约束,"太祖皇帝以赵普专权,欲置副贰以防察之。问陶谷以下丞相一等有何官?谷以参知政事、参知机务对。乾德二年(964)四月乙丑,乃以薛居正、吕余庆为参知政事,不押班,不知印,不升政事堂"①。只是作为皇帝的耳目对赵普进行监视。赵普深知自己的处境不妙,他私受越王钱俶的"海物十瓶"的把柄掌握在太祖手里②,他深揭太祖短的一幕也深印在太祖心里③。太祖设参知政事分割其相权,只是伺机清除赵普的第一步。为了除去大患,赵普冒险与太宗演了"烛影斧声"④一场戏,害死太祖,扶太宗上台,才又延长了他的政治生命。

  太宗和太祖一样,也是以不正当的阴谋即皇帝位的。其对大臣的猜忌心理一点儿也不逊于其兄。他甚至认为当时朝中根本就无忠

---

① (宋)王栐撰,诚刚点校:《燕翼诒谋录》卷1,第6页。
② (宋)司马光撰,邓广铭、张希清点校:《涑水记闻》卷3,第41页。
③ "太祖欲使符彦卿典兵,赵韩王屡谏,以谓彦卿名位已盛,不可复委以权柄。上不听,宣已出,韩王复怀之请见,上迎谓之曰:'岂非以符彦卿事邪?'对曰:'非也。'因别以事奏。既罢,乃出彦卿宣进之。上曰:'果然,宣何以复在卿所?'韩王曰:'臣诧以处分之语有未备者,复留之。惟陛下深思利害,勿为后悔。'上曰:'卿苦疑彦卿,何也?朕待彦卿至厚,彦卿能负朕邪?'韩王曰:'陛下何以能负周世宗?'上默然,遂中止。"载(宋)司马光撰,邓广铭、张希清点校《涑水记闻》卷1,第20页。
④ 关于太宗即位的传说,除"烛影斧声"外,还有"金匮之盟"一说,但从后来太宗谋害太祖之子德昭一事上看,似前者之说更可信,而不管哪种传说,赵普都是主要当事人。

臣,"李顺作乱于蜀,诏以参知政事赵昌言监护诸将讨之。至凤州,是时寇准知州事,密上言,……太宗得疏大惊,曰:朝廷皆无忠臣,言莫及此"①。还有对其侄子——原本该继父位的魏王德昭,一直有后患之忧,时时伺机灭之。征幽州时,机会终于来了,"魏王德昭,太祖之长子,从太宗征幽州。军中夜惊,不知上所在,众议有谋立王者,会知上处乃止。上微闻,衔之,不言。时上以北征不利,久不行河东之赏,议者皆以为不可,王乘间入言之。上大怒,曰:待汝自为之,未晚也"。太宗必杀德昭之心已露无余。魏王已知难逃厄运,遂"取割果刀自刭"②。另外太宗连对忠诚于他的赵普也不放过,继其兄之后,再次剥夺的他的权力,"淳化中,赵韩王出镇,太宗患中书权太重,且事众,宰相不能悉领理。向敏中时为谏官,上言请分中书吏房置审官院,刑房置审刑院"③。从此,赵普的地位一落千丈,亲手把太宗扶上帝位的他,再次品尝到被冷落的滋味。

　　太祖、太宗作为宋朝的开创者,还算两个有作为的皇帝,但由于其即皇帝位的不正当性,导致其猜忌性过重。除加大制度方面的专制与集权外,对其大臣的约束方式采取了极端变态的奴化方式,一方面用纵容其享乐的方式剥夺其兵权,另一方面又采用侦探的方式让其始终处于畏惧状态中,还大兴驯化式的科举,消弭所有士人的锋芒毕露的个性。由于二人的威势所在,在太祖、太宗朝还算略见成效,在刚开国的30多年里,朝廷内外还呈现出一种压抑的团结。但自真宗后,太祖、太宗所亲手打造的怪胎终于一览无余地展现在后人面前。这突出地表现在,当大宋遭到北辽人的进攻时,宋廷上下的表现完全失去宋以前各代的勇武风范。从皇帝到大臣已是一副十足的病相:"真宗皇帝景德元年(1004),契丹入寇,犯澶渊,京师震动。当时大臣有请幸金陵、幸西蜀者。左相毕文简公病

---

① (宋)司马光撰,邓广铭、张希清点校:《涑水记闻》卷2,第24页。
② (宋)司马光撰,邓广铭、张希清点校:《涑水记闻》卷2,第36页。
③ (宋)司马光撰,邓广铭、张希清点校:《涑水记闻》卷3,第57页。

不出，右相寇莱公独劝帝亲征，帝意乃决。……既射杀死虏骁将顺国王挞览，虏惧请和，……帝曰：'凡虏所须即许之。'"后来由于寇准的坚持，签订了城下之盟，双方罢兵。可一些大臣却对寇准的行为颇不以为然，并不断挑拨寇准与真宗的关系，"帝回銮，每叹莱公之功。小人或谮之曰：'陛下闻博乎？钱输将尽，取其余尽出之，谓之孤注。陛下，寇准之孤注也，尚何念之。'帝闻之，惊甚，莱公眷礼遂衰"[1]。皇帝无能，小人当道，诤臣报国无门。病态的大宋面对外敌入侵，惟有"量中华之物力，结与国之欢心"了。后来由于小人的讥谤，激起了真宗的一点羞耻心，企图雪耻，问王钦若曰："然则如何可以洗此耻？冀公（王钦若）曰：'今国家欲以力服契丹，所未能也。戎狄之性，畏天而信鬼神，今不若盛为符瑞，引天命以自重，戎狄闻之，庶几不敢轻中国。'"[2] 简直是迂腐文人在痴人说梦。倒是大将高琼怒斥迂儒们道貌岸然的话让人解气："君（冯拯）以文章为二府大臣。今虏骑充斥如此，犹则琼无礼，君何不赋一诗咏退虏骑邪？"[3] 长此以往，即便像有些才能的寇准，在这样的环境下也不得不腐化，常常"多不以吏事为意。寇莱公虽有重名，所至之处，终日游宴，所受伶人，或付与富室，辄厚有所得，然人皆乐之"[4]。久入官场，已使其忘记了少时的母训。[5]

　　仁宗以后，党争渐起，"宋朝的时代在太平境况下，一天天地严重，而一种自觉的精神，亦终于在士大夫社会中渐渐萌茁"[6]。所谓"自觉的精神"，便是范仲淹所倡言的"先天下之忧，后天下之乐而乐"。但不幸的是范仲淹生不逢时，面对早已漆黑一团的官场，他的

---

[1] （宋）邵伯温撰，李剑雄、刘德权点校：《邵氏闻见录》卷1，第7—8页。
[2] （宋）司马光撰，邓广铭、张希清点校：《涑水记闻》卷6，第120页。
[3] （宋）司马光撰，邓广铭、张希清点校：《涑水记闻》卷6，第114页。
[4] （宋）司马光撰，邓广铭、张希清点校：《涑水记闻》卷7，第138—139页。
[5] "寇莱公少时不修小节，颇爱飞鹰走狗。太夫人性严，尝不胜怒，举秤锤投之，中足流血，由是折节从学。及贵，母已亡，每扪其痕，辄哭。"载（宋）司马光撰，邓广铭、张希清点校《涑水记闻》卷7，第131页。
[6] 钱穆：《国史大纲》，第558页。

志向惟有遭挫折外别无他途。英宗治平时，诽谤之风渐起，好人更无立足之地。素以廉直著称的欧阳修也不能例外，"有谤其私于子妇者"。谤言何其毒也！之后神宗时变法派与保守派的对立，到哲宗时演化为元祐党争，朝堂上已无是非可言。徽宗后以至南宋，奸臣当道，指鹿为马的事也就更屡见不鲜。

综观有宋一代的朝政，从开国伊始就呈现病态，皇帝能干时，朝臣为奴不敢言；皇帝懦弱时，奸臣当道，好人不能言。整个官场的汹汹声势已是腐化堕落之风盛行。"做官为钱，富贵为乐"的观念已是宋廷大部分在职官员和非在职官员以及正在准备做官士子的准则。在如此情况下，任何制度、诏令、法律都将成为形式，令不行禁不止已成为司空见惯的常识。可以说有宋一代长时间的行政队伍失控是其政权行政的重要特征。祖宗时期对官员的奴化、纵容是造成这一恶果的罪魁祸首。在这样的背景下，如果还想从典章制度、法律的条文以及其他所有形式的方面研究出宋代的真实情况来，已成为不可能。宋廷不遗余力地加强专制和集权，可最终却导致其结果走上了目的的反面。这正应了美国经济史学家诺思的预言："把规章定得令人讨厌、毫无生气，对统治者也没有好处。"[①]

导致宋代行政队伍的失控的原因，还有一不可忽视的因素，即胥吏的破坏性。到宋代，"胥吏集团也正作为一个相对独立的社会政治群体出现于历史舞台上"[②]。由于宋代对乡村的控制已由原来的乡官制度变为职役制度，这意味着作为连接官民之枢纽的胥吏在国家政治生活中扮演着越来越重要的角色。胡太初论及县吏："县官日用，则欲其买办灯烛柴薪之属；县官生辰，则欲其置备星香图彩之类。士夫经从，假寓馆舍，则轮次排办；台郡文移，专人追逮，则衷金遣发。"[③]可见吏的活动范围十分广泛。考之官与吏的关系，官

[①] ［美］道格拉斯·C. 诺思著，厉以平译：《经济史上的结构和变革》，第25页。
[②] 周积明、宋德金主编：《中国社会史论》，第631页。
[③] （宋）胡太初撰，同建飞点校：《昼帘绪论》卷5《御吏》，《宋代官箴书五种》，中华书局2019年版，第171页。

四　宋代农民与国家　　209

是决策者，吏是执行者。法律要求吏对官绝对服从，叶适有言：吏应做到"上不侵官，下不病民，以自治其事而听命焉"①。但实际上由于皇帝对官员的失控，上行下效，一些胥吏刁钻狡猾，其上司实际上已被他们所操纵，所谓"州县之吏止能制百姓；中都之吏乃能制官员；台省之吏至能制朝廷"②。一切都仿佛发生了错位。在老百姓眼里，胥吏就是官员和国家形象的镜子。宋代胥吏是一种职役，"天下吏人素无常禄，唯以受赇为生"③，这样一个群体一旦把持政务，其后果将不堪设想。如朝廷考察官吏政绩的考课制度，本是极为严肃的事情，可经胥吏一掺和，一个本来规范的标准却变得形同虚设。岳珂《桯史》卷五《部胥增损文书》记载的就是这样一个例子：

> 淳熙间，尉广之增减。有黠盗刘花五者，聚党剽掠，官司名捕，累载弗获。一日，有告在邻邑之境民家者，民素豪，枳关环溪，畜犬狞警，吏莫敢闯其藩。张欲躬捕，弓级陈某者奋而前曰："是危道，不烦亲行，我得三十人饶取之。"使之往，信宿而得。……赃证具，以告之县，于法应赏矣。先是张以它事忤令，盗之至，令讯爰书，以实言府，张以非马前捕不应。令将论报，张乃知之，祈之椽史，咸曰："案已具府，视县辞而已，事且奏，不容增。"府尹适知己，又祈之，亦弗得，自分绝望。又一年，秩满买舟如京，过韶，因谒宪台。坐谒次，有它客纵谭一尉事，适相类，漫告之。客曰："是不可为，然于法情理凶虐，尝悬购者，虽非躬获，亦当免试，或循资，盍试请一公移，倘可用。"张方虑关升荐削不及格，闻之大喜，遂白之

---

① （宋）叶适著，刘公纯等点校：《叶适集·水心别集》卷14《吏胥》，中华书局1961年版，第808页。
② 曾枣庄、刘琳主编：《全宋文》卷6294彭龟年《论雷雪之异为阴盛侵阳之证疏》，第278册，第114页。
③ （宋）沈括撰，金良年点校：《梦溪笔谈》卷12《官政二》，第123页。

宪。宪命以成案录为据付之。至临安，果以初筮无举员，当入残零，张良窘。偶思有此据，以示部胥，胥视之色动曰："丐我一昔，得与同曹议。"居二日，来邀张至酒家剧饮，中席谓之曰："君欲改秩乎？"张错愕不敢谓然。胥曰："我不与君剧，君能信我，事且立办。"诘所以，笑不答，遂去。……张归，胥又来，则曰："君不深信我，我请毋持钱去，事成乃见归。"许诺，索缗二千，酬酢竟日，以千缗成约。……（两月后）忽夜三鼓有扣门者，乃胥焉，喜见眉睫，曰："幸不辱命。"文书衔袖，取观之，则名登于进卷矣。①

仅就这一事来看，张氏本是受冤之人，"名登于进卷"应属当然。只是由于县令伺机报复，才使其丧失机会，通过部胥的帮助，也算是了了心愿。但反过来想，不管怎样，这也是百分之百的作弊行为。如果张氏不是受冤者，那岂不是也乱了官政？而且，从引文宪台家"客"的谈话中和部胥作弊的从容不迫看，考课中的作弊之举已是家常便饭。由此推知，官政中只要有胥吏的存在，肯定就会有作弊行为的存在。任何人通过胥吏就可以把本来不可能的事变成可能。让人不得不相信胥吏实是腐蚀赵宋江山的一大蠹虫。更可怕的是，到宋代，胥吏已经成为一种行业，并竖立了自己的行业神。"京师百司胥吏，每至秋，必醵钱为赛神会，往往因剧饮终日。苏子美进奏院，会正坐此。余尝问其何神？曰：'苍王。'盖以苍颉造字，故胥吏祖之。"②并且还有世袭的现象，"盖居官者迁徙不拘岁月，而为吏者传袭及于子孙"③。胥吏行业的炙手可热，由此可一斑。

我们可以略作计算，便可知了人们对此行业乐此不疲的原因。

---

① （宋）岳珂撰，吴企明点校：《桯史》卷5《部胥增损文书》，中华书局1981年版，第51—52页。

② （宋）叶梦得撰，侯忠义点校：《石林燕语》卷5，中华书局1984年版，第68页。

③ （清）徐松辑，刘琳、刁忠民、舒大刚等点校：《宋会要辑稿》职官60之39，第4686页。

沈括讲他们虽无常禄，但通过受赇往往有致富者。这个"致富者"是怎样一个概念呢？以《桯史》中的部胥为例，他为张氏篡改考课记录，历时两月，纳钱千缗，而一个普通下层人的月工资一般为千钱即一缗左右。部胥的这个收入相当于一个普通下层人员1000个月即80多年的工资总量。即使把普通下层人员的工资扩大10倍，也还相当于近10年的工资总量。再与当时官吏的俸禄相比较，"国初，士大夫俸入甚微，簿、尉月给三贯五百七十而已，县令不满十千，而三分之二又复折支茶、盐、酒等，所入能几何？……景德三年五月丙辰，诏：'赤、畿知县，已令择人，俸给宜优。……自今两赤县，月支见钱二十五千，米麦共七斛。畿县七千户以上，朝官二十千，六斛；京官二十千，五斛；五千户以上，朝官二十千，五斛；京官十八千，四斛；三千户以上，朝官十八千，京官十五千，米麦四斛；三千户以下，京官钱十二千，米麦三斛。'是时已为特异之恩"[①]。以真宗景德年间各类县官的俸钱为比较对象，这个部胥的所得分别相当于最高俸禄县官的三年多的俸禄总和和最低俸禄县官近七年俸禄的总和。更何况，这只是部胥一次受赇所得。别说一年有个二三次，就是三五年搞一次，其收入也是十分可观啊。并且以宋代朝政管理的混乱计，部胥的风险率微乎其微。由此我们不难理解胥吏们子承父业、代代世袭的缘由了。天子眼皮底下的部胥尚且如此肆无忌惮，那么对于那些山高皇帝远的路胥、府胥、县胥呢？恐怕只能是有过之而无不及了。

官员和胥吏是怎样一种关系呢？诚如赵世瑜所指出的：

  现任官员之间对吏的态度是各不相同的。一类是那些身居显官或闲职，与吏之间没有直接的工作往来，因此或对其毫无兴趣，或大胆指斥，毫无顾忌；第二类是那些具体任事的官员，他们的工作成绩如何，在很大程度上取决于与吏的关系，他们

[①]（宋）王栐撰，诚刚点校：《燕翼诒谋录》卷2，第13页。

虽知道该集团的问题，却需始终与之保持良好的合作关系；第三类官员是那些庸懦之官，他们无法撇开吏员，亲身任事，一旦后者越权为弊，他们也无能制止；第四类官员是与为恶之吏狼狈为奸的，所谓"贪官污吏"是也。①

信然！赵先生还指出：

就制度规定而言，这（官与吏）是一种简单的上下级关系，官令吏行；在实际行政过程中，表面上看来也确是如此。在社会精英阶层价值观的影响下，这种上下级关系往往还被变成一种高尚与卑微、主与奴的对立的等级关系。但在实际上，官与吏往往是一种相互依赖，相互利用的关系。但那种高下尊卑的对立关系和相互依赖、相互合作的关系总是纠缠在一起的——制度所规定、社会所承认的上下等级关系被完全抛弃，……②

这种现象与前代相比，宋代表现的更突出；与后代相比，宋代还仅仅是开始，以后明清的这种现象更为严重。赵先生对官与吏的关系之论还不同程度地适用于皇帝与官僚的关系。

总之，赵宋以降，皇帝对官僚的失控和官僚对收看吏的失控，已成为其政治生活中十分突出的特点。这个特点除了专制、集权制度本身的缺陷外，更与太祖、太宗时的畸形统治方略有关。它造成的严重后果是整个行政队伍已失去团结合作致力于同一目标的协作精神，成为一个各自为私的四分五裂的涣散群体。这样一来，就使赵宋政权首先在政权统治方面失去了坚固的根基。

---

① 赵世瑜：《中国传统社会群体研究之六——吏：一个独特的社会政治群体》，载周积明、宋德金主编《中国社会史论》，第644页。
② 赵世瑜：《中国传统社会群体研究之六——吏：一个独特的社会政治群体》，载周积明、宋德金主编《中国社会史论》，第644—645页。

（三）国家与农民利益的对立性分析

在中国古代农民为国家政权的衣食父母。国家机器运转的绝大部分经济来源来自农民。可当国者却并不领情，反客为主，不知羞耻地宣扬"朝廷之于民，犹父之于子，父子之财宜无异籍，故古语谓：'未闻子富而父贫也。'"① 显然是把朝廷利益放在农民之利益之上了。说什么"富能夺，贫能予，乃可以为天下"。朝廷之于农民犹主之于奴的心态昭然若揭。封建国家的剥夺性，农民对国家负担义务的无偿性，是任何一个封建政权的共有特征。正是这样的性质造成了农民与国家利益的对立性。国家通过暴力统治维系这样一种低成本统治，而农民在无可奈何地无偿向国家贡献一切的同时，不排除他们当中某些人（多为富户）利用政权统治的薄弱环节为争夺私利而抗争。由此造成封建政权的又一种无根基性——民众的信任危机。试以宋代为例说明。

在宋代国家与农民利益的对立，首先表现为国家在征税方面呈现出竭泽而渔的特征。有宋一代，税的种类繁多，官府明文规定的有五种：

> 宋制岁赋，其类有五：曰公田之赋，凡田之在官，赋民耕而收其租者是也；曰民田之赋，百姓各得专之者是也；曰城郭之赋，宅税、地税之类是也；曰丁口之赋，百姓岁输身丁钱米是也；曰杂变之赋，牛革、蚕盐之类，随其所出，变而输之是也。②

在这五种税中，除城郭之赋外，农民都要负担。并且不仅要负责缴税，还要负责运输，有时所缴之税还要随着政府的需要加以

---

① （宋）李焘：《续资治通鉴长编》卷394，哲宗元祐二年正月辛巳，第9612页。
② 《宋史》卷174《食货上二·赋税》，第4202页。

"折变","其输有常处,而以有余补不足,则移此输彼,移近输远,谓之支移;其入有常物,而一时所须,则变而取之,使其直轻重相当,谓之折变"①。其税制是沿袭了中唐以来的两税法,称"二税",一般为夏税钱,秋税米,征税标准因地区不同和土地肥瘠不同常有差别。对此汪圣铎先生已有详细统计,如下表:

地区	夏税(每亩)	秋税(每亩)	根据文献
江东路徽州歙县、绩溪、休宁、祁门、黟县	上等 200 文 中等 150 文 下等 100 文	米:上等 2 斗 2 升 中等 1 斗 7 升 7 合 下等 1 斗 3 升 3 合	《淳熙新安志》卷 2,《宋会要》食货 70 之 35
江东路徽州婺源县	上等 42 文 中等 40 文 下等 38 文	米:上等 4 升 2 合 中等 4 升 下等 3 升 8 合	同上
江东路池州青阳县	——	上等,米 3 升	《建炎以来系年要录》卷 165,《宋史》卷 174
江东路池州贵池县	——	上等,米 4 升	同上
江东路池州建德县	——	上等,米 4 升 7 合	同上
江东路池州东流县	——	上等,米 6 升	同上
江东路宣州太平县	9 文至 12 文	1 斗 3 升 9 合至 1 斗有半	《淳熙新安志》卷 2
江东路饶州浮梁县	14 文至 24 文	3 升 3 合至 5 升 5 合	同上
江东路宣州旌德县	40 文至 60 文	1 斗 4 升至 1 斗 8 升 8 合	同上
江东路池州石埭县	8 文至 12 文	6 升 5 合至 1 斗 7 升 7 合	同上
江东路饶州乐平建节乡	9 文至 13 文	2 升 8 合至 3 升 8 合	同上
福建路福州	无上等,中等 4 文 4 分,下等 3 文 7 分	无上等,中等,米 8 升;下等,米 7 升 4 勺	《淳熙三山志》卷 10,《宋会要》食货 1 之 23

---

① 《宋史》卷 174《食货上二·赋税》,第 4203 页。

续表

地区	夏税（每亩）	秋税（每亩）	根据文献
两浙路苏州	无上等，中等4文4分，下等3文3分	无上等，中等，米8升；下等，米7升4合	《琴州志》卷6
两浙路衢州开化县	4文8分至7文	3升至4升4合	《淳熙新安志》卷2
两浙路临安府新城县	钱数不详，实征绢3尺3寸	米：1斗5升5合	《宋会要》食货70之58
补注：	按：《至顺镇江志》卷6《赋税》引蔡逢《丹阳志》谓宋时田赋"视田土之肥瘠分为四等"，"上等中等者田则夏有绢，秋有米四升或五升，地则夏有丝绵、大小麦。下等之田则夏无绢，秋有米四升五合；地则夏无丝绵、大小麦也。不及等者田则夏税无几，秋米一升，地则夏税绢一分，盐钱一文而已。"		

（载汪圣铎《两宋财政史》，中华书局1995年版，第192—194页）

从此表的统计看，各地农民的两税负担悬殊。以夏税计，最多者200文，最少者才3、4文；以秋税计，最多者纳粮2斗2升，最少者才3、4升。除了土地肥瘠不同的因素外，国家在税收方面的标准不统一因素也还是有的。汪圣铎言："表内所列定额多沿袭唐五代旧额或在旧额基础上略加调整而重立的，因此往往不尽合理。"[①] 尽管如此，从表中的普遍情况看，夏税所纳钱数，除江东路的徽州歙县、绩溪、休宁、祁门、黟县外，一般都在45文以下。而45文钱也就是一个中下农民一天的伙食费，应该说是不算重；而秋税也是除徽州几个县较高外，其他地区纳粮额一般都在1斗5升以下，基本上还属于正常的什一之税。显然从上述的分析看，宋代的税制不仅不能说是竭泽而渔，而且还应该说是非常正常的。其实不然。随着宋廷冗官、冗兵、冗费情况的一天天加重，所属正税的二税已远远不能满足需要。各种名目繁多的杂税便渐渐喧宾夺主，成为农民

---

① 汪圣铎：《两宋财政史》，中华书局1995年版，第194页。

最沉重的负担。南宋时人蔡戡有言：

> 二税古也。今二税之内，有所谓暗耗，有所谓漕计，有所谓州用，有所谓斛面。二税之外，有所谓和买，有所谓折帛，有所谓义仓，有所谓役钱，有所谓身丁布子钱，此上下之通知也。于二者之中，又有折变，又有水脚，又有靡费。有隔年而预借者，有重价而折钱者，其赋敛烦重，可谓数倍于古矣。然犹未也。有所谓月桩，有所谓盐产，有所谓茶租，有所谓上供银，有所谓乾酒钱，有所谓醋息钱，又有所谓科罚钱，其色不一，其名不同，各随所在有之，不能尽举。①

苛捐杂税多如牛毛的状况已非一个有朝气的盛世王朝的气象了。早在神宗时，在税收远没有呈现建炎后的混乱局面时，大多数农民已深感赋税沉重。"幸而收成，则公私之债交争互夺，谷未离场，帛未下机，已非己有也。"② 农民们辛苦一年，结果却颗粒未能归自己粮仓，连一点点儿口粮也被剥夺了，这意味着剥夺了其最基本的生存权；对于官府而言，这无疑是杀鸡取卵的做法。幸亏北宋时，相对而言，幅员还辽阔，此地农民败亡了，还有彼地农民支撑。宋廷就用这种推倒东墙补西墙的方法维系着政权的苟延残喘。南渡后，情况更糟。大片国土丧失，而冗官、冗兵、冗费的情况却呈恶化的趋势。税源减少，而财政所需不仅没减反而剧增。那么只能加大农民的税负了，因此说蔡戡之言并非空穴来风。重税之下，农民们犹如被即将吸干血的昆虫，不仅没有飞的力气，连爬行的力气也没有了。试以迫害农民至深的身丁钱和预借为例言之。

---

① （宋）蔡戡：《定斋集》卷5《奏议·论州县科扰之弊札子》，文渊阁《四库全书》第1157册，台湾商务印书馆1986年版，第609—610页。

② （宋）李焘：《续资治通鉴长编》卷359，神宗元丰八年八月己丑，第8589页。

四　宋代农民与国家　　217

(乾道)二年(1166)四月七日,臣僚言:"民户岁各有丁身钱,州县按籍举催,虽一夫不可幸免。至逃亡死绝,自当开落。"①

广右深僻之郡,有所谓丁钱,盖计丁轮钱于官,往往数岁之儿即有之。有至死而不与除豁者,甚为民病,故南人之谣曰:"三岁孩儿便识丁,更从阴府役幽魂。"读之可为流涕。②

真的可为民流涕啊!身丁钱已似虎豹,而预借更不亚豺狼,

预借一岁未已也,至于再,至于三;预借三岁未已也,至于四,至于五,窃闻今之州县,有借淳祐十四年者矣。以百亩之家计之,罄其永业,岂足支数年之借乎?③

如此饿狼式的官府向农民"借"粮财,农民还指望其还吗?百亩之家罄其永业,也就只能支几年的官府"预借",况贫苦农民呢?看来是农民不死而苦难不已啊!的确有农民想用一死来从苦海中解脱。《夷坚志》丁志卷二十《朱承议》载:

南丰朱氏之祖轼,字器之,就馆于村墅。尝告归邑居,中道如厕,见一农夫自缢而气未绝,急呼傍近人共救解之。既得活,询其故。曰:"负租坐系,不能输,虽幸责任给限,竟无以自脱,至于就死,岂予所欲哉!"问:"所负钱几何?"曰:"得数千钱便了,特无所从出。"④

---

① (清)徐松辑,刘琳、刁忠民、舒大刚等点校:《宋会要辑稿》食货12之16,第6238页。
② (宋)罗大经撰,王瑞来点校:《鹤林玉露》丙编卷5《广右丁钱》,第326页。
③ 《宋史》卷174《食货上二·赋税》,第4221页。
④ (宋)洪迈撰,何卓点校:《夷坚志》丁志卷20《朱承议》,第705页。

从中我们不难体会出"苛政猛于虎"的感觉了。

但值得注意的是,如此苛政,并非只针对下层贫苦农民而是包括上户在内的所有农民。孔文仲《制科举》云:"今(仁宗时)之所谓上户者,征敛甚厚而其力困。"① 哲宗时苏轼亦云:"今大姓富家,昔日号为无比户者,皆为市易所破,十无一二矣。……臣自颖移扬,舟过濠、寿、楚、泗等州,所至麻麦如云。臣每屏去吏卒,亲入村落,访问父老,皆有忧色。云:'丰年不如凶年,天灾流行,民虽乏食,缩衣节口,犹可以生。若丰年举催积欠,胥徒在门,枷棒在身,则人户求死不得。'"② 并且有时当遭遇天灾时,官府常常迫使一些富户低价出粮售于官仓,《夷坚志》支景志卷七《范隅官》载:"乾道辛卯岁(宋孝宗时),江浙大旱,豫章尤甚,龚实之作牧,命诸县籍富民藏谷者责认粜数,令自津般随远近赴于某所,每乡择一解事者为隅官,主其给纳。靖安县羡门乡范生者在此选,其邻张氏当粜二千斛,以情语范曰:'以官价较市值,不及三之二。计吾所失,盖不胜多矣。'"③ 如果仅从灾民角度言之,官府抑富救贫,似没有什么过错,但从富民角度言,官府是在利用权力剥夺其财富;而且从理性角度言,宋廷此举既不符合市场规则,也不符合人权规则的。如此一来,宋朝政权既失去了大部分下层农民的支持,也失去了不少上层富裕农民的信任。国家对富裕农民的剥夺意味着国家利益站在了富民利益的对立面。这加速了赵宋政权的崩溃。

前文提到,真正能给朝廷统治造成麻烦的并不是大多数贫民,而主要是那些富民,特别是豪民。因为只有他们才有同政权对抗的资本。经济发展、人口众多、交通便利之地,富人多,同官府对抗

---

① (宋)孔文仲:《孔文仲集·制科策》,载孔文仲、孔武仲、孔平仲著,孙永选校点《清江三孔集》,齐鲁书社2002年版,第15页。

② (宋)苏轼著,孔凡礼点校:《苏轼文集》卷34《论积欠六事并乞检会应诏所论四事一处行下状》,第957—959页。

③ (宋)洪迈撰,何卓点校:《夷坚志》支景志卷7《范隅官》,第937页。

的事例也多。如被官府号为"难治"之地的苏州（宋为平江府）一带的吴县，元祐年间，县尉郭受《记》曰："为政者，急之则怨而骇，缓之则弛而肆，泛然而多容，则请谒纷纭，几至于散法，毅然而多拒，则谤詈丛集，必困于游谈。"① 为什么会导致这种情况，除了一些极个别的豪猾民的恶劣本性外，更多是由于官府的横征暴敛。乾道三年（1167），范成大吴县《续志》云：

> 余行四方，所过县邑数十百，见大夫皆厌苦其官，赍咨太息，悔向之来，而忧后之不得脱，……及切磋究之，使一二言其详，则曰：古吏忧民而已，今顾不然，蕞尔邑负责犹数巨万。昼夜薄遽，唯钱谷之知，且不能报期会有如一日。姑舍是而用力于民，不崇朝百适满矣。②

故范成大感叹道：

> 今夫急催科则愧政，专抚字则愧考，兼善之诚难。③

这是少数有良知的官吏所发出的心声。然而，更多的官吏根本无此内疚之心，故苏轼言："水旱杀人，百倍于虎，而人畏催欠，乃甚于水旱。臣窃度之，每州催欠吏卒不下五百人，以天下言之，是常有二十余万虎狼，散在民间，百姓何由安生？"④ 更糟糕的是朝廷把各州县收取的赋税全部用来上供，而州县没有剩余，只好再巧立名目收税以供自用，"知南康军朱熹应诏上封事言：今民间二税之

---

① （宋）范成大撰，陆振岳点校：《吴郡志》卷37《县记》，第538页。
② （宋）范成大撰，陆振岳点校：《吴郡志》卷37《县记》，第539页。
③ （宋）范成大撰，陆振岳点校：《吴郡志》卷37《县记》，第539页。
④ （宋）苏轼著，孔凡礼点校：《苏轼文集》卷34《论积欠六事并乞检会应诏所论四事一处行下状》，第959页。

入，朝廷尽取以供军，州县无复赢余，于是别立名色巧取"①。于是富农便千方百计地想逃税、减税，与官吏勾结诡名析户、诡名寄佃等便成为富民们的首选。《宋会要》食货十四之四十七载："大率一县之内，系女户者其实无几，而大姓猾民避免赋役，与人吏、乡司通同作弊，将一家之产析为诡名女户五七十户，凡有科配，悉行蠲免。"②《长编》卷二四九神宗熙宁七年（1074）正月丙寅条载："常州无锡县逃绝、诡名挟佃约五千余户。"③还有的豪民甚至连"诡名"的路子也不走，直接让官吏作弊蠲免。像前文提到的富民张氏，他对乡司范生曰："吾与君相从久，宜蒙庇护，盍为我具虚数以告官司。他日自有以相报。""范喜其言甘，且冀后谢，诺其请，为之委曲，张遂不复捐斗升。阛里皆知之，而畏二家力势，弗敢渲泄。"④

有宋一代"诡名析户""诡名寄佃"的现象十分普遍，这与富民同官吏通同作弊是分不开的。而被逃避的负担只能落在无钱无权的下层农民头上。当下层农民忍无可忍时，唯有当盗贼可造反官府的暴力手段来谋活命了。

在宋代国家与农民利益的对立还表现在重役负担上。与唐代相比，宋代农民的徭役负担是非常沉重的，而且非常突出的一点是，朝廷摊派徭役的原则是"摧富济贫"。结果是摧败了富户，加弱了贫户，而从中投机的是豪户。富户亦即乡村上户的摧败，使宋廷削弱了支撑国家机器运转的经济基础，加速了豪户与官吏勾结的强度，使本来最有力量支持政权延续的重要的财富力量之一的乡村上户也迅速走上了政权存在的对立面。这是宋代国家政权无根基的又一表现。

---

① 《宋史》卷174《食货上二·赋税》，第4219页。
② （清）徐松辑，刘琳、刁忠民、舒大刚等点校：《宋会要辑稿》食货14之47，第6291页。
③ （宋）李焘：《续资治通鉴长编》卷249，神宗熙宁七年正月丙寅，第6077页。
④ （宋）洪迈撰，何卓点校：《夷坚志》支景志卷7《范隅官》，第937页。

宋代的赋役形式主要有三种，但各有各的弊端。马端临《文献通考》卷十三《职役二》云：

> 按：差役，古法也。其弊也，差设不公，渔取无艺，故转而为雇。雇役，熙宁之法也，其弊也，庸钱白输，苦役如故，故转而为义。义役，中兴以来，江、浙诸郡民户自相与讲究之法也，其弊也，豪强专制，寡弱受凌，故复反而为差。盖以事体之便民者观之，雇便于差，义便于雇，至于义而复有弊，则末如之何也已。①

马氏之评论较为允当。的确，三种形式的役法中，差役之法，以对政权的存亡之计，最为有害。因为它对乡村上户的破坏性最大。何以言之？须先从差役法的内容谈起。《宋史》卷一七七《食货上五·役法上》载："役出于民，州县皆有常数。宋因前代之制，以衙前主官物，以里正、户长、乡书手课督赋税。"② 这些重要的役中，多为乡村上户为之。"淳化五年，始令诸县第一等户为里正，第二等户为户长，勿冒名以给役。"③ 赵彦卫《云麓漫钞》卷十二也载："里正于第一，户长于第二等差乡书手。天圣以来，以上户多占色役……"④ 由此，我们已大体知道，宋代里正、户长、乡书手等职役有一个专门的名称叫"衙前"。其职责是"主官物、课督赋税"。《云麓漫钞》卷十二《国朝州郡役人之制》条对此有明确的记录："衙前入役，曰乡户，曰押录，曰长名；职次曰客司，曰通引，官优者曰衙职。建隆以来，并召募，惟乡户、押录主持管押官

---

① （宋）马端临著，上海师范大学古籍研究所、华东师范大学古籍研究所点校：《文献通考》卷13《职役二》，第380页。
② 《宋史》卷177《食货上五·役法》，第4295页。
③ 《宋史》卷177《食货上五·役法》，第4296页。
④ （宋）赵彦卫撰，傅根清点校：《云麓漫钞》卷12，第219页。

物。"① 为什么让这些乡村上户主官物呢？《宋史》卷一七七《食货上五·役法上》云："役人必用乡户，为其有常产则自重。"② 由此推知，官府让乡村上户主官物实际上两种考虑：之一，乡村上户有家产的后顾之忧不会轻易冒法；之二，如果因失职或其他原因导致官物败亡，官府可以乡村上户的家产作抵押。所以《云麓漫钞》卷十二《国朝州郡役人之制》条云："（衙前）必以有物力者，其产业估可二百缗。"③ 不难看出宋代建国之初确立职役制度，完全是在法家治民思想下的产物。让乡村上户主官物、课督赋税，完全是以其财产能够偿还所失官物和未逮赋税为前提的。衙前是一种徭役和乡村上户作为民的性质决定了乡村上户必定要为承担职役付出惨重的代价。换句话说，官府推行职役制是想用以民制民的方式达到既省事又得利的一石二鸟之目的。因此，从乡村上户承担职役那天起，就注定了他们的厄运。

仁宗继位后，衙前的苦难已到了十分严重的地步，"役之重者，自里正、乡户为衙前，主典府库或辇送官物，往往破产"④。至和年间，知并州韩琦上疏曰："州县生民之苦，无重于里正衙前。有孀母改嫁、亲族分居……"⑤ 三司使韩绛亦言："闻京东民有父子二丁将为衙前役者，其父告其子曰：吾当求死，使汝曹免于冻馁。遂自缢而死。又闻江南有嫁其祖母及与母析居以避役者。"⑥ 英宗时衙前重难依然如故："置乡户衙前以来，民益困乏，不敢营生，富者反不如贫者，贫者不敢求富。"⑦ 已达到了破坏社会生产的地步。神宗时，差役法改为雇役法，乡村上户的负担比差役制时稍好一点，但仍是

---

① （宋）赵彦卫撰，傅根清点校：《云麓漫钞》卷12，第215页。
② 《宋史》卷177《食货上五·役法》，第4302页。
③ （宋）赵彦卫撰，傅根清点校：《云麓漫钞》卷12，第215页。
④ 《宋史》卷177《食货上五·赋役》，第4296页。
⑤ 《宋史》卷177《食货上五·赋役》，第4297页。
⑥ 《宋史》卷177《食货上五·赋役》，第4298页。
⑦ （宋）马端临著，上海师范大学古籍研究所、华东师范大学古籍研究所点校：《文献通考》卷12《职役一》，第345页。

官府剥夺的对象。熙宁五年（1072）八月辛丑："安石曰：'出六百贯者或非情愿，然所以摧兼并当如此。'"① 考浙西一地为当时富庶之地，所谓兼并者，皆为乡村中之富户也。《长编拾补》卷七神宗熙宁三年（1070）二月壬戌条载："今乃乡村自第一等而下皆立借钱贯陌，三等以上更许增数；……且乡村三等并坊郭有物业人户，乃从来兼并之家也。今皆多得借钱，每借一千，令纳一千三百，则是官放息钱也。"② 由此看来，在雇役法下，虽上户以交免役钱为手段，罢掉衙前重役。但官府对他们的财富依然紧盯不放，变着花样地千方百计从他们身上揩油。所谓抑兼并者，实际受害者多为一般富民，而真正的豪强已通过各种手段把财产化整为零，摇身一变为下户了。哲宗时又复差役制。官府为减轻衙前负担，曾以允许衙前买扑酒税、坊场作为补偿，但由于官府采用"实封投状"的竞标之法，导致包税的标价甚高，以致中标者最终往往得不偿失，纷纷破产。苏辙《龙川略志》卷五《放买扑场务欠户者》云：

> 有言买扑场务者，人户自熙宁初至元丰末，多者四界，少者三界，缘有实封投状添价之法，小民争得务胜，不复计较实利，自始至末，添钱多者至十倍，由此破荡家产，傍及保户，陪纳不足，父子流离，深可悯恤。③

而乡村上中等户的受害首当其冲，哲宗元祐时：

> 大率一县之内，上中等户因买坊场及充壮保而失业破产

---

① （宋）李焘：《续资治通鉴长编》卷237，神宗熙宁五年八月辛丑，第5776页。
② （清）黄以周等辑注，顾吉辰点校：《续资治通鉴长编拾补》卷7，神宗熙宁三年二月壬戌，第302页。
③ （宋）苏辙撰，俞宗宪点校：《龙川略志》卷5《放买扑场务欠户者》，中华书局1982年版，第26页。

者,十常四五,欠多者至数十贯,少者亦三五百缗。以四海总计,凡几千家罹此疾苦矣。每家以十口为率,凡几万人失所矣。①

南宋时采用差募役之法并用的措施,"差役法所固有的一切弊病,也必然地在南宋再现"②。南宋差役最为沉重的是主管催税的保正副和保长。而保长"皆选差物力高强、人丁众多者"③为之。原因仍然是他们能够承担起催科和赔偿逃户户税的重责。因此,当保长催科时,一旦遇到形势之家或豪猾之户刁难,或有人家逃亡,其必须为之代纳。"大保长催科,每一都不过四家""犹至破产"④。之后,南宋又实行所谓的"义役",刚开始时,在修正差募役之弊方面还稍有起色,"到南宋晚期,义役实行的时间长了,范围更加广泛了,它的固有的与差役法相同的弊端便进一步暴露出来了"⑤。虽然它与差役法相较在一定程度上有利于富民,但只是相对而言,作为民的特点决定了他们的财富只能成为那些官户、豪民与官吏因缘为奸后的替代品。

一般富户尚且如此,至于中等以下的贫民,所受役法之害更是苦不堪言。在差役法下,宋代乡村四等以下户是力役和杂役的主要承担者。如弓手、壮丁、承符、散从官、手力等都由第四等、第五等农民负担,他们或为州县追摧公事,或为州县官员奔走驱使,那些稍有武艺的还要承担"逐捕盗贼"的任务。对于某些刁钻之民而言,他们通过勾结官吏和鱼肉百姓成为暴发户,但对于大多数服役农民而言,多是沉重的负担。苏辙曾言:"熙宁以前,散从弓手、手

---

① (宋)李焘:《续资治通鉴长编》卷394,哲宗元祐二年正月辛酉,第9587页。
② 漆侠:《中国经济通史·宋代经济卷》,经济日报出版社1999年版,第545页。
③ (清)徐松辑,刘琳、刁忠民、舒大刚等点校:《宋会要辑稿》食货14之18,第6274页。
④ (清)徐松辑,刘琳、刁忠民、舒大刚等点校:《宋会要辑稿》食货14之18,第6274页。
⑤ 漆侠:《中国经济通史·宋代经济卷》,第559页。

力等役人，常苦接送之劳，远者至四五千里，极为疲弊。"① "中至散从官手力，有打草供柴之劳，下至耆长壮丁，有岁时馈遗之费，习以成俗，恬不为怪。民被差役，如遭寇虏。"② 在免役法下，由于王安石扩大了承担赋役人群的范围，从而在不同程度上有利于下层农民。但从司马光等的言论看，下层农民所承受的赋役负担与其承担能力相比，仍是非常沉重的。

在南宋役法下，下层农民的赋役负担呈加重趋势。这一方面是朝廷所需量加大所致，另一方面是由于制度混乱所致，其中后者是最主要的。《景定建康志》卷四十一《田赋志·蠲赋杂录·溧阳县均赋役记》载：

（知县）陆子通曰："请问差役之弊？则曰：自胥史之徇私也，而取决于书手；自书手之患滋也，而求正于推排。使推排之公也，尚恐不能无弊。而推排一有不公，则诉讼互兴，而姑仍旧贯之说兴焉。鼠尾之不立，而销丹之莫辨；白脚之隐匿，而析户之规免；窜形诡迹，深闭固拒，虽娄眼旷耳且弗能察。名之曰承充，而未尝任责者有之；名之曰宜充，而家业已罄者有之。……豪家大姓所以欺罔者万端……如是，乃下户岁加进，而上户日加削，愚弄官府，虐视良民。""所谓五等下户者，大率多诡户也，其五等者，十未有一。"③

由此造成的严重后果是：

夫诡户避免科役，一家苟得其利，则千万家之民俱倾为

---

① （宋）苏辙著，曾枣庄、马德富校点：《栾城集》卷37《论差役五事状》，第805页。
② （宋）苏辙著，曾枣庄、马德富校点：《栾城集》卷38《再言役法札子》，第849页。
③ （宋）周应和纂：《景定建康志》卷41《田赋志·溧阳县均赋役记》，第2005页。

之矣。①

然而，对于中下户农民而言，更为糟糕的是，在品官形势户规避、吏胥舞弊的情况下，本来应由上户承担的保正副等重役却有很大一部分落在了中下户身上。"州县被差执役者，率中下之户。中下之家，产业既微，物力又薄，故凡一为保正、副，鲜不破家败产。"②另外洪迈《夷坚志》志补卷五《张允蹈二狱》记载的实例看也确是这样。"张允蹈为信州永丰令，尝治夏税籍，命主吏拘乡胥二十辈于县舍，整对文书。吏察录过严，自晓彻暮，不少息。"而后，其中一人实在难以忍受其苦，趁入厕逃回家，诈跳江死，遗书道："录苦督，不容展转，生不如死，已投江中。"③其实对于中下户而言，除以种田为乐外，别无他求。只要能种上一点地，哪怕是做佃客或雇客，他们也很知足，对号称其父母的官府并没有什么非分要求。对于大多数中下农民而言，也多能按时缴税、服役，但即使这样温驯，也难逃"生不如死"的命运，悲夫！

国家与农民的利益的对立表现，除重税、重役方面外，其他方面还很多；但由此两方面已足以说明问题。由前述分析看，国家与农民利益的对立，首先是其国家制度的性质决定的。宋代和其他前近代社会的朝代一样，是个官民对立的社会，它对社会的统治用的是一种传统型的方式。④对于"传统型统治"而言，皇帝之于官吏的关系被赋予一种主仆关系，这种特征在宋和明清的行政方式中表

---

① （清）徐松辑，刘琳、刁忠民、舒大刚等点校：《宋会要辑稿》食货70之90，第8153页。

② （清）徐松辑，刘琳、刁忠民、舒大刚等点校：《宋会要辑稿》食货14之40—41，第6287页。

③ （宋）洪迈撰，何卓点校：《夷坚志》志补卷5《张允蹈二狱》，第1596页。

④ 马克斯·韦伯言："如果一种统治的合法性是建立在遗传下来的制度和统治权力的神圣基础之上，并且也被相信是这样的，那么这种统治方式就是传统型的。"参见[德]马克斯·韦伯著，林荣远译《经济与社会》上册，商务印书馆1997年版，第251页。

四　宋代农民与国家　　227

现尤甚。在这样的国家中，

"统治者不是上司，而是个人的主子，他的行政管理班子首先不是［由］'官员'［组成］，而是他个人的'仆从'；被统治者不［是］团体的'成员'而是或者1、'传统的同志'；或者2、'臣仆'。决定行政管理班子同主子的关系，不是事务上的职务职责，而是奴仆的个人忠诚。""不是服从章程，而是由传统或传统决定的统治者所任命的个人，他的命令在两种性质上是合法的：a）根据部分的传统，……b）部分根据统治者的任意专断……"①

这些特点对宋代皇帝与大臣之间、大臣上级与下级的制约方式而言都十分吻合。传统型统治的维系，一靠道德教化，二靠统治者的威严。一旦统治者失去威严的话，道德教化就会失去务实意义，只会变成官员们为谋取私利而采用的冠冕堂皇的借口。

小结：中国人传统所固有的"家庭"或"家族"利益至上的原则，不仅存在于一般百姓、一般官僚身上，而且同样存在于贵为天子的皇帝身上。宋太祖不是称朝廷之事为"我家之事"吗？他劝其开国功臣们要多为子孙谋家业；其手下大将曹彬言"好官亦不过多得钱耳"，范仲淹在显贵之后为家族办"义庄"等事，都是家庭、家族利益至上的折射。如果说天下为公的话，那么家庭、家族就为私。在对待公与私的关系上，往往是私大于公，即使儒家所标榜的"修身齐家治国平天下"的训言中也是以"私"优先于"公"的。传统所固有的"私心"观念和传统型统治交合在一起，筑成了专制主义中央集权的国家大厦。宋代国家政权的无根基性实际上就是由于这种公与私和私与私的对立造成的。

具体而言，则是官吏与皇帝之间、官吏与官吏之间、官与民之

---

① ［德］马克斯·韦伯著，林荣远译：《经济与社会》上册，第252页。

间都存在利益对立的一面。对于国家而言,最突出的就表现在国家与税民之间的利益对立。税民中,农民群体占最大部分。因此,就宋代言,公与私的对立最突出的表现则是国家与农民利益的对立。并且对于农民群体而言,国家不仅与乡村中下户贫民利益对立,更与上户地主利益对立。不少学者至今仍坚持把乡村上户划入带有政治含义的"地主阶级"之列,而且认为封建国家代表的是"地主阶级"的利益。且不论这种观点是否符合历史实际,但可以肯定的是这种观点有自相矛盾的成分。比如就"地主阶级"的构成而讲,作为一个阶级的前提必须是这个集团有大体一致的利益。然而不少学者所划定的"地主阶级"中不仅有皇帝、官僚及其与之有联系的官户(民),而且把乡村上户划入其列,这岂不是混淆了官民对立的界限吗?不少学者在一方面承认国家对上户的摧败外,另一方面又据上户存在与官僚地主相同的经营方式(如租佃)而将之归为同一阶级,可世上哪有同一阶级互相压迫、剥削的道理。有时,这些学者为了维护自己的观点,竟对同一种人在不同的场合归入不同的人群中。仍以乡村上户为例。当谈到租佃关系时,见到乡村上户雇佣劳动力或租佃田地给贫农时,便将其归入地主阶级之列;而当其谈到封建国家的残酷性时,见到乡村上户因服职役而破产、流亡或致死时,便把其作为农民受压迫剥削的实例,将其归入农民阶层中。显然这些学者们是在牵强附会地为某一个理论作辩护,它违背了历史研究的科学性。

　　一个国家的统治者,其政权的稳定与否常常取决于社会上财富势力的支持与否。也因此,国家的统治者也常常就是财富势力的代言人。然而,秦以后的中国社会就不全是这样。以宋代为例,宋代社会的财富势力包括皇族、官僚、富商、上户地主等,但作为统治者的皇帝并非这些财富势力(皇族除外)的代言人。从某种程度上讲,皇帝与他们的利益是对立的。比如对官僚的利益保护,只是为了让他们安心忠诚于皇权;但由于皇权的高度专制和任意性,常常导致官员们的地位朝不保夕。为此他们已把当官的目的界定为"谋私利"的概念，于是他们总是在当官后便疯狂地利用权力徇私舞弊。比如对朝廷利益冲击最大的兼并土地之事，真正对朝廷形成危害的并不是一般富户，而是那些大官僚以及与官吏有千丝万缕联系的官户及豪民。这些人利用权势或通过贿赂官吏的形式间接利用权势兼并富庶地区大量的膏腴之田。如南宋时"（江东诸路）强宗巨室阡陌相望，而多无税之田"。"今百姓膏腴皆归贵势之家，租米有及百万石者。"①

从前文分析，官员私欲的膨胀既是皇帝纵容的结果，也是皇帝对他们不信而任造成对立情绪的表现。权势之家的兼并土地行为是同国家利益直接对立的。兼并者享有政治特权，通过免税或低税甚至以徇私舞弊的转嫁税收的形式分割国家财政的税收空间。宋代长期以来"积贫积弱"，权势之家怀有不可推卸的责任，换言之，他们是破坏赵宋政权的最大的破坏者。

至于一般上户，他们拥有一定的经济势力，通过参与种田或租佃的方式来获得财富。他们当中的大部分人，只想安分守己老老实实地种田，老老实实地纳税、服役，但由于国家的内忧外患，财政所需急剧膨胀，而权势者避税、豪民作奸逃税、下户贫又无力缴太多的税，因此这些上户和中户一起就成为官府剥夺的重点对象。这样一来，一个本来有活力、也最有希望支撑国家机器运转的财富阶层也被逼到了破产的边缘。相当于官府用自杀的方式断了自己的财路，同时也以此加速了乡村上户对官府的抵触情绪，迫使他们用各种手段降低户等逃避赋役。换言之，官府的这种竭泽而渔的赋役政策加剧了富人与官吏的勾结舞弊的程度。国家同农民的对立、皇帝同官僚利益的对立、官吏与豪民的勾结舞弊对政权的内耗，是宋以来封建政权的无根基的典型表现。这些表现不仅导致了这种性质政权的少有作为而且还导致了社会发展的迟滞。

---

① 《宋史》卷173《食货上一·农田》，第4180页。

五　宋代乡村纠纷析议

中唐时两税法的颁行，标志着私有土地的合法化，而且直接推动了私有土地的大发展。有宋以降的"不抑兼并"国策，更促使大土地私有制的发展形成狂潮。其对社会最直接的影响就是使私有观念深入人心，对先前"重义轻利"的传统观念形成了最强烈的冲击。这种冲击对社会秩序最明显的作用就是破坏了严格礼治秩序，使利益置于伦理道德之上的观念潜滋暗长。它不仅动摇着上层精英阶层的行为规范，而且对素以稳定著称的乡村社会产生了强有力的冲击，而最为突出地表现在南渡后的江南乡村社会中。

乡村纠纷增多，且解决纠纷的途径多是通过诉讼，是江南乡村社会秩序发生变化的最突出表现。

其纠纷之一表现为家庭内部的利益争夺。

家庭内部纠纷比较简单，但解决起来却比较棘手，俗话说"清官难断家务事""家家有本难念的经"即言此。《宋刑统》卷十二《户婚律》"父母在及居丧别籍异财"条规定："诸祖父母、父母在，而子孙别籍异财者，徒三年。若祖父母、父母令别籍，及以子孙妄继人后者，徒二年，子孙不坐。""诸居父母丧生子，及兄弟别籍异财者，徒一年。"[①] 依此规定，每个家庭在很长一段时间处于"三代同堂"的数十口人同居大家庭的状态。但考其实，名为大家庭，实

---

① （宋）窦仪等撰，薛梅卿点校：《宋刑统》卷12《户婚律》，法律出版社1999年版，第216页。

际已形成多个夫、妻、子"核心家庭"的共居形式。从人性角度言，实际同居大家庭内部已暗含多种利益个体的离心力量，只是迫于法律的约束才勉强地杂糅在一起。在一个缺乏内聚力的大家庭内部，故意或非故意挑起矛盾的纠纷也就在所难免。

《袁氏世范》卷上《睦亲》"同居贵怀公心"条言："兄弟子侄同居至于不和，本非大有所争。由其中有一人设心不公，为己稍重，虽是毫末，必独取于众。或众有所分，在己必欲多得，其他心不能平，遂启争端，破荡家产。"① 其实家庭内部争端多是些鸡毛蒜皮之类的小事，在外人看来根本不值得一提，但在兄弟子侄之间却能因此激起风浪，以致"破荡家产"，怎样才能避免这种无所谓的争端呢？袁采言："驯小得而致大患，若知此理，各怀公心，取于私则皆取于私，取于公则皆取于公。众有所分，虽果实之属，直不数十文，亦必均平，则亦何争之有。"② 如果家长能做到，而且兄弟子侄们也能这样想的话，当然就可以避免矛盾发生了。但一则家长很难做到对所有子女一视同仁，二则父母有多爱幼子和祖父母多爱长孙的天然心理，难以真正做到一碗水端平。即使家长认为对子女一视同仁了，但由于兄弟子侄人多心不齐，总有认为祖父母、父母偏向××的心理。况且婆媳之间、妯娌之间更是难以谐和，"所谓舅姑、伯叔、妯娌皆假合，强为之称呼，非自然天属。故轻于割恩，易于修怨"③。表象固然如此，但真正原因在于"同居共财大家庭"符合天理，但不符合人情。在当分家而不分却强为之的情况下，只会招致恶性的分裂。因此，同居共财大家庭内部的矛盾归根到底应归于法律的不合理。况又在五代乱季之后私有土地制日益膨胀、

---

① （宋）袁采著，贺恒祯、杨柳注释：《袁氏世范》卷上《睦亲·同居贵怀公心》，天津古籍出版社1995年版，第20页。
② （宋）袁采著，贺恒祯、杨柳注释：《袁氏世范》卷上《睦亲·同居贵怀公心》，第20页。
③ （宋）袁采著，贺恒祯、杨柳注释：《袁氏世范》卷上《睦亲·妇女之言寡恩义》，第31页。

营利经济飞速发展之时，社会的价值观念早已呈私欲横飞之势。在这样的情况下，官府却用逆社会潮流的做法强制人们用痛苦来塑造空洞的理想，无疑是螳臂当车。其结果只会导致更大规模的矛盾爆发。

家庭内部争端的另一导火线是分家析产。诸子平均析产制度是我国传统的分家制度。《宋刑统》卷十二《户婚律》"卑幼私用财"条载："［准］《户令》，诸应分田宅者，及财物，兄弟均分，妻家所得之财，不在分限。兄弟亡者，子承父分，兄弟俱亡，则诸子均分。其未娶妻者，别与娉财。姑姊妹在室者，减男娉财之半。寡妻妾无男者，承夫分。若夫兄弟皆亡，同一子之分。"① 它非常详细地涵盖了分家时会出现的多种可能性。凡不按上述条文行事者，都视为违法，并规定了相应的处罚措施。但实际情况是非常复杂的，有时远非法律条文所能解决的，因此，家庭内部矛盾最大、最复杂、最难解决的矛盾就出现在这里。对此业师邢铁教授已作过详细的研究，②本节只是将其作为例子加以运用。分家析产时，引发矛盾的原因非常复杂，除家长的私心、婆媳、妯娌自身的因素外，还与当时的社会环境有很大关系。它主要表现在两方面，一是私欲观念的冲击。前文曾提及的曾巩《时俗辨》云："时之人，非皆不知事之本末、势之治乱也，然而举下之务者，惟利而已。"③ 王令《烈妇倪氏传》亦云："近世父母死，兄弟相利以财，遂因缘不相容，必分以居。"④ 曾巩言及江南分宁县（治今江西修水县）的家庭关系时云："父子、兄弟、夫妇相去若弈棋然。……长少族坐里闾，相讲语以法律，意向小戾，则相告讦，结党诈张，事关节以动视听。"⑤《淳熙三山志》

---

① （宋）窦仪等撰，薛梅卿点校：《宋刑统》卷12《户婚律》，第221—222页。
② 参见邢铁《家产继承史论》，云南大学出版社2000年版。
③ （宋）曾巩撰，陈杏珍、晁继周点校：《曾巩集》辑佚《杂文·时俗辨》，第732页。
④ 曾枣庄、刘琳主编《全宋文》卷1747王令《烈妇倪氏传》，第080册，第153—154页。
⑤ （宋）曾巩撰，陈杏珍、晁继周点校：《曾巩集》卷17《记·分宁县云峰院记》，第272页。

卷三十九《土俗类·五戒》对福建地区家庭关系的描述是："兄弟之爱，出于天性。少小相从，其心欢忻，岂有间哉？迨因娶妇，或至临财，憎恶一开，即成怨隙。至有兴诉讼，有刑狱至死而不息者，殊可哀也。盖由听妇言，贪财利，绝同胞之恩、友爱之情，遂及于此。"① 在商品大潮的冲击下，不少人已是利欲熏心，置父母、兄弟、亲情于不顾，为财利而对簿公堂，甚至大打出手。② 不禁使人有世风日下，人心不古之叹。袁采在谈及由分家而引起纠纷原因时，列举了如下几项："有诸父俱亡，作诸子均分，而无兄弟者分后独昌，多兄弟者分后浸微者；有多兄弟之人不愿作诸子均分而兄弟各自昌盛，胜于独据全分者；有以兄弟累众而己累独少，力求分析而分后浸微，反不若累众之人昌盛如故者。"③ 但不管何种原因，总归是由兄弟子侄当中有红眼病的人引起的，他害怕其他兄弟子侄的财富超过自己，有一种极其不健康的嫉妒心理在支配着他千方百计地去打别人财产的主意。其实质仍是贪财心理在作怪。

二是国家赋税的沉重。国家赋税沉重造成乡村户常常为逃避或减轻赋税而采取诡名寄产或诡名寄佃等形式而降低户等。但在获取赋税减轻的同时，往往却给分家析产或"财产归属"等问题带来很大麻烦。《袁氏世范》卷下《治家》"寄产避役多后患"条载："人有求避役者，虽私分财产甚均，而阄书砧基则装在一分之内，令一人认役，其他物力低小不须充应。而其子孙有欲执书契而掩有之者，遂兴诉讼。官司欲断从实，则于文有碍；欲以文断，而情则不然。"④ 在这种情况下，没有充役的其他兄弟因没有持有书契，在所分得的家产上只能吃哑巴亏，但兄弟之间的积怨无疑加深。另外在

---

① （宋）梁克家纂修：《淳熙三山志》卷39《土俗类·五戒》，第8243页。
② 详见曾枣庄、刘琳主编：《全宋文》卷1747 王令《烈妇倪氏传》，第080册，第153—154页。
③ （宋）袁采著，贺恒祯、杨柳注释：《袁氏世范》卷上《睦亲·分业不必计较》，第25页。
④ （宋）袁采著，贺恒祯、杨柳注释：《袁氏世范》卷下《治家·寄产避役多后患》，第157页。

国家赋役制度的执行方面，由于一些执行官吏徇私枉法，也会破坏当时的家庭关系。《长编》卷三九七哲宗元祐二年（1087）三月辛巳条载："近郭之田，人情所惜，非甚不得已不易也。今郡县官吏迫于行法，或倍益官钱，曲为诱劝；或公持事势，直肆抑令。愚民之情，一生于贪利，一出于畏威，不复远思，容肯割卖。洎官钱入门，随手耗散，遂使兄弟启交争之患，父子有相怨之家，旧章既毁，美俗亦坏。"[1]

其纠纷之二表现为亲戚、邻里之间的矛盾冲突。

亲戚、邻里之间的矛盾大多也是为财。先说亲戚之间。亲戚故旧贫富不均，日常生活不虞之急需用钱（物）之事常有。因此亲戚之间互相借钱（物）之事在所难免。但往往摩擦就发生在借钱（物）上。有些亲戚常借不还，有些亲戚借的太多超过了偿还能力，故便耍赖不还，而债主碍于情面又不能狠心索债；但有时即使去索债，也难以如愿，由此亲戚之间便从结亲发展到结怨。这种情况在宋代乡村社会中十分普遍。所以袁采为避免亲戚之间结怨，就作家训曰："亲戚不宜频假贷。"其言"房族、亲戚、邻居，其贫者才有所阙，必请假焉。虽米、盐、酒、醋计钱不多，然朝夕频频，令人厌烦。如假借衣服、器用，既为损污，又因以质钱。借之者历历在心，日望其偿；其借者非惟不偿，又行行常自若，且语人曰：'我未尝有纤毫假贷于他。'此言一达，岂不招怨怒"[2]。另外，袁采还诫对"亲旧贫者"应"随力周济"。为什么呢？袁采解释道："应亲戚故旧有所假贷，不若随力给与之。言借，则我望其还，不免有所索。索之既频，而负偿'冤主'反怒曰：'我欲偿之，以其不当频索，则姑已之。'方其不索，则又曰：'彼不下气问我，我何为而强还之？'故索亦不偿，不索亦不偿，终于交怨而后已。"所以时俗有一

---

[1] （宋）李焘：《续资治通鉴长编》卷397，哲宗元祐二年三月辛巳，第9682页。
[2] （宋）袁采著，贺恒祯、杨柳注释：《袁氏世范》卷上《睦亲·亲戚不宜频假贷》，第33页。

种讽刺性的言语叫"不孝怨父母,欠债怨财主"①。诚哉,斯言!究其原因,负债人品行不端固为一因,但更重要的因素还应归于乡村社会的普遍贫穷。实际上,亲戚之间互相周济,真正以富济贫的并不多。因为富者和贫者之间总有一种看不见的隔阂,贫者既无勇气向富者提出资助要求,富者也往往对贫者不屑一顾。所以更多的无偿借贷关系往往出现在贫富差距不大的亲戚之间。或许是同病相怜的原因吧,地位相同的亲戚之间感到亲切,好说话。也正是同样的原因,由于债主的经济状况同样不富裕,自把钱(物)借出那天起,他就盼望借者能早点归还,否则,便会影响到其家庭生活。往往借出者是出于好心,出于对举债者的信任,借者和被借者之间常常只凭口头承诺,不作字据凭证,因此一旦举债者赖账,吃亏者往往是债主,以致由亲情变寇仇,深结积怨。

亲戚之间的积怨还有另一种情形,即发生在姻亲之间。姻亲双方往往贫富相当亦即门当户对,而一旦一方觊觎对方的财产产生不轨之心时,便会发生不该发生的事情。《夷坚志》支庚志卷一《丁陆两姻家》所载的就是这样一件事。

> 德兴民丁六翁,与同邑陆二翁为姻家,其居隔一都,皆致力农桑,为上户。陆一弟客游他乡,二十余年而归,从兄析赀产。兄靳之,讼于县,乃尽敛金帛浮财,寄诸丁氏。凡田园之在契券者,一切中分,事始息。未几,陆访丁索所藏,丁曰:"君兄弟争讼方竟,遽取物归,万一彰露,是自启祸端,我亦当受追逮证左之挠,且牵连获罪矣。宜更少留吾家,徐取之未晚。"陆喜谢,以为诚言。过两岁,复扣之,则谦词抵触曰:"君盖戏我,安得寄橐如是而无片文只字可凭?盍理于有司?"陆虽知丁已萌掩有之志,念终不可泄漏,以招弟讼,但隐忍茹

---

① (宋)袁采著,贺恒祯、杨柳注释:《袁氏世范》卷上《睦亲·亲旧贫者随力周济》,第34页。

苦，怏怏而殂。①

姻亲之于宗亲如同婆媳之于父子一样非自然亲，加之"婚姻论财"的时俗，姻亲之间出现重财轻义的观念也就不难理解了。上述事例中，陆二翁寄家产于丁家是为财，丁六翁赖陆家帐也是为财，并且二人所为的都是贪不义之财。陆二翁贪其弟财于前，丁六翁赖其陆亲家财于后，最终陆二翁因被丁六翁赖致怏怏而死，也算是落了个"人为财死"的结局吧。

再说邻里之间。乡村邻里之间的纠纷，除上文谈到的因财产问题外，还有像"小儿损折邻里果木之属，牛羊践踏邻里山地六种之属，鸡鸭损啄邻里菜茹六种之属"② 等琐碎小事都会引起纠纷，但这多属日常生活的一般纠纷，至多也是拌拌嘴、吵骂两句罢了。能真正引起大纠纷甚至仇恨的多为田产纠纷。袁采言："人有田园山地，界至不可不分明。……人之争讼多由此始。"③ 究其田产纠纷原因，一为在田产交易时，田契不合格，以致成为违法交易，造成日后田产争端。田契不合格的方面包括：或不印契，或不离业，或不割税；④ 二为田界模糊造成争端。田界模糊的原因包括："田亩有因地势不平，分一丘为两丘者；有欲便顺并两丘为一丘者；有以屋基山地为田，又有以田为屋基园地者；有改移街、路、水圳者；官中虽有经界图籍，坏烂不存者多矣。"⑤ 而且当上述情况出现时，田主没有及时勘正田界，便致日后纠纷蜂起。

---

① （宋）洪迈撰，何卓点校：《夷坚志》支庚志卷1《丁陆两姻家》，第1137页。

② （宋）袁采著，贺恒祯、杨柳注释：《袁氏世范》卷下《治家·邻里贵和同》，第154—155页。

③ （宋）袁采著，贺恒祯、杨柳注释：《袁氏世范》卷下《治家·田产界至宜分明》，第155页。

④ （宋）袁采著，贺恒祯、杨柳注释：《袁氏世范》卷下《治家·田产宜早印契割产》，第159—160页。

⑤ （宋）袁采著，贺恒祯、杨柳注释：《袁氏世范》卷下《治家·田产界至宜分明》，第155页。

另外，还存在一种田产纠纷，是由于某人企图强占地邻田产，勾结胥吏蓄意制造的纠纷案。《夷坚志》三志辛卷六《操执中》载："建康城外二十里，乡豪民操执中，赀业本不丰，而善谐结府县胥徒，以为嚣讼地。里人望而畏之。所居处有田百亩，皆已为己有，唯甲氏一丘介其间，颇为妨碍，屡欲得之而未获。一日告家人曰：'我有计矣。俟栽禾之际，先命数仆掘开田塍，尽插挟稻，合而为一。甲氏必来责问，但加打逐，须他经官理诉可也。'既成讼，县委官验视，吏纳赂，甲受其曲。"① 同样的原因还发生在邻里争水纠纷中。《夷坚志》支景志卷九《丘秀才》载："抚州民张生，以财雄乡间，讼辄得胜。所居兹龟岭。其田与艾氏邻。当岁旱，陂塘涸，攘艾水以溉灌，因致争。殴伤艾仆。交诉于郡县，累岁不得直。"② 类似纠纷已不是一般的民事纠纷，它已是带有前近代中国社会的一个十分典型的时代特征：官民勾结对弱势阶层的利益强占。

在宋代乡村社会中，邻里之间的纠纷还发生在富人与富人之间。古代富人中为富不仁者很多，他们对财富的追求，往往是贪得无厌，取得财富的方式也往往是不择手段，正当的、不正当的、巧取的、讹诈的不一而足。富人之间也存在大富吃小富、贵富欺平富的事例。《夷坚志》丁志卷十七《淳安民》记载的就是一件富人之间的纠纷。其言：

> 严州淳安县富家翁误殴一村民致死，其家不能诉。民有弟为大姓方氏仆，方氏激之曰："汝兄为人所杀而不能诉，何以名为人？"弟即具牒，将诣县。方君固与富翁善，讽使来祈己，而答曰："此我家仆，何敢然？当谕使止之，彼不过薄有所觊耳。"为唤仆面责，且导以利。仆敬听，谢不敢。翁归，以钱百千与仆，别致三百千为方君谢。才数月，仆复宣言，翁又诣方，方

---

① （宋）洪迈撰，何卓点校：《夷坚志》三志辛卷6《操执中》，第1432页。
② （宋）洪迈撰，何卓点校：《夷坚志》支景志卷9《丘秀才》，第955页。

曰："仆自得钱后，无日不饮博，今既索然，所以如是，当执送邑惩治之。"翁惧泄，乞但用前策，又如昔者之数以与仆。方君曰："适得中都一知旧讯，倩市漆二百斤，仓卒不办买，翁幸为我市，当辇钱以偿值。"翁曰："蒙君力如许，兹细事，吾家故有之，何用言价？"即如数送漆。明年，仆又欲终诉，翁叹曰："我过误杀人，法不致死，所以不欲至有司者，畏狱吏求货无艺，将荡覆吾家。今私所费将百万，而其谋未厌，吾老矣，有死而已。"乃距户自经。①

上述事例表面上是方氏仆与富翁之间的纠纷，实际上是方氏在以仆人为跳板，为谋取富翁的财富，而挑起的争端。这个事例从一个侧面反映了当时的社会关系：贫者畏富人，富人又畏官，且富人与富人之间存在着明争暗斗的恶性竞争。例中大姓方氏外表上与富家翁相善，且装出一副为友人纾难的样子，其背地里却在打着谋取富家翁财的如意算盘。对方氏仆而言，之于方君，他们是奴仆关系；之于富家翁，他们是法律上平等的民与民的关系。因此具有向富家翁上诉的权利。富家翁误殴杀方氏仆兄，而方氏仆家不能诉，又存在着贫者畏富家势而欺凌却敢怒不敢言的事实。从这个事例中，反映着中国前代乡村社会中错综复杂的社会关系，贫农与富农之间、富农与富农之间、农民与官吏之间所发生的故事，远非一个阶级分析所能明了的。

再比如发生在小自耕农之间的纠纷。《夷坚志》补卷九《胡乞买》载："燕北人胡乞买，为北寿州下蔡令，以能政称。有村民来诉其家瓜园五亩，瓜且成熟，昨夜被人锄坏瓜藤，遂不可鬻。胡询所居去县远近，曰：'二十里。'即索马亲往。凡胥吏僮奴，皆骑从于后。既至，尽唤左右居民七八家，亦种瓜者也。命各携常用锹锸来。一一舔铁，独一锹味苦，又雇从吏舔之，亦然。呼谓

---

① （宋）洪迈撰，何卓点校：《夷坚志》丁志卷17《淳安民》，第681页。

其人曰：'此是汝所坏，那得尔！'叩头伏罪曰：'某与彼为同业，而彼瓜先五日熟，乘新入市，必获上价。心实愤之，是以为此。'"① 这个实例反映了即使小农之间的利益也是以自私为基础的，但私利的维护建立在损人的基础上，却是古代中国乡村中一些农民的劣根性表现。

其纠纷之三表现为乡村主、客户之间，及官户中主、奴之间的矛盾冲突。

宋初由于实行土地"不抑兼并"政策致使土地私有制大发展，同时士族地主势力退出历史舞台，平民地主大发展，都导致乡村社会关系与前朝各代都发生了很大的变化。这种变化从皇帝诏令和朝臣的言语中也能清晰地表现出来。

> 天圣五年（1027）十一月诏："江、淮、两浙、荆湖、福建、广南州军，旧条，私下分田客非时不得起移。如主人发遣，给予凭由，方许别住。多被主人抑勒，不放起移。自今后客户起移，更不取主人凭由，须每田收田毕日，商量去住，各取稳便，即不得非时衷私起移。如是主人非理栏占，许经县论详。"②

皇帝的诏令并不是规定乡村的社会关系，而是乡村社会关系变化的实际迫使皇帝用诏令的形式对社会实际加以承认和规范。像前朝各代那样严格的部曲、典客对地主的依赖关系，到宋代已发生了很大的变化。除官僚、官户外，佃农、雇农和大部分地主一样都是与官相对的大宋的子民。从政治身份上看，他们的地位是相同的。因此对于平民地主而言，他们不能再像前朝历代那样，用特权的方

---

① （宋）洪迈撰，何卓点校：《夷坚志》补卷9《胡乞买》，第1631页。
② （清）徐松辑，刘琳、刁忠民、舒大刚等点校：《宋会要》食货63之177，第7706页。

式强制贫农耕种或不耕种土地。大部分贫农可以自由地选择地主租种土地或被雇佣。为限制佃农、雇农因过于自由而影响农业生产，从而影响国家的税收，仁宗皇帝才作出了主、佃户双方都有所照顾的诏令。神宗熙宁八年（1075）十月辛亥，御史中丞邓绾对乡村社会现象作过议论：

> 臣伏以三代牧民，能均其力，分田制禄皆上所养。自上失其道，而贫富不一。富者所以奉公上而不匮，盖常资之于贫；贫者所以无产业而能生，盖皆资之于富。稼穑耕耨，以有易无，贸易其有余，补救其不足，朝求夕索，春贷秋偿，贫富相资，以养生送死，民之常也。①

此论对社会所存在的贫富分化蒙上了一层温和的色彩。尽管现象是这样，但造成贫富分化的社会制度是不公正的，而社会也没有一种公平的社会机制保证不同阶层的人以机会均等，因此把这种社会制度下的贫富分化理解成"贫富相资"，显然是抹杀了其中的悲剧成分。"贫富相资"的实质是什么呢？首先是出身的不平等；其次，社会制度又无法保障人人有均等的致富机会。在这种情况下，为生存计，"佃户既赖田主给佃生借以养活家口；田主亦借佃客耕田纳租以供赡家计"②。"民庶之家置庄田，召佃客，本望租课，非行仁义。"③

基于上述分析，由于平民地主同佃农、雇农相同的政治身份，从而使地主与佃雇农的利益紧紧拴在了一起。尽管地主以其经济优势在人格上仍具有优越性，但佃雇农在地主失去政治特权的情况下

---

① （宋）李焘：《续资治通鉴长编》卷269，神宗熙宁八年十月辛亥，第6605—6606页。

② （宋）朱熹撰，郭齐、尹波点校：《朱熹集》卷100《公移·劝农文》，四川教育出版社1996年版，第5106页。

③ （宋）李焘：《续资治通鉴长编》卷451，哲宗元祐五年十一月乙丑，第10829页。

也不再是被动地服从了。对于一些刁钻的佃雇农来说还有争夺孤寡老幼地主财产的野心。因此，宋代农村中也就有了一种与以前各代不同的社会现象——主、佃雇农之间的纠纷。

一是生活中的小冲突。《夷坚志》支庚志《向生驴》载：

> 乐平人向生，有陆圃在怀义乡，戒其佃仆曰："此地正好种绿豆。"仆以为不然，改植山禾。一日，向乘驴至彼按视，怒之，悉加芟荡。仆方冀其收成而弗获，大失望，即入室取利斧出，剚刃已及向。①

从此例中看，地主向生在心理上讲仍有一种居高临下的优越感。从"佃仆"的用词看，此"佃仆"的身份介于佃农和奴仆之间，因此他对土地并不享有完全的租佃权，对土地上种什么也就没有决定权。从身份上讲，佃仆是应该完全服从于向生的，他之所以发怒，是因为向生把他的劳动成果毁之殆尽。农人视庄稼如命，毁了庄稼等于毁了他的命。佃仆怒不可遏，同其佃主血刃相见也就不难理解了。

另外还有佃农蓄谋地主的田产而引发的冲突。《夷坚志》乙志卷五《张九罔人田》载：

> 广都人张九，典同姓人田宅。未几，其人欲加质，嘱官侩作断骨契以罔之。明年，又来就卖，乃出先契示之。其人抑塞不得语，徐谓之曰："愿尔子孙似我。"欲语言而不得，洒泪而去。②

在这件事中，因佃农张九是通过官侩取得"断骨契"（"断骨

---

① （宋）洪迈撰，何卓点校：《夷坚志》支庚志卷7《向生驴》，第1186页。
② （宋）洪迈撰，何卓点校：《夷坚志》乙志卷5《张九罔人田》，第223页。

契"意味着佃主已失去对田宅的所有权),所以,佃主知道即使诉讼也只会无功而返,无奈只能淌几滴清泪来消解郁闷罢了。主、佃雇农之间能发生纠纷的事情本身足以反映出主、佃雇农政治身份相同的事实。

个别暴戾的佃雇农能侵吞地主田宅的例子,也反衬出在乡村中贫富固然是社会交往的一道坎,但对贫富都能形成冲击的还有"民的性情"。"刁民"是人人都为之胆寒的。上例中的张九不就是个刁民吗?刁民对任何社会都是有百害而无一益的。但刁民毕竟是少数,大部分佃雇农和地主之间的互相依赖更是一种普遍的事实。所以袁采言:

> 人家耕种出于佃人之力,可不以佃人为重!遇其有生育、婚嫁、营造、死亡,当厚周之。耕耘之际,有所假贷,少收其息。水旱之年,察其所亏,早为除减。不可有非理之需;不可有非时之役;不可令子弟及干人私有所扰;不可因其仇者告语增其岁入之租;不可强其称贷,使厚供息;不可见其自有田园,辄起贪图之意。①

这六个"不可"实际反映的是乡村社会地主和佃农之间普遍存在的事实。袁采戒之,只是想让地主们知道如此做对"多收租课"并无好处,惟有"视之爱之,不啻如骨肉"② 才是上上策。

其纠纷之四表现为农民与官府或官人之间的冲突。

宋代推行土地不抑兼并,且对官僚占田采取纵容的态度,致使官僚们肆意兼并与民争田。当官僚们官高位显时,农民们对于官户侵田只能忍气吞声,可一旦官僚们失宠落魄时,知情人便纷纷向官

---

① (宋)袁采著,贺恒祯、杨柳注释:《袁氏世范》卷下《治家·存恤佃客》,第150页。
② (宋)袁采著,贺恒祯、杨柳注释:《袁氏世范》卷下《治家·存恤佃客》,第150页。

府甚至朝廷声讨。元祐年间当章惇遭宣仁太后冷遇时，便有苏州农民向户部举报章惇侵吞其田之事。《长编》卷四二〇哲宗元祐三年（1088）闰十二月条载：

> 右正言刘安世言："臣伏见苏州昆山县百姓朱迎、徐宗、唐遂、朱育四人，经户部陈状，各称有田产，元系抵当市易官钱，后来连值灾伤，不能如期结绝，所纳息罚已过官本，其余逋欠自合依元祐元年闰二月二十八日朝旨，……而又章惇作其男名目，将朱迎等不愿出卖田产，逼逐人须令供下愿卖文状，并从贱价强卖入己。"①

后来举告章惇的多达21户。章惇侵吞田已达到了非常严重的地步："苏州之内官卖田产，皆惇所有也。"② 朝廷中的反章派群起而攻之，加之宣仁太后本人非常反感王安石、章惇等人所推行的新法，便乘势对之进行法办。次年（元祐四年［1089］）十一月庚寅将其降官，贬至汝州，罪名是"买田不法"。③ 这是一起典型的民与官的田产纠纷。在中国古代社会"官贵民贱"的常理下，出现这种情况是非常反常的。尽管朝廷有"侍从官待制以上，不得广置产业，与民争利"④ 的规定，但如章惇之流，熙丰年间官高位显，一样的违反规定侵占民田，却照样官运亨通，无人以之为罪。改元元祐后，因听政的宣仁太后敌视章惇等变法派，诸如司马光、刘安世等反变法派便乘势而攻之；知情百姓也敢向户部声讨以前视之如瘟神的章惇大人了。等级森严的封建社会下的这种民告官的现象，和"一人得道鸡犬升天"的现象一样也是"人治"的集中体现。有一荣俱荣，必定会出现与其对立的一损俱损。缺乏制度约束的君权主观意志是

---

① （宋）李焘：《续资治通鉴长编》卷420，哲宗元祐三年闰十二月，第10174页。
② （宋）李焘：《续资治通鉴长编》卷420，哲宗元祐三年闰十二月，第10177页。
③ 参见《宋史》卷17《哲宗本纪》和《宋史》卷471《章惇传》。
④ （宋）李焘：《续资治通鉴长编》卷420，哲宗元祐三年闰十二月，第10177页。

造成这种现象的最主要原因。

宋代乡村社会中农民与同官府或官人之间的纠纷更多地反映在赋役方面。一种原因是税收官员曲意税收政策造成农民利益严重受损,迫使其向官府抗议所致。《全宋文》卷一五九一吕陶《奏为官场买茶亏损园户致有词诉喧闹事状》中所反映的便是这样的事例。吕陶奏文称:

> 据九陇县(治今四川彭县)税户党元吉等状称:"自来相承山坝茶园等业,每年春冬,雇召人薅划,至立夏并小满时节,又雇召人工趁时采造茶货,逐日收来棚口投场货卖,得钱收买粮食。每一称和袋一十八斤,内除出上件破用并输税、免役等钱折除算计外,每称只有利息一百五十至二百文以来。往年早茶每斤货卖得九十至一百文,今来官中置场收买,每贯上出息钱三百文,招诱客人货卖其茶。牙子并兴贩客人为见官中息钱,却只于茶园人户茶货上估定,价例低小,每斤卖得一百文以来者,现今只卖得六十至七十文,却将余上价钱令客人用作官中息钱,收买前去,以此园户盘费皆不足。"[①]

茶乃朝廷重要的禁榷品,"园户"是宋代种茶人所特有的专称。宋代茶法变化频繁且十分复杂。上述反映的显然是官府先贷钱给园户,待卖茶后,园户连本带息一并偿还的茶法。上例中,官员肆意抬高息钱,降低茶价,给园户造成重大损失,不仅影响茶叶的生产而且还导致园户生活困难,所以亏损园户集体向榷场官员提出申诉。

另一种原因是乡村豪民牵头聚众无理取闹。苏轼在哲宗元祐四年(1089)八月的奏折中写道:

---

① 曾枣庄、刘琳主编:《全宋文》卷1591吕陶《奏为官场买茶亏损园户致有词诉喧闹事状》,第73册,第128—129页。

> 臣自入境以来，访闻两浙诸郡，近年民间例织轻疎糊药䌷绢以备送纳，和买夏税官吏，欲行拣择，而奸猾人户及揽纳人递相扇和，不纳好绢，致使官吏无由拣择，期限既迫，不免受纳。岁岁如此，习以成风。……臣自到郡，欲渐革此弊，即指挥受纳官吏，稍行拣择。至七月二十七日，有百姓二百余人，于受纳场前，大叫数声。官吏军民，并皆辟易，遂相率入州衙，诣臣喧诉。臣以理谕遣，方稍引去。①

这一事例与园户为维护正当权益向官府抗议不同。它是一起因豪户为坚持自己的不法行为而鸠众向官府施加压力的行为。如此抗议封建政府的行为决不能等同于人个性自觉的民主行为。类似事例在南宋苏州一带表现得更加突出，发展到了官府必须另设县治理的地步。范成大《吴郡志》卷三十八《县记·嘉定县·补注》载：

> 照对平江府管下五县，其境土广袤，无如昆山。而顽犷难治，亦无如昆山。详考其故：盖昆山为邑一十四乡，五十二都，东西相距，几二百余里。县治以迁就马鞍山风水，僻在西北。故西七乡与官司相接，稍循理。……故东七乡之民，凭恃去县隔绝，敢与官司为敌。不奉命令，不受追呼。殴击承差，毁弃文引。甚而巡尉会合，亦敢结集千百，挟持器杖以相抗拒。自此习成顽俗，莫可谁何。其害有三：争竞斗殴，烧劫杀伤。罪涉刑名，事干人命。合行追会，不伏赴官，至有经年而不可决者。此狱讼淹延之害。滨江旁海，地势僻绝。无忌惮之民，相率而为寇。公肆剽掠，退即窝藏，殆成渊薮。此劫盗出没之害。豪民慢令，役次难差。间有二十余年，无保正之都。两税官物，积年不纳，只秋苗一色言之，岁常欠四万余石，其它类是。此

---

① （宋）苏轼著，孔凡礼点校：《苏轼文集》卷29《奏为法外刺配罪人带罪状》，第840—841页。

赋役扞格之害。有此三害，昆山遂为难治之邑，其来非一日矣。盖县方百里，而兹邑广袤倍焉。以一令临之，制驭必有所不能。及养成顽恶，亦地势使然。昨于嘉定七年，准尚书省行下备白札子，陈乞欲于练祁市添置一县。……以嘉定为名。①

嘉定民的这种在官府看来甚为头疼的"难治"品性，是否可以理解为具有反封建制度的积极意识呢？从所述史实中嘉定之民的所作所为看，他们只是一种桀骜不驯的散漫行为。官府所言的三害："狱讼淹延""劫盗出没""赋役扞格"，不仅有害于封建统治而且也无益于社会安定。从嘉定之民的行为根本看不出他们有先进于封建意识的民主意识的影子。他们的行为动机只是建筑在维护个人、家庭、家族、居住地的自私利益的基础上。但这样一种桀骜不驯的性格群体，一旦有进步意识的人或团体的领导却是摧毁旧制度的重要力量。

关于宋代农民与官府或官人之间的纠纷情况在《袁氏世范》中也有所体现。卷中《处己》"暴吏害民必天诛"中条载："官有贪暴，吏有横刻，贤豪之人不忍乡曲众被其恶，故出力而讼之。"②"民俗淳顽当求其实"条载："士大夫相见，往往多言某县民淳，某县民顽。及询其所以然，乃谓见任官赃污狼藉，乡民吞声饮气而不敢言，则为淳；乡民列其恶诉之州郡监司，则为顽。"③ "官有科付之弊"条载："县、道有非理横科及预借官物者，必相率而次第陈讼。"④ 我们能否据此认为在南宋农民诉讼官吏的事件十分普遍呢？恐怕还不能。袁采所反映的只是其家乡两浙路衢州（治今浙江衢州

---

① （宋）范成大撰，陆振岳点校：《吴郡志》卷38《县记》，第551—552页。
② （宋）袁采著，贺恒祯、杨柳注释：《袁氏世范》卷中《处己·暴吏害民必天诛》，第112页。
③ （宋）袁采著，贺恒祯、杨柳注释：《袁氏世范》卷中《处己·民俗淳顽当求其实》，第113—114页。
④ （宋）袁采著，贺恒祯、杨柳注释：《袁氏世范》卷中《处己·官有科付之弊》，第115页。

市）一带的情况，不能代表其他各地的情况。在宋代特别是南渡以后，江南人好讼的确是一个普遍的事实，但诉讼双方多是百姓与百姓之间，能引起官民纠纷的，通过前文的史实看，官民纠纷多由豪民牵头，通过群诉或闹事的方式进行。那么豪民是普通农民的代言人吗？从上面的例子看，他们都是为私利，即使像袁采所讲的"贤豪"，其替乡民诉讼也多有不可告人的目的，"只欲劫持官府，使之独畏己，初无为众除害之心"①。可见，所谓的官民纠纷中的"民告官"，多是豪民与官整合利益的产物，一般富农特别是中下户是不会也不敢招惹官人的。

从宋代乡村社会的四类纠纷中，我们深深地觉察到"利益"是各类纠纷的核心内容。家庭内部的裂变，亲戚、邻里之间的瓜葛，各类农户、主佃、主仆之间的矛盾，农民与官府、官人之间的摩擦，无不是围绕"私利"引起和展开的。重利轻义已成为宋代不惟乡村亦且整个社会的主导观念。透过宋代乡村社会的四类纠纷，我们大致可以看清乡村中的各类社会关系。如果加以前后对照，还可以体察到宋代乡村社会关系的时代特色。与前代相比较，宋代乡村社会最主要的变化是：拥有私有土地的农民代替了均田制下的国家佃农，租佃制经营方式开始支配乡村经济的发展，官户地主、平民地主、富农、中下农、佃雇农构成乡村中的主要社会生态系统，他们之间的频繁贫富转换构成了一种相对有活力的竞争形式，使乡村中形成了一个动态稳定的财富阶层。与后代比较，在宋代乡村宗族没有成为左右家庭内部和乡村政治的主要势力，农民可以相对自由地进行经营决策；同时豪民得以肆意横行，成为朝廷控制乡村的最大障碍。总之，宋代乡村社会私利观念厚重是不同于前代也异于后代的最主要特征。私利观念的厚重冲淡了人们之间的亲情、信义，也冲淡了对朝廷、官府的奴性意识。如果能够不被打断而长期延续的话，极

---

① （宋）袁采著，贺恒祯、杨柳注释：《袁氏世范》卷中《处己·暴吏害民必天诛》，第112页。

有可能缩短中国的封建进程。然而不仅遭到了异族的入侵，还招致明清宗族势力的异化。所以宋代乡村的四类纠纷体现的既是宋代乡村社会矛盾复杂的一面，又是体现其富有活力的一面。

附录一　宋代饮食结构的空间实态

当今在饮食方面的研究成果不少，但"大都不免流于空泛，有的还是辗转抄袭"。其中有两部颇具特色，一为王利华的《中古华北饮食文化的变迁》，一为赵荣光的《中国古代庶民饮食生活》。先看一下王著。他"行云流水般地为我们娓娓道说着魏晋隋唐北方人的食与饮，字里行间浸润着很高的技术知识含量"[①]。其实这部著作更重要的特色是给我们提供了一个饮食史研究的新视角——饮食生态学。他通过"研究历史时期饮食文化及其变迁，将为揭示许多历史现象的背后动因提供基本的解释"[②]。张国刚先生对饮食文化研究有着发人深省的见解：

> 常言道，一方水土养一方人。不同的水土养育了不同的人群，形成了各具特色的区域文化。中国历史上的南人与北人，不仅是素来体质不同，而且历来学风有别，经学时代的南北经学，佛学时代的南北禅宗，直到近代乃至当代的所谓京派、海派，无不如此。其间的原因当然十分复杂。但是研究各地风土与物产的差异，进而在饮食文化（包括食料构成、食品加工技术、烹饪方法和膳食结构等等）上的不同，无疑可为解释类似

---

① 张国刚：《〈中古华北饮食文化的变迁〉序》，载王利华《中古华北饮食文化的变迁》，生活·读书·新知三联书店2018年版，第2页。

② 张国刚：《〈中古华北饮食文化的变迁〉序》，载王利华《中古华北饮食文化的变迁》，第2页。

的历史现象提供十分重要的知识支撑。比如说，为什么宋代以后国人（特别是北方汉人）不再像汉唐时代那么剽悍？为什么宋代以后国人的体质日显文弱而性情日显舒缓？也正是打那以后，国人肉食生食明显减少，蔬食熟食日渐增多，烹饪方法也愈益精细。在饮食文化与体质性情这两者之间是否有什么内在的联系可以进一步探求？又比如说，当前国际学术界关于环境史、社会生态史和医疗社会史的研究方兴未艾，饮食文化史可以为开展此类课题的研究提供一个重要视角。人类食料的获得与生态环境有关，反过来人类的生活方式也影响到生态环境的变迁。膳食的构成、烹饪食品的方法、人的营养摄入等等都与疾病的滋生密切相关，反过来中医又发展了一套食疗的理论与方法，用饮食来调节身体机能，医治疾病。①

反省史学工作者这么多年走过的路，有多少成果做了这方面的努力呢？史学不是工具而是一门博大精深的学问。时下国人对历史学的不齿，并非全是社会的原因，诚如年鉴派的史学大师马克·布洛赫先生所言："事实上，一种根深蒂固的禀性使人们几乎本能地要求历史指导我们的行动，因此，一旦历史在这方面显得无能为力时，人们就会感到愤慨！"② 是历史工作者检讨自己责任的时候了。

再看一下赵荣光的《中国古代庶民饮食生活》。他用社会分层的方法构建了一部中国古代的饮食社会学。赵著把饮食的社会结构分为贫穷层、小康层和富贵层，以一种独特的视角分析广大庶民阶层的饮食与古代社会的政治、经济制度的关系，以及由此所带来的社会影响。"由于自给自足小农自然经济的基础薄弱和结构的牢固，由于封建国家对这种生产方式和经济状况的强力维系政策，中华民族

---

① 张国刚：《〈中古华北饮食文化的变迁〉序》，载王利华：《中古华北饮食文化的变迁》，第2页。
② ［法］马克·布洛赫著，张和声、程郁译：《历史学家的技艺》，上海社会科学院出版社1992年版，第12页。

的历史几乎如火山喷发后行将冷却的岩浆一样蠕动无力,简直是窒息的僵化状态。于是庶民的食生活便年复一年、代复一代很少变化、极少改善的重复着一以贯之的传统模式。"① 广大庶民的饮食结构是普遍的简单和粗陋,这是直到改革开放前广大农村仍存在的事实。可很少有人像赵荣光先生那样思考为什么?

宋代在历史上是一个很重要的时期。长期以来史学界因经济重心南移问题把宋代当作古代史的一个分水岭。尽管关于经济重心南移问题仍有探讨的必要,但中国南方与北方文化传统在宋代逐渐形成却是不容回避的事实。钱穆先生较早地注意了这个问题。他敏锐地洞察到:"神宗熙宁时,新党多南方人,反对派则大率北方人。""南北两方文风盛衰之比较,后面即反映出南北两方经济状况之荣枯。"② 钱先生对此现象的解释是:"以中国疆域之广大,南北两方因地形、气候、物产等等之差异,影响及于社会之风习,以及人民之性情;双方骤然接触,不免于思想态度及言论风格上,均有不同,易生抵牾。"③ 可偏偏为什么直到宋代才出现这样的情况呢?还有一种奇怪的现象是,中唐以前的变法者,如李悝、商鞅等都是北方人,以后的变法者,如杨炎、王安石、张居正等都是南方人;而且更值得注意的是,鸦片战争以后的洋务运动、戊戌变法、辛亥革命、五四运动、新民主主义革命的发起者,都是南方人。这种现象是耐人寻味的。从饮食结构上看,在宋代形成"南食"和"北食"的情况,在反映北宋社会状况的《东京梦华录》中表现不明显,而表现突出的是反映南宋情况的《梦粱录》。还有像张国刚先生提到的,为什么"宋代以后国人(特别是北方汉人)不再像汉唐时代那么剽

---

① 赵荣光:《中国古代庶民饮食生活》,商务印书馆国际有限公司1997年版,第119页。
② 钱穆:《国史大纲》,第581—584页。
③ 钱穆:《国史大纲》,第585页。

悍"，"宋代以后国人的体质日显文弱而性情日显舒缓？"① 这些都迫切要求我们去解疑。解答的角度可以有多种，而与之最相关的饮食结构方面是不容回避的。王利华先生在这方面做了卓有成效的工作，我想步王博士的后尘，对宋代的饮食结构作一粗识。

对饮食结构的研究必须从饮食原料研究着手。中国是个传统的农业社会，饮食的原料，特别是食的原料，就是粮食。由于不同时代粮食种类的不同，导致了饮食结构的历史变迁。据王利华博士研究，中古时期②特别是隋唐时期，华北麦作进一步发展，成为华北居民的半年粮，是这一时代华北粮食结构的一次重大调整。③"以面食为常食、主食，乃是中古华北饮食变迁最为突出的成果之一，正是在中古后期，华北地区逐渐改变了漫长的以'粒食'当家的消费传统，确立了以面食为主、面食与粒食并存的膳食模式，并一直维持到当代。"④ 王博士注意到了中国饮食结构，特别是食结构的一个特点：我国历来南北饮食有别。北方多以旱作的杂食为主，南方粮食品种简单，以稻米为主。且北方食物的结构变迁明显，而南方的食物结构一直为稻米不变。北方的饮食变迁在隋唐时期发生了质的变化，小麦越来越多地成为北方人最主要的粮食品种，从此"南米""北面"成为中国南北饮食结构的典型特色。王博士的研究成果是非常有价值的，但在饮食结构方面的研究，他只是画了一个轮廓。其实，从实际情况看，历史上饮食结构的空间实态还可以细分。

就宋代饮食结构的空间实态而言，粮食作物的区域特征很能说明问题。宋元之际的王祯《农书》卷一云："今国家区宇之大，人民之众，际所覆载，皆为所有，非九州所能限也。尝以大体考之，

---

① 张国刚：《〈中古华北饮食文化的变迁〉序》，载王利华：《中古华北饮食文化的变迁》，第2页。
② 王利华博士所指的"中古时代"为中国历史上的魏晋南北朝隋唐时期。详见王利华《中古华北饮食文化的变迁》，第2页。
③ 王利华：《中古华北饮食文化的变迁》，第86—87页。
④ 王利华：《中古华北饮食文化的变迁》，第240页。

天下地土，南北高下相半。且以江淮南北论之，江淮以北，高田平旷，所种宜黍、稷等稼；江淮以南，下土涂泥，所种宜稻秔。……惟东西寒暖稍平，所种杂错。"① 这明确反映出宋元时期粮食作物分布的特征。江淮以北为"黍稷等稼"，其中"稷"是粮食作物的泛称。赵彦卫《云麓漫钞》卷二云："凡稷、粟、粱、禾、稻、谷、米，亦皆总名。在田曰禾，'唐叔得禾'是也。稷，先熟者。"② 在此估计指麦类。王祯《农书》百谷谱卷一《大、小麦》云："夫大、小麦，北方所种极广。"③ 既然"极广"，怎又说"所种宜黍稷者"呢？黍为特定作物名，稷为泛指，多为当时最为重要的作物的代称。唐以前可指粟，唐以后小麦逐渐与粟相颉颃，且小麦日占上风，稷代小麦当为不错。《长编》卷二十五太宗雍熙元年五月壬辰条载："上谓枢密史王显等曰：'今年丰雨虽调，犹虑禾稼未得丰茂，昨遣中使分往京畿百里外，拔取粟豆数十本，皆长数尺，大是好苗。'因出于示，喜形于色。"④ 依时令看，这里的粟也当指麦（粟有时也是粮食的总称。如《宋史·职官》中有"禄粟"条，此中的粟即为朝廷补贴官员粮食的泛称）。

此外，江淮以北地区还有粟（今在北方俗称谷子，去壳后称"小米"）。粟是北方载种历史最长的农作物。至宋北方，无论是官员还是平民在日常生活饮食中粟仍占重要地位。如北宋重臣张齐贤遭母丧居家定州时，"水浆不入口者七日，自是日啖粥一器，终丧止食脱粟饭"⑤。更重要的是，宋代在更靠北的接近长城一带的沧州、

---

① （元）王祯撰，缪启愉、缪桂龙译注：《东鲁王氏农书译注》农桑通诀卷1《地利篇》，上海古籍出版社2008年版，第15页。
② （宋）赵彦卫撰，傅根清点校：《云麓漫钞》卷2，第20页。
③ （元）王祯撰，缪启愉、缪桂龙译注：《东鲁王氏农书译注》百谷谱卷1《大小麦》，第150页。
④ （宋）李焘：《续资治通鉴长编》卷25，太宗雍熙元年五月壬辰，第581页。
⑤ （宋）李焘：《续资治通鉴长编》卷34，太宗淳化四年十月庚申，第754页。王利华博士云："按加工精粗不同，粟米有精白米和糙米之别，其中用糙米炊煮的饭，叫做'脱粟饭'。"详见王利华《中古华北饮食文化的变迁》，第82页。

雄州、莫州、霸州等地种植水稻成功。《长编》卷三十四太宗淳化四年（993）三月辛亥条载："初，何承矩至沧州，即建屯之议，上意颇向之。既而河朔频年霖雨水潦，河流湍溢，坏城垒民舍，处处蓄为陂塘，妨民种艺。于是，承矩请因其势大兴屯田，种稻以足食。"① 同年三月壬子条还载：在雄、莫、霸州、平戎、破虏、顺安军一带，"引淀水灌溉，初年，稻值霜不成。（大理寺丞充判官黄）懋以江东霜晚，稻常九月熟，河北霜早，又地气迟一月，不能成实。江东早稻以七月熟，即取其种课令种之，是年八月，稻熟。"② 其实据王利华博士研究，北方地区早在西汉时期就开始种植水稻。"夫南山，天下之阻也。南有江淮，北有河渭，其地从汧陇以东、商洛以西，厥壤肥饶。汉兴，去三河之地，止灞、浐以西，都泾渭之南，此所谓天下陆海之地。……又有粳稻、梨、栗、桑、麻、竹箭之饶，土宜姜、芋，水多蛙鱼，贫者得以人给家足，无饥寒之忧。"③ 此地的"南山"，指终南山，即秦岭。这段史料所在的渭南平原，即汉唐时代最重要的经济区之一——关中平原。汉唐时代，特别是唐代，这里的气候条件相对湿润，植被覆盖也很好，有种植水稻的自然条件。在唐代，关于这里的水稻种植的记载资料更多。④（此外，山东半岛一带，在唐代也有以稻为食物的记载，"院里众僧及押衙并村人皆云：'青州以来诸处，近三四年有蝗虫灾，吃却谷稻。'"⑤ 但实际上其主要食物仍为粟，因为在邻近地区的登州"但有粟，其粳米最贵"⑥）但像宋代在沧州、雄、霸州的纬度较高地区种植水稻的记载并不多见。

---

① （宋）李焘：《续资治通鉴长编》34，太宗淳化四年三月辛亥，第747页。
② （宋）李焘：《续资治通鉴长编》34，太宗淳化四年三月壬子，第747页。
③ 《汉书》卷65《东方朔传》，第2849页。
④ 详见王利华《中古华北饮食文化的变迁》，第89—95页。
⑤ ［日］圆仁著，白化文、李鼎霞、许德楠校注：《入唐求法巡礼行记校注》卷2，第197页。
⑥ ［日］圆仁著，白化文、李鼎霞、许德楠校注：《入唐求法巡礼行记校注》卷1，第146页。

尽管在史料记载中，北方主要农作物出现了种植麦、粟、稻的三种情况，但并不证明，北方人在饮食上把三种粮食作物放在了同等的消费水平。从官员的消费看，是米麦并重。这主要体现在官员的禄粟中。《宋史》卷一七一《职官十一·禄粟》云：从宰相到簿尉，尽管所给的禄粟数量从200石到2石不等，但种类都是米麦各半。这说明在上层社会中，米麦是最好的粮食原料。从军队的消费看，似经历了一个从杂食到主食的变迁过程。《长编》卷十七太祖开宝九年（976）四月条载："东京有汴渠之漕，岁致江、淮米数百万斛，都下兵数十万人，咸仰给焉。"① 《宋会要》食货六二之一载："京诸仓，总二十三所。……端拱初，诏以粳米、糯米为一仓，小麦、小绿豆为一仓，大豆、粟为一仓。"② 《长编》卷二十四太宗太平兴国八年十二月条载："上谓赵普曰：'比诸军颇有善治生者，盖多方约束，不使横费所致。……晋、汉时军粮皆红腐不可食，今菽、粟亦皆精好矣。'普对曰：'朝廷岁漕江、淮粳稻，概量饶足，营伍无所侵寇。陛下训以治生之道，致其赡济，此岂晋、汉所当拟耶？'"③ 同书卷三十八太宗至道元年九月载："先是，汴河岁运江、淮米三百万石，菽一百万石；黄河粟五十万石，菽三十万石，以给京师兵食。"④ 同书卷二六九神宗熙宁八年（1075）十月壬辰条载："惟汴河所运，一色粳米，相兼小麦，此乃太仓畜积之实，今仰食于官廪者，不惟三军，至于京师士庶以亿万计，大半待饱于军稍之余。"⑤ 同书卷三〇五神宗元丰三年（1080）四月己亥条载："诏陕西转运使，秦州厢军所支月粮三分，以一分支白米，二分支小麦。"⑥ 各地运输到京师的粮食是提供军粮的基础，从上述史料看，

---

① （宋）李焘：《续资治通鉴长编》卷17，太祖开宝九年四月癸卯，第369页。
② （清）徐松辑，刘琳、刁忠民、舒大刚等点校：《宋会要辑稿》食货62之1，第7549页。
③ （宋）李焘：《续资治通鉴长编》卷24，太宗太平兴国八年十二月己酉，第562页。
④ （宋）李焘：《续资治通鉴长编》卷38，太宗至道元年九月，第820页。
⑤ （宋）李焘：《续资治通鉴长编》卷269，神宗熙宁八年十月壬辰，第6592页。
⑥ （宋）李焘：《续资治通鉴长编》卷305，神宗元丰三年四月己亥，第7379页。

北宋京师粮仓经历了一个从杂粮到主粮的变迁过程,军粮当然也就经历了一个由食用杂粮向食用米、麦主粮的改善过程。北宋的军队以北方人为主,军队的膳食结构特征反映的是北方人的膳食特色。

从这些吃皇粮的人的膳食结构可以看出,宋代小麦在北方人的饮食中已占了很大的比重。但对于一般百姓而言,其饮食不可能像公人的配给制那样严格按照一定的比例。特殊的气候条件和普遍的低下的生产力决定了,北方的一般百姓必须靠杂食才能维持长期的生存。只不过宋代的杂食特征跟以前的杂食特征不同罢了。宋以前的杂食特征是以粟为主体的粟、麦、豆、米杂食结构,而宋代是以麦为主体的麦、粟、稻、豆杂食结构。它标志着小麦经过上千年的"杂种"培育。终于在宋时走上了前台,成为北方最重要的粮食作物。王祯《农书》百谷谱卷一《大小麦》中这样写道:"夫大小麦,北方所种极广。大麦可作粥饭,甚为出息。小麦磨面,可作饼饵,饱而有力;若用厨工造之,尤为珍味。充食所用甚多。"[1] 可见小麦面食"饱而有力"是优于其他粮作物的显著特征。这时即使一些来自南方的官员也十分喜好面食。范仲淹在写给其兄的信中道:"某拜闻中舍三哥:急促还,领书,承尊候已安,只是少力。宜调饮食,不得吃湿面,脾恶湿。亦少吃羹汤,宜食焦饼蒸饼软饭。道书云,宜吃轻干物,盖益脾也。今送米三石,酒十瓶去,每事宽心。"[2] 另外以前以粟为主食的陕西一带也多种麦。"宣和壬寅岁,自京师至关西,槐树皆无花。老农云:'当应来年之旱,与二麦不登。'已而,信然。谚云:'槐宜来岁麦,枣熟当年禾。'"[3] 膳食也自然转为面食,"陕西沿边,地苦寒,种麦周岁成熟,以故粘齿不可食。如熙州

---

[1] (元)王祯撰,缪启愉、缪桂龙译注:《东鲁王氏农书译注》百谷谱卷1《大小麦》,第150页。

[2] (宋)范仲淹著,李勇先、王蓉贵校点:《范仲淹全集·范文正公尺牍》卷上《家书·中舍》,第651页。

[3] (宋)庄绰撰,萧鲁阳点校:《鸡肋编》卷上,第16页。

斤面，则以挼灰和之，方能捍切。羊肉亦膻臊。惟原州二物皆美。面以纸囊，送四旁为佳遗"①。

但小麦和粟一样有着致命的弱点，即亩产量低。以明清至1985年山东临淄地区的冬小麦亩产量为例。此地区冬小麦栽培历史悠久。明清时期亩产不足百斤；1936年平均亩产120斤；1956年平均亩产156.2斤；1971年平均亩产238.8斤；1978年平均亩产500斤；1983年平均亩产600斤；1985年平均亩产554斤。②除1956—1985年，新中国时期小麦的亩产量提高较快外，在明清至新中国成立前的近600年中，其亩产量一直维持在120斤左右，大约相当于宋的1石多一点，增幅甚微。史料中尽管没有关于宋代冬小麦亩产量的明确记载，但可推断不会高于明清时期的水平。③而粟的产量，史学界对唐代的亩产1石已无太大的异议。据此把宋代粟的亩产量估计为1石，应该不会差得太多。如此低的生产水平，除了那些吃皇粮的能保证合理的膳食外，对于一般百姓，只有依靠吃五谷杂粮才能维持生存。从这个意义讲，杂粮是北方社会的生存基础。

再看一下江淮和江南地区。王祯言宋元之际，江淮地区农作物的种植特征是"所种杂错"，亦即北方的麦和南方的稻杂错。用农学术语讲即"稻麦复种制度"。据李伯重先生研究，"稻麦复种制度"出现于唐代江南地区。④但据资料看，稻麦复种制的范围应该要大一些。如梁华东先生对唐代淮南地区的农业研究指出："（隋唐五代时期）水稻是本地区最主要的粮食作物，宣歙地区还推广种植双季稻。

---

① （宋）庄绰撰，萧鲁阳点校：《鸡肋编》卷上，第16页。
② 山东省淄博市临淄区志编纂委员会编：《临淄区志》，国际文化出版公司1989年版，第108页。
③ 李伯重先生对唐代小麦的亩产量采用吴章铨先生在《唐代农民问题研究》一书中的考证结果，为7斗，没有采取余也非先生的亩产1石的说法。由此可推断宋代的小麦平均亩产量至多也就是1石。参见李伯重《唐代江南农业的发展》，农业出版社1990年版，第249—250页。
④ 李伯重：《唐代江南农业的发展》，第106页；李先生对江南地区的界定为唐代的苏、常、润、湖、杭浙西五州和浙东的越、明二州，参见该书第4页。

自东晋起，这里开始种小麦，到了唐代，平原种植面积进一步加大，并且向山地丘陵发展的趋势。[①] 到宋代，江淮之间已成为非常典型的稻麦复种地区了。有资料证明江淮地区这一农作制度的形成是行政干预推动的。《宋史》卷一七三《食货上一·农田》云："言者谓江北之民杂植诸谷，江南专种粳稻。虽土风各有所宜，至于参植以防水旱，亦古之制。于是诏江南、两浙、荆湖、岭南、福建诸州长吏，劝民益种诸谷。民乏粟、麦、黍、豆种者，于淮北州郡给之。江北诸州，亦令就水广种粳稻，并免其租。"[②] 它表明在农作物种方面，本来是江北"杂植诸谷"，"江南专种粳稻"，为了降低水旱灾害风险，朝廷采取了干预农业生产的做法，鼓励（实为强迫）农民"参植"。其实政府干预农业生产的根本出发点在于保障"南粮北输"。消耗财政粮最多的是军队，而军人又多是北方人。为保证军粮，政府极力推广参植（主要为稻麦），这样无形中扩大了小麦的播种范围。但宋廷也极力在江淮地区推广水稻种植，《文献通考》卷四《田赋四》载："大中祥符五年（1012），上以江、淮、两浙路稍旱，即水田不登。乃遣使就福建取占城稻三万斛，分给三路为种，择民田之高仰者莳之，盖旱稻也。内出种法，令转运司揭榜示民。其稻比中国者穗长而无芒，粒差小，不择地而生。"[③] 江淮、两浙是水旱灾害频发地区，政府引进耐旱的占城稻是克服旱灾的正确选择。同时，耐旱的占城稻无疑是最适合江淮地区的水稻品种，因此使江淮地区也成为一重要的稻米产区。就这样在政府干预的推动之下，江淮地区形成了非常典型的稻麦复种地区，从而对这一地区的膳食构成产生了极为重要的影响。

"江南专种粳稻"是自古以来的传统。但宋都南迁后，这一状况

---

① 梁华东：《隋唐五代时期皖南地区农业开发初步研究》，《中国历史地理论丛》2000年第2期。
② 《宋史》卷173《食货上一·农田》，第4159页。
③ （宋）马端临著，上海师范大学古籍研究所、华东师范大学古籍研究所点校：《文献通考》卷4《田赋四》，第95页。

却略微发生了些变化。南渡后，大批北方人移居江南，他们带来北方传统的耕作方式。加之，皇帝本人也是北方人，自然也更熟悉北方农作物的品种和种植方式。因此每逢江南地区遭受旱灾时，政府就不失时机地推广种麦，因而麦的种植范围自然就扩大了。宋代种麦地区除江淮和北方地区外，还扩大了：1. 汉水流域襄州伏龙山一带。曾巩《薙山谢雨文》云："乃故秋至今，雨不沾足，麦苗将槁，稻不可种，民将无以为命，吏不知其所为。"① 2. 江南地区。宋代此地区的稻麦复种在唐代的基础上有所发展。"建炎之后，江浙、湖湘、闽、广西北流寓之人遍满。绍兴初，麦一斛至万二千钱，农获其利，倍于种稻。而佃户输租，只有秋课。而种麦之利，独归客户，于是竞种春稼，极目不减淮北。"② 孝宗乾道七年（1171）十月，"臣僚言：'今岁江西、湖南诸州郡例皆旱伤，且去秋未远，宜令逐路守令因而劝种二麦'。上曰：'冬月得雨，便可种麦，不知江西、湖南入冬得雨否？'虞允文奏曰：'臣僚所言，正欲趁冬种麦，以为来春接济之计。'"③ "（乾道）八年（1172）十一月十八日，诏：'江、浙旱伤，州县中下等人户田畴虽已耕犁，间缺麦种，虑恐过时，……如缺种之家，于常平麦内支给。'"④ "四川田土，无不种麦。"⑤ 福建路福州"有大麦、小麦"。⑥

对于长江以南地区的居民而言，上述情况的变化并未影响其农作制度和膳食结构的改变。种稻才是南方农民最擅长的，稻米是他们最主要的食物。如江南东路的信州一带，老百姓把麦作粗粮，而

---

① （宋）曾巩撰，陈杏珍、晁继周点校：《曾巩集》卷39《祭文·薙山谢雨文》，第544页。薙山又名伏龙山，在今湖北襄阳市南。

② （宋）庄绰撰，萧鲁阳点校：《鸡肋编》卷上，第36页。

③ （清）徐松辑，刘琳、刁忠民、舒大刚等点校：《宋会要》食货1之46，第5977页。

④ （清）徐松辑，刘琳、刁忠民、舒大刚等点校：《宋会要》食货63之223，第7732页。

⑤ （宋）汪应辰：《文定集》卷4《御札再问蜀中旱歉》，学林出版社2009年版，第32页。

⑥ （宋）梁克家纂修：《淳熙三山志》卷41《土俗类·物产》，第8252页。

以粳米为细粮。"信州玉山县塘南七里店民谢七妻,不孝于姑,每饭以麦,又不得饱,而自食白粳饭。"① 显然,在这里的百姓的心目中,麦的地位远低于粳米。再如饶州"乐平人许吉先,家于九墩市……方食稻饭,忽变为麦;方食早谷饭,忽变为晚米"②。如果结合这则资料的故事可知,一鬼为了把许吉先夫妇从程氏宅赶跑,使用法术,把他们的饭由上等变为下等,以逼其离开。虽然故事有些荒诞,但反映出饶州一带的饮食嗜好:稻饭优于麦饭,谷饭优于晚米。

尽管面食食后有"饱而有力"的长处,但"南人罕作面饵",且对食面食者持讥笑态度,"有戏语云:孩儿先自睡不稳,更将捍麦杖柱门。何如买个胡饼药杀著!盖饥不北食也。"③ 周密《癸辛杂识》前集《葵》载:"今成都面店中呼萝卜为葵子。虽曰市井语,然亦有谓。按《尔雅》曰:'葵,芦萉也。'……盖其性能消食,解面毒。"④ 方勺《泊宅编》卷八云:"小麦种来自西国寒温之地,中华人食之,率致风壅。《小说》载天麦毒,乃此也。……世人食面已,往往继进面汤,云能解面毒,此大误。东平董汲尝著论,戒人煮面须设二锅,汤煮及半,则易锅煮,令过熟,乃能去毒。则毒在汤,明矣。"⑤ 南方地区对面食如此忌讳,很难想象他们会把面食当作主食。究竟何为面毒?不得而知。据小麦面的特性推测,所谓面毒估计是由于他们吃了没发酵的面食所致。小麦面粉本性粘,加之,南方地区的小麦生长期短与北方小麦相较,其面粉粘性更强。即使把这样的面经发酵后蒸成馒头,也呈粘软状;如果用这样的面做成面条,吃下去当然不好消化。由此导致各种病状,也就在所难免。古人因不了解个中缘由,还以为面内有毒呢?但由此也反映出,南

---

① (宋)洪迈撰,何卓点校:《夷坚志》丙志卷8《谢七嫂》,第430页。
② (宋)洪迈撰,何卓点校:《夷坚志》乙志卷14《全师秽迹》,第304页。
③ (宋)庄绰撰,萧鲁阳点校:《鸡肋编》卷上,第36页。
④ (宋)周密撰,吴企明点校:《癸辛杂识》前集《葵》,第41页。
⑤ (宋)方勺撰,许沛藻、杨力扬点校:《泊宅编》卷8,第46页。

方人极少吃面食。南方人以米为主食已是不争的事实，但宋代他们的饮食实际情状怎样呢？宋人朱希真的《朝中错》一词，对南方人的饮食作了真实的描绘：

> 先生馋病老难医，赤米屡晨炊。自种畦中白菜，腌成瓮里黄齑。肥葱细点，香油慢炒，汤饼如丝。早晚一杯无害，神仙九转休疾。①

从以上由对粮食作物的分布到饮食结构的区域特征分析，可作出如下结论：宋代粮食作物的空间分布，由北至南呈"杂—主—单"的特点。具体地讲，淮河以北地区农作物品种多，以小麦为主兼粟、稻、豆等；江淮之间地区主要种稻和小麦。长江以南地区，尽管有稻麦复种现象，但不能改变其以水稻为最主要的农作物的总特征。由此对各地饮食结构的影响是：淮河以北小麦逐渐取代粟成为最主要的食物原料，在主食上已完成了面食取代粒食的革命；但由于北方各种农作物亩产量都偏低，因此呈现杂食特征。江淮之间米、面各半，遇到天灾人祸时，可同时接受南北各地的接济，但也因此成为朝廷最重要的财源之一。长江以南地区，由于农作物种类没发生什么变化，依然以大米为主。建炎以后，尽方受到北方饮食的影响，但只是细微的，最后还使北迁人饮食"江南化"。《梦粱录》卷十六《面食店》有云："向者汴京开南食面店，川饭分茶，以备江南往来士夫，谓其不便北食故耳。南渡以来，几二百余年，则水土既惯，饮食混淆，无南北之分矣。"②

---

① （宋）朱敦儒著，邓子勉校注：《樵歌校注》卷中《朝中错》，上海古籍出版社2010年版，第165—166页。
② （宋）吴自牧：《梦粱录》卷16《面食店》，浙江人民出版社1984年版，第145—146页。

附录二　唐宋乡治组织变迁论因

近年的唐宋史研究，在基层社会领域，取得了一些成果。主要表现为：刘再聪、李浩分别从乡职人员和乡职组织的角度研究了唐代基层社会。王棣、谭景玉、梁建国、刁培俊等分别从职能、组织、区划、乡役的角度研究了宋代的基层社会。笔者也从变迁的角度研究了唐宋乡治及乡村社会。以上成果因研究角度不同，其结论既有互补的一面，也有纷纭的一面。从总体来讲，这些成果的优点是静态研究成绩突出，对唐或宋的具体研究着力颇深；不足之处是，对从唐到宋社会变迁的层面研究力度还不够，或即使有研究，也大都局限于表象的描述，而对如何导致变迁的因缘探究略显不足。拙文所以定题为"唐宋乡治组织变迁论因"，正是基于此。

一

从政治体制的角度，以战国为界，之前以宗法—分封制为主，其基层组织表现为礼治下的乡里组织，其组织领袖被称作乡官。之后确立了以专制—集权为特征的中央—郡县体制，自上而下形成了皇帝领导下的官僚制。县以下建立了乡里亭组织，它带有礼法兼容的特征，其领导者，也被称作乡官。这种情况一直持续到东汉，之后由于乱势和门阀士族力量的崛起，地方社会多被豪族把持，乡官制遭到破坏。

战国秦汉的乡官制，以乡里组织为载体，其职能带有次县级政府的性质。尽管此时的地方行政区划被公认为郡县二级制，但在实际中，"乡"明显有一级政府的功能。在基层治理中，乡和以维系治安为主要职能的"亭"一起，成为维系秦汉专制—集权帝国大厦的坚固基础。此时的乡里集赋役、辞讼、劝农、祭祀等多种功能于一体，对维系政权的稳定起着十分重要的作用。

唐宋时期是中国古代史上政治制度的又一次调整期。从上层政治角度看，其调整是围绕加强皇权而展开。从基层政治角度看，其调整是围绕加强皇权政治的经济基础而展开。这时期乡治方式发生了从乡官到职役的变化。与乡治方式的职役化相对应，一个值得注意的现象是，这时期的乡治组织调整频繁：唐代的乡里村坊制到两宋频变为乡里、管、都保制等。这种变化的一个基本背景，是强化后的专制—集权体制对庞大财政的严重依赖。可以以两税法的推行前后为标志，之前是自下而上的财税模式，其预算的基准是量入为出；之后是自上而下的财税模式，其预算的基准是量出为入。前一种财税模式主要发生在均田制背景下，国家对财税的实现主要靠控制人口为主，后一种财税模式发生在土地私有化普遍的背景下，国家对财税的实现主要控制土地为主。在推行均田制的时代下，次县级的乡既是行政区又是财政区；在土地私有化盛行的时代下，国家对县以下的地域管理，逐渐以财政为核心，以有利于实现财政税收为政治核心，这一时期行政区与财政区发生分离。乡治组织的频变多与此有关。以下就以史实为依据，对此进行详论。

隋唐初期，主要延续北周的乡治制度，其乡治组织主要体现为乡—里二长制，尽管隋唐初期对乡里长正的权限的调整有几次反复，但最终的结果是削弱乡里长正的治民权，特别是废除乡长正的辞讼权。尽管如此，但此时乡里长正作为乡官的性质仍很明显。除传统的乡里组织外，有唐一代，还对自然村落加以行政化，设置"村正"使之成为行政村。由此唐代对乡村的管理组织综合为"乡里村制"，加上对城管理的"坊"，整个唐代的基层管理组织被称为"乡里村坊制"。唐代最早推行"村坊制"为高祖武德七年（624），《旧唐书》卷四十八《食货志上》载：

> 武德七年始定律令：（先是颁布均田令和租庸调制，接着）凡天下人户，量其资产，定为九等，每三年，县司注定，州司覆之。百户为里，五里为乡。四家为邻，五家为保。在邑居者为坊，在田野者为村。村坊邻里，递相督察。士农工商，四人各业。食禄之家，不得与下人争利，工商杂类，不得预于士伍。①

贞观十五年（640）以后，又在村和坊分别设"村正"和"坊正"。这种制度在有唐一代没有发生太大变化，直到五代后周时，周世宗对其作了调整："显德五年（958）诏：诸道州府令团并乡村，大率以百户为一团，选三大户为耆长。凡民家之有奸盗者，三大户察之；民田之有耗登者，三大户均之，仍每及三载，即一如是"。② 宋代后周后，先是沿用唐五代乡里制，不久，又对乡组织作了调整："开宝七年（974）废乡分为管，置户长主纳赋，耆长主盗贼、词讼。"③ 宋神宗时王安石变法：推行保甲制，使本为解决冗兵冗费问题的"保甲制"，逐渐延伸到乡治的范畴，"［熙宁七年（1074）］司农司乞废户长、坊正，令州县坊郭择相邻户三二十家，排比成甲，迭为甲头，督输税赋苗役，一税一替。若催科外，别令追呼者，以违制论，从之。""安石曰：保丁、户长皆百姓为之，今罢差户长，使为保丁，数年或十年方催一税，其任役不过二十余家，于人情无所苦。《周官》什伍其民，有军旅，有田役，若谓保丁止供教阅，不知余事属何人也？"④

---

① 《旧唐书》卷48《食货志上》，第2088—2089页。
② 《全唐文·唐文拾遗》卷11周世宗《选大户为耆长诏》，第51页。
③ （清）徐松辑，刘琳、刁忠民、舒大刚等点校：《宋会要辑稿》职官48之25，第4321页。
④ （宋）马端临著，上海师范大学古籍研究所、华东师范大学古籍研究所点校：《文献通考》卷12《职役一》，第354页。

保正、都保正在维护社会治安的同时兼有催科督输赋税的职责。[①] 之后，保正的职责范围不断被扩大，由治安领域逐渐扩充到催税役方面，里正[②]、保正的职责逐渐趋同。到南宋高宗时，"建炎二年（1128），……其乡村耆、户长依法系保正、长轮差"[③]。正式将原来的乡里制改为都保制，都副保正、保长成为最主要的乡职人员。

纵观秦汉至宋以来，乡治变迁的特点：一是为大家所熟知的乡职人员由乡官变为职役；二是乡治组织由带有明显次县级政府性质的机构变为直接为县府全职服务的仆役组织；三是乡官阶段中集赋役、治安、教化功能于一体的乡治组织，逐渐变化为职役阶段中强调催督赋役至上的为中央财政服务的功能体；四是淡化人们的地缘意识体，如村落等，强化有利于政治控制的政治组织，如都保等。以上特点，研究断代史的学者，都或详或略地揭示过。但因何会发生这样的变化，学者们或过于聚焦于历史变迁现象的考察，或重点着眼于乡治组织在政治中如何发生作用的研究，无疑以上考察非常重要，但对现象发生和变迁的原因探究，更具深入勘探历史宝藏的意义。

二

政治的变迁根本原因在于经济社会的大环境变化，其目的在于与社会经济结构相适应。政治的调整或变迁通常先从最上层开始，之后会不断波及下层。就秦汉至宋代的历史阶段看，中央政治的明显变化是专制—集权体制的强化。秦汉与宋同为专制—集权体制，

[①] 元祐之后，司马光当政，又废除保正长催科，改回户长、耆长差役，绍圣后，哲宗亲政又恢复王安石的做法；徽宗后蔡京当政，又变本加厉地扩大了保正、保长的职责范围。详见《文献通考》卷12《职役一》，《宋会要辑稿》食货14之25。

[②] 宋仁宗至和二年（1055），宋政府废除里正衙前法，里正一职随之撤销。

[③] （宋）马端临著，上海师范大学古籍研究所、华东师范大学古籍研究所点校：《文献通考》卷13《职役二》，第374页。

宋的强化特征非常突出。强化的专制—集权体制需要庞大的财政来维系。秦汉政权的财政基础主要基于农业人口，即农民，它对土地掌控是通过控制农民来实现的。要想使国家控制尽可能多的农业人口，防止他们脱籍，一要从身份上保证农民的社会地位，二要尽可能多的农民拥有土地所有权，三是尽可能使农民居住的不要太分散。这一时期政府不断维护的小自耕农土地所有制、重农抑商的政策、打击兼并以及相对普及"里"居方式，是有利于政府控制农业人口的。在这样的情景下，国家设立乡亭里的乡治组织，无疑是与控制农业人口相适应的。秦汉的乡亭里组织，"乡里"很类似一级政府组织集教化、主赋役、理辞讼、司奸盗职能于一体，同时又设"亭"用来捕盗贼专门的治安机构。

仅从国家财政的维系以控制农业人口为主的视角，秦汉至隋唐中叶的情状有相似的一面。在隋唐的均田制时期，也是以控制农户作为保证国家财政基础的时期。这两段时期在财政制度上有许多共同点。除了前面所讲的税人外，还有财政预算都讲量入为出，由此对财税收入的计算，是由各级地方政府自下而上逐级上报。以唐前期为例，中央政府财政预算的基础是户部所掌握的全国的户籍。而户籍形成的基础是乡治组织所统计的手实和乡帐。乡里组织的手实、乡帐以至县、州的计帐，每一年调整一次，而户部的户籍每三年调整一次。① 唐代的户籍是兼户口、土地、其他财产于一体的综合性账本，在最初的形成过程中，里正是最主要的负责人。太宗废乡长正后，乡的事务主要由里正来完成。一乡分为数里，每里有各自里正，同时每年在这些里正中选出一名里正兼管全乡事务，这样的一乡的职事就由各位里正轮流来当执。由此可见，这一时期里正的权力很大，要想保证乡里事务的公平公正，除了县司的监督外，就是选拔里正对其品行做严格要求，因此唐代前期"诸里正，县司选勋官六

---

① "每一岁一造计帐，三年一造户籍。县以籍成于州，州成于省，户部总而领焉。"载（唐）李林甫等撰，陈仲夫点校《唐六典》卷3《尚书户部》，第74页。

品以下白丁清平强干者充"。在均田制时代下，人口流动不大，土地买卖不频繁，农民承担的租赋相对固定①，因此乡职人员的工作相对程式化，比较简约。因此一乡的事务只靠数量不多的几位里正和村正协作就能完成。

中唐以后，唐政府的中枢体制呈现专制—集权的加强模式。中央权力集中于直接体现皇帝意志的翰林院与枢密院，地方权力集中于直接向皇帝负责的采访、观察等使。县司的征收赋役的职责加重。伴随着建中后两税法的推行，中央财政预算制度由先前的量入制出变量出制入，其征收方式，也由先前的自下而上的定额征收变为自上而下的根据农户实际财产多少摊派。分析上述变化，财政预算量出制入是维系政权需要庞大的财政支撑所致，征赋变为按贫富摊派，除了政治的因素外，就是当时人口流动增加，地权变动频繁，社会贫富分化严重。

以上情况到宋代更加突出。宋代专制—集权体制比中唐后更加完善，加上与周边民族政权冲突不断，加剧了中央财政的财赋需求。两宋强化的专制—集权体制，势必要求财政绝对中央化。伴随两宋路级的权限的不断加大，使其日益政府化，路的各类使臣成为直接向皇帝负责的最高地方长官。与此同时，最基层政府——县司的权限缩小，尤其在财权方面已沦落到丧失殆尽的地步，只变为国家的税赋征收机构。而在秦汉时财赋的征收机构是乡，隋唐前期财赋征收也基本乡里主导。中唐后，县令职责已是以"征赋为先"，而乡职人员也只能围绕"催赋"这个中心来工作了。

---

① 除正税租调固定外，其他负担，政府也尽可能采用定额来简化工作流程，降低工作难度。"开元二十四年（736）三月六日，户部尚书同中书门下三品李林甫奏：租庸丁防、和籴杂支、春彩税草诸色旨符，承前每年一造。据州府及诸色计，纸当五十余万张，仍差百司抄写，事甚劳烦。条目既多，计检难遍。缘无定额，支税不常，亦因此涉情，兼长奸伪。臣今与采访使、朝集使商量，有不稳便于人，非当土所出者，随事沿革，务使允便。即望人知定准，政必有常。编成五卷，以为常行旨符，省司每年但据应支物数，进书颁行，每州不过一两纸，仍附驿送，敕旨依。"载（宋）王溥《唐会要》卷59《度支员外郎》，第1020页。

三

有宋建立伊始，太祖就十分重视财政工作。建隆、开宝年间，围绕财赋问题，太祖多次下诏：一是完善乡里组织建设，二是完善帐历、点检制度①，三是对州县势要人户置"形势籍"，委官专门检察。② 在乡里组织建设方面，先是"诸乡置里正主赋役，州县郭内旧置坊正，主科税。"但很快就加以调整，"开宝七年（974）废乡分为管，置户长主纳赋，耆长主盗贼、词讼"③。20 世纪 90 年代初，郑世刚先生较早地注意到了这个调整，曾撰文《宋代的乡和管》做了开拓性研究。④ 该文对废乡，分为管过程及乡与管的关系着力较深，但对因宋初调整乡里建制的原因未作深究。要探究其调整原因，不妨再对以后调整，作一总览。管的推行大约从开宝七年废乡令始，至熙宁八年（1075）《罢耆户长壮丁法》止。之后王安石将保甲法适用到乡治中去，"（熙宁七年）司农司乞废户长、坊正，令州县坊郭择相邻户三二十家，排比成甲，迭为甲头，督输税赋苗役，一税一替，……。"之所以选择保甲组织，王安石的理由是："保丁、户长皆百姓为之，今罢差户长，使为保丁，数年或十年方催一税，其任役不过二十余家，于人情无所苦。"⑤ 之后元祐、绍圣间又出现了反复，但从绍圣后直至

---

① "建隆四年（963）十月，诏曰：'……如闻向来州县催科，都无帐历。自今诸州委本州判官、录事参军点检逐县，如官元无版籍，及百姓无户帖户抄处，便仰置造，即不得烦扰人户。令、佐得替日交割批历，参选日铨曹点检。'"载（清）徐松辑，刘琳、刁忠民、舒大刚等点校《宋会要辑稿》食货 11 之 10，第 6215—6216 页。

② 太祖于建隆四年（963）和开宝四年（971）两次下诏对形势户约束，详见（清）徐松辑，刘琳、刁忠民、舒大刚等点校《宋会要辑稿》食货 70 之 1 和食货 70 之 3。

③ （清）徐松辑，刘琳、刁忠民、舒大刚等点校《宋会要辑稿》职官 48 之 25，第 4321 页。

④ 郑世刚：《宋代的乡和管》，载邓广铭、漆侠主编：《中日宋史研讨会中方论文选编》，河北大学出版社 1991 年版，第 246—259 页。

⑤ （宋）马端临著，上海师范大学古籍研究所、华东师范大学古籍研究所点校：《文献通考》卷 12《职役一》，第 354 页。

南宋，乡治组织基本以王安石推行的保甲制为基础。这即意味着经过长期政治实践保甲制的都保组织才是符合当时实际的基层乡治组织。

都保制究竟在哪些方面符合了当时的政治需要？先看一下都保制的基本构成：五家为保，五保为一大保，十大保为一都保。此法是王安石综合了前代的什伍之法，其初衷是为解决北宋政府的冗兵冗费问题。[①] 此时的保长、都、副保正、保丁除了按时参加"提举教阅之使"的军事训练外，平时还兼有维护地方治安的职责。同时由于乡管组织下的户长、耆长差役制，越来越成为农民的沉重负担，引起了尖锐的社会矛盾。为此王安石顺势而变为保甲制。后来徽宗时蔡京当国，将王安石的保甲制逐渐改造成都保制，"熙宁间，王安石当国，变祖宗画一之制，创立新法，而保甲居其一。至元祐间，司马光秉政，一切罢去，民获苏息，盗亦销弭。及章惇、蔡京述安石之弊，行于东南。一乡之中以二百五十家为保，差五十小保长，十大保长，一保副，一保正，号为一都。凡州县徭役、公家科敷、县官使令、监司迎送，皆责办于都保之中"[②]。南渡后，宋高宗于建炎初的五年内，不顾一些人的反对，下令完善保甲制，在南宋境内普遍建立了都保组织。[③]

---

① "初，王安石议减正兵，以保甲民兵代之。"载（清）徐松辑，刘琳、刁忠民、舒大刚等点校：《宋会要辑稿》职官44之51，第4230页。

② （清）徐松辑，刘琳、刁忠民、舒大刚等点校：《宋会要辑稿》食货14之25，第6278页。

③ "建炎二年（1128），……其乡村耆、户长依法系保正、长轮差。""保正、长之立也，五家相比，五五为保，十大保为都保，有保长，有都、副保正，余及三保亦置长，五大保亦置保正。其不及三保、五大保者，或为之附庸，或为之均并，不一也。"载（宋）马端临著，上海师范大学古籍研究所、华东师范大学古籍研究所点校《文献通考》卷13《职役二》，第374、377页；"[建炎四年（1130）] 九月十五日，明堂赦：'诸县选差保正、副，在法以物力高下、人丁多寡、歇役久近参酌差定，务要均当。比年以来，乡司案吏于造簿攒丁、差大小保长之际，预行作弊，致争讼不已。'"载《宋会要辑稿》食货14之22，第6277页；"[建炎五年（1131）] 十一月二十八日，……今欲依所请，改用甲头。专责县令佐将形势户、平户随税高下，各分作三等编排，籍定姓名，每三十户为一甲，依次攒造成簿。然后按籍，周而复始轮差。"载（清）徐松辑，刘琳、刁忠民、舒大刚等点校《宋会要辑稿》食货14之25，第6278页；"户部言：'……缘保伍之法，系村疃联为保分，次第选物力高强人户充保正、长祗应。'"载（清）徐松辑，刘琳、刁忠民、舒大刚等点校《宋会要辑稿》食货14之25—26，第6278页。

南宋高宗时对都保制的完善有两层意思：一是杜绝争议，不要再像南渡前，一朝天子一朝臣，老是在乡管制和保甲制之间反复，彻底将都保制固定下来。二是突出了甲首的催税职能，让保正总揽全都事务，更多地承担领导职责。三是起到约束乡司的功能，保证税役的公平。①

乡司是在唐代中期以后伴随着官僚机构人员职役化，而出现的一个新机构。职役的轻重更多地与户等高低紧密联系在一起，赵宋以后，这一点体现得更为突出。每户男丁的多少、田地的多少、财产的多少，是判定人户等级高低的重要依据，而户等高低又是人户服役轻重的唯一标准，而这一切都掌握在乡司手中。对一政府，则意味着，乡司在很大程度上，影响着官府机构的运转和政权的财源基础。

同时，我们还要认识到一点，在两宋对民户的掌控，根据不同的目的，划为多种类型：按居住地分为乡村户和坊郭户；按是否拥有私有田产，分为主户和客户；还有如五等丁产簿、保甲簿、二税版籍等。在这些名目繁多的簿籍中，可以归纳为两类：一是籍贯簿，另一是税役簿。先就第一类籍贯簿来说。籍指祖籍，贯指出生地或

---

① "[绍兴十五年（1145）] 二月十日，王鈇言：'……如有脱户，并仰于邻近甲内附入；如不附入，依隐田罪赏施行。许田邻纠，其田邻不纠，依同甲人结并不实罪赏施行。逐都差保正、长均散甲帐体式付人入户，限一月依式供具。令保正、长拘收甲帐，类聚赴当州县，以移用钱雇书算人攒造，将田亩并苗税数目腾转，逐乡作都簿，在官照应。及每保正亦给上件簿书收掌，许人户检看，庶使各乡通知，如有不实之人，得以告首，免致乡司等人作弊。仍将逐里元供帐状每户印给一道，付各人家照会。所管田产并其税赋如有甲帐上不曾声说，久后因争竞到官，止以帐状为定，官司更不得受理。'"载（清）徐松辑，刘琳、刁忠民、舒大刚等点校《宋会要辑稿》食货6之41，第6107—6108页；"比来有力之家规避差役科率，多将田产分作诡名挟户，至有一家不下析为三二十户者；亦有官户将阶官及职官及名分为数户者。乡司受偿，得以隐庇。……欲候人户供到，从本县将保正帐并诸乡主客保簿参照，若非系保伍籍上姓名，即是诡名挟户。如外乡人户寄庄田产，亦令关会各乡甲簿有无上件姓名，如有，即行将物力于住居处关并作一户。其外州县寄庄户准此关会。若后来各乡有创新立户之家，并召上三等两户作保，仍即时编入保甲簿，庶得永远杜绝诡名挟户之弊。"载（清）徐松辑，刘琳、刁忠民、舒大刚等点校《宋会要辑稿》食货6之42，第6108页。

户口所在地。自东汉末以来，尤其是魏晋南北以后，因讲究门阀，所以直至宋初，人们在称呼自己的籍贯时，往往还以历史上郡望来代指自己的户贯，如姓王的，常称自己为太原王氏，或琅琊王氏；姓崔的，就称自己为清河崔氏，或博陵崔氏。在门阀士族势力已经消亡殆尽的宋代，一些士人仍以郡望指称自己的户贯，只不过附庸风雅罢了。在正式的户籍登记中是以严格的州、县、乡层级来登记的。特别是与科举考试有关的乡贡名额的分配，更是严格以州、县、乡的人数及等级的高低为依据。从户籍的意义上讲，最基层的一级是乡。乡作为最古老的一个政区单位的名称，在郡县制实行以前的时代中，还有礼制的含义。所以后代乡的名称，常冠以礼教的名称，赋予教化的功能。

与乡不同，在县以下设都保，主要是从便于征发税役为出发点的。从中央的角度看，县是直接控制的最基层的赋役单位，而对于县而言，都保，简称都，是其征发税役的基本单位。为便于征发赋役，在全县范围内，按相对固定的户数，用保甲制的方式，按一定次序，统一用数字编排，从第一到最后第几都。这就是我们从史籍上看到的，有时称县乡，有时又称县都保的原因。

结　语

唐宋乡治组织变迁，是统治者为巩固政权，在不断调整和社会发展形势相适应的政治实践的基础之上形成的。一方面是不断加强以皇权为中心的专制主义中央政权的需要。尤其是唐中叶以后，为加强专制主义中央集权，不但行政层级和行政幅度方面，都有所扩大，而且是在原有的行政框架内外，不断增扩和添加机构和官员，致使国家机器严重膨胀。另一方面是随着土地私有制的普遍化和商品经济的发展，社会成员之间贫富分化加重，过度的官僚化政治也催生出了一批"形势户"群体，他们和地方上的富户、豪民，构成了基层社会的势力阶层。同时民间宗族势力也呈发展之势，这给国家的基层治理造成了很大困难。为此国家从行政控制的策略方面采取强化县以上的行政层级，对县域的控制，采用了主要由地方行政官员监控下的"自治"的方式。这种"自治"主要是让富户充任职役的形式，承担起为官府提供赋役和财税的责任。与中央财政机构户部、度支、盐铁三分而构成的"三司"相对应，县域内也采用了一般户籍和财役簿籍相区分的管理方式，前者采用县乡的方式，后者采用都保的方式。这种方式在一定程度上有利于政权对辖下人口和土地的掌控，有利于加强对赋税有效征发，从而有利于政权的巩固。

附录三　范仲淹的家国情怀：对宋代出身基层的士大夫精神世界的探寻（之一）

引　言

唐宋之际处在社会的大变革时期，政治格局发生了很大变化，科举制的不断强化，使唐至宋期间完成了从贵族政治到官僚政治的大变化；期间围绕"专制—集权"政体，也逐渐经历了从"三省六部制""中书门下体制"直至宋代中书门下与枢密院文武分途的"二府制"。政局的变化对士大夫官员们的政治主体性影响很大，他们用实际行动（比如期间所集中出现的现象：家训从出现到日益普遍、乡约与义庄的出现等）来反映其内心世界，稍加留心就会从中读出其行为中的家国情怀和公私情结。本文试图以唐宋政局的变化为背景，从家国的角度解读一下范仲淹的精神世界。

范仲淹活着的时候是孤独的，大部分时间是在颠沛流离和铁马羌笛中度过的。终其64岁的一生，朋友多于知己，政敌多于朋友。他死了以后，被谥以"文正"，被天下人奉为"楷模"并流芳后世，泽被及范氏后族。"先天下之忧而忧，后天下之乐而乐"，这句在他一生中最失意时所发出的慨叹，成为铭传后世文人士大夫的人格世范。

范仲淹二岁而孤，随母改嫁，改姓名为朱说。继父对仲淹视同己出，支持其读书志学。仲淹幼年的物质生活条件，其实本不差，但在山东长山醴泉寺读书时却"断齑画粥",以苦立志,之后进入享有盛名的睢阳书院读书,深受书院创始人戚同文的精神感召力,强化出了一种"以天下为己任"的文化自觉。随着范仲淹步入朝堂,不断地亲身实践这种理想,带动了一大批追随者,从而将"以天下为己任"的文化自觉升华为一种时代精神。

范仲淹终其一生都在为实现理想而奋斗,但正是由于其对理想的过于执着,在实践中往往会因此碰壁,甚而至于头破血流。范仲淹的悲壮就在于其不断地坚持,而越坚持其悲壮色彩愈浓厚。范仲淹为官言事曾遭"三黜",且一次比一次惨。

> 初为校理,忤章献太后(仁宗养母,此时太后主政)旨,贬倅河中。……后为司谏,因郭后废,率谏官、御史伏阁争之不胜,贬睦州。……后为天章阁、知开封府,撰《百官图》进呈。丞相怒,奏曰:"宰相者,所以器百官。今仲淹尽自抡擢,安用彼相?臣等乞罢。"仁宗怒,落职贬饶州。①

范仲淹三次遭贬,曾三次受少数有气节官员的褒扬,史称"三光"。

> 首次忤章献太后遭贬,僚友饯于都门曰:"此行极光。";再次忤仁宗皇帝遭贬,僚友又饯于亭曰:"此行愈光!";再次忤吕丞相遭贬,时亲宾故人又饯于郊曰:"此行尤光!"范仲淹笑谓送者曰:"仲淹前后三光矣,此后诸君更送,只乞一上牢可也。"②

---

① (宋)文莹撰,郑世刚、杨立扬点校:《湘山野录》续录《范文正公以言事凡三黜》,中华书局1984年版,第77页。
② (宋)文莹撰,郑世刚、杨立扬点校:《湘山野录》续录《范文正公以言事凡三黜》,第77—78页。

仲淹的"三光"之笑实为苦笑，人情冷暖，世态炎凉，当人在落难时，感触最深。在最后一次遭贬时，饯送之人寥寥，即使前往送别之人，大多也多是为应景，真心以钦佩之心惜别的只有王质一人。在前往饶州的途中，"暨水道之官，历十余州，无一人出迎迓者"①。但范仲淹还在坚持，期间应好友滕宗谅（子京）之约，赴岳州会友，写下名篇《岳阳楼记》，以此明志："先天下之忧而忧，后天下之乐而乐。"尽管如此，此时的范仲淹已不再是年少气盛的年岁，已值暮年，大半生颠沛流离的官宦生涯，越来越使心境回归理性和现实。晚年范仲淹回到了家乡姑苏为官，在此他做了一个惊世之举，在苏州首创了"义庄"。

> 及归姑苏日，有绢三千匹，尽散与闾里亲族朋旧，曰："亲族乡里见我生长幼学壮行，为我助喜，何以报之？祖宗积德百余年，始发于我。今族众皆祖宗子孙，我岂可独享富贵？"乃置田数千亩为义庄，赡贫族。②

范仲淹办义庄之举，历来为史家所乐道，不吝美辞以褒扬。其实，对此事还真有细品的必要。范仲淹办义庄资赡族人，为何到晚年才想到做这事？联想范仲淹的身世，对其付之深恩的并非祖家，而是其继父朱氏。可贵的是，范仲淹始终像亲父兄一样侍养父兄。先祖范氏宗亲虽对其施恩不多，但范仲淹将其发达归因于祖宗百余年的积德。以此类推，范仲淹办义庄之举，在为后世子孙积德，之后其子范纯仁、四世孙范成大为相的事实，似乎都在印证着这种逻辑。不过联想到范氏义庄的开创之举，之后士大夫纷纷效仿，但他们当中的大多数人的积德行为，并未为后世赢得显达。因此我总觉

---

① （宋）魏泰撰，李裕民点校：《东轩笔录》卷13，中华书局1983年版，第149页。
② （宋）俞文豹著，尚佐文、邱旭平点校：《俞文豹集·清夜录》，浙江古籍出版社2016年版，第161页。

得范仲淹的晚年行为中，有官场感悟的难言之隐。

也许以往的研究者过于把范仲淹塑造成一个完美、不食人间烟火的圣人了。现在大家所了解的范仲淹是一个抽象的范仲淹。历史上实际的范仲淹应当是心理负担极重的一个人。幼年生父早逝，随母改嫁朱家，尽管继父对他很好，但随着范仲淹年龄的增长、读书的增多、对身世愈来愈清楚，会渐渐有一种做事谨小慎微的顾虑。早年范仲淹在醴泉寺读书时，其继父家的家庭条件并不差，但其仍故意过"断齑画粥"的日子，以苦明志。后来做官后，毅然恢复范姓的举动，史载是因其母规劝的结果。实际的原因，恐怕是范仲淹长期以来埋藏在心中的一个心愿。

幼年的范仲淹似是一内向之人，只顾埋头读书，很少说话；科考中举做官后却一改幼年寡言少语的性格，不仅敢言，而且敢于犯上而言，从犯颜顶头上司——知州到反对主政之章献太后、抗辩仁宗皇帝，直至与当朝宰相作对；从写万言书到上奏《答手诏条陈皇帝十事》，推动庆历新政改革。可以说自范仲淹做官后每一次言事都惊天动地，每一次都不惜将自己置之死地。尽管由于赵宋有不杀言官的祖训，可以使范仲淹免以一死，但他也并未因"置之死地"而"后生"。

范仲淹的一生无不因言而颠沛流离，大半生是在做贬官的生活。范仲淹是当时官场中的另类。当时的官场和所有时代的官场一样充满着尔虞我诈，充斥着明争暗斗。我相信大部分读书人初入官场后还是充满着一颗事业心的，但在熟悉了官场规则后，渐渐地会消磨棱角，变得圆滑世故。诚如时任丞相吕夷简与范仲淹谈话中所讲的那样：范仲淹问丞相，韩琦力主对西夏主元昊主动进攻，结果大败，而丞相当时明知韩琦之策必败无疑，可却不加止之，这是为什么呢？吕丞相答道，韩将军年少气盛，当时劝是无益的，等到他不断碰壁，直到头破血流，到时不用劝，自然他就安稳了。果然后来韩琦成为王安石变法的强烈反对者。

范仲淹曾对吕夷简的话半信半疑，做事仍然锋芒毕露。可从他晚年的举动看,"先天下之忧而忧,后天下之乐而乐"更像是他勉励后人的一句格言。《岳阳楼记》毕竟是一部公众作品,不像日记或书信那样带有一定的私密性。只有私密性的东西才会真正去反映个人心灵深处的东西。范仲淹其实也有两面性,一个是官员身份的范仲淹,一个是作为常人的范仲淹。作为常人的范仲淹也有七情六欲,对同父异母的兄长范仲温书信往来,倍尽手足之情;对养父母尽报抚养恩德,甚至范仲淹还有情意绵绵的红颜知己。

> 范文正公守饶,喜妓籍一小鬟。既去,以诗寄魏介曰:"庆朔堂前花自栽,便移官去未曾开。年年长有别离恨,已托春风干当来。"介买送公。王衍曰:"情之所钟,正在我辈。"以范公而不能免。①

> 到京,以绵胭脂寄其人,题诗云:"江南有美人,别后长相忆。何以慰相思,寄汝好颜色。"②

范仲淹在《渔家傲·秋思》也曾表露心迹:"浊酒一杯家万里,燕然未勒归无计。羌管悠悠霜满地。人不寐,将军白发征夫泪。"③其中透露的可是人之常情——思乡之情,而不是宣传作品所鼓吹的报国之情。其时范仲淹与好友韩琦、尹洙一同在西近御夏,韩琦因力主不当的进攻战略,自取好水川大败之辱。范仲淹力主积极和防御战略,颇有成效,但因私与西夏主元昊通书,被人诬陷,再受重责。后虽再被起用,但其时心境已不再平静。在范仲淹复给韩琦的信中写道:

> 邸报云,某有恩命,改职增秩。贫儒至此,诚为光宠,奈

---

① (宋)俞文豹著,尚佐文、邱旭平点校:《俞文豹集·吹剑四录》,第117页。
② (宋)姚宽撰,孔凡礼点校:《西溪丛语》卷下,中华书局1993年版,第93页。
③ (宋)范仲淹著,李勇先、王蓉贵校点:《范仲淹全集·范文正公集》补编《渔家傲·秋思》,第735页。

何朝廷本欲吾辈来了边事,今泾原全师败殁,邻道无应援之效,而特进爵,天下岂无深议耶?又今将佐不思报国,惟望侥恩,吾辈频时进改,岂能伏其心?何言责他实效?候文字到,须以此削章,乞朝廷裁酌。今日闻阁下复旧职,改大谏职可复矣。官莫须陈让,使诸将知吾辈无侥幸之意。当此之际,如得朝廷责怒,则吾辈可责将佐之功矣。某昨赴邠州,设御捍之势,实惧自己路分内放过寇马,入挠关中,其责如何。诚以避罪,岂足为功,以邀渥泽也。惶恐惶恐!寇谋渐炽,皆由将帅无谋,入贼策中。吾辈须日夜营营,以备将来。①

从此信中不难体会到,此时范仲淹对朝廷虽有微词,但仍以进取为念。但之后从战场回调京师,拜枢密副使,因建言《条陈十事》,倡行新政,即史上有名的"庆历新政",因反对势力过多,竟因事败而终。此事对范仲淹打击甚大,其心态在一点点变化。同样在与韩琦的通信中表露道:

已乞罢使名,改蒲、同、襄、邓一郡,必有俞旨。孤平蹇剥,所得已多,须求便安,以全衰晚。……蒙诘以念念其退之非,盖年向衰晚,风波屡涉,不自知止,祸亦未涯,此诚惧于中矣。……某孤平有素,因备国家粗使,得预班列。今庶事逾涯,复得善郡。每自循揣,曷报上恩?愧幸愧幸!公与彦国,青春壮图,宜精意远略,行复大用,乞自重自重。②

其失落、消极情绪跃然纸上。在这之前,范仲淹虽也屡遭贬放,但胸怀天下之志却依然坚定。这在与同熟识同道的书函中也体现得

---

① (宋)范仲淹著,李勇先、王蓉贵校点:《范仲淹全集·范文公正公尺牍》卷中《交游·韩魏公》,第671页。
② (宋)范仲淹著,李勇先、王蓉贵校点:《范仲淹全集·范文公正公尺牍》卷中《交游·韩魏公》,第674—675页。

很明显。在复书于谢安定屯田的信中写道:

> 某早以孤贱,荷国家不次之遇,夙夜不遑,思所以报,故竭其诚心,自谓无隐尔,非有出入于人也。今被罪而来,尚有民人,是亦为政,岂敢怠哉!①

又,与胡安定屯田的书函中写道:

> 某念入朝以来,思报人主,言事太急,贬放非一。然仆观《大过》之象,患守常经。九四以阳处阴,越位救时,……思不出位者也。吾儒之职,去先王之经,则茫乎无从矣,又岂暇学人之巧,失去故步?但惟精惟一,死生以之。②

以上十分粗略地对范仲淹一生的心历路程做了一个分析,从一个常人的视角对范仲淹做了一个重新认识。其实范仲淹的境遇和心态变化不是偶然的。与他同时代以及后时代的士大夫如欧阳修、苏轼、王安石等,也有着和范仲淹相似的人生经历和心路历程。联及范仲淹首创"义庄"后,士大夫们的纷纷效仿,加之"家训"现象普及和"乡约"现象的出现,无不体现出唐宋时期以皇权至上为基础,以科举考试为手段所形成的士大夫政治下的君臣关系的新特点。这样一种政治格局对士大夫的精神世界产生着重要影响。

赘 语

中唐以后中枢体制变化后,士大夫政治逐渐形成,即北宋名臣

---

① (宋)范仲淹著,李勇先、王蓉贵校点:《范仲淹全集·范文正公尺牍》卷下《谢安定屯田》,第692—693页。
② (宋)范仲淹著,李勇先、王蓉贵校点:《范仲淹全集·范文正公尺牍》卷下《胡安定屯田》,第693页。

文彦博所言的"皇帝与士大夫共天下"。其实不尽然。专制—集权的政治体制的不断强化，在很大程度上造成了皇帝与大臣的离心离德，从权力与势力层面会形成国家与社会的分野。宋太祖、太宗年间，士大夫官员们有"伴君如伴虎"之叹！两宋期间大部分官员几乎都经历了上上下下的宦海沉浮，包括一些重臣、名臣在内的如赵普、寇准、范仲淹、欧阳修、王安石、苏轼等。北宋时发生在士大夫身上的家训的普遍性、创办义庄、编定乡约等现象，尤值得深思。这些现象对后来的家族—宗族及乡绅的形成起着极大的推动作用。通过上述史实，我们可以梳理出唐宋期间政治格局与士大夫之间的变迁的互动性，从而在二者的互动性中来把握士大夫的内心世界。

主要参考文献

上 篇

一 古籍部分

（汉）司马迁：《史记》，中华书局1959年版。

（汉）班固撰，（唐）颜师古注：《汉书》，中华书局1962年版。

（南朝宋）范晔撰，（唐）李贤等注：《后汉书》，中华书局1965年版。

（晋）陈寿撰，（南朝宋）裴松之注：《三国志》，中华书局1959年版。

（梁）沈约：《宋书》，中华书局1974年版。

（北齐）魏收：《魏书》，中华书局1974年版。

（唐）房玄龄等：《晋书》，中华书局1974年版。

（唐）李百药：《北齐书》，中华书局1972年版。

（唐）李林甫等撰，陈仲夫点校：《唐六典》，中华书局1992年版。

（唐）李延寿：《北史》，中华书局1974年版。

（唐）令狐德棻等：《周书》，中华书局1971年版。

（唐）魏征等：《隋书》，中华书局1973年版。

（唐）长孙无忌等撰，刘俊文点校：《唐律疏议》，中华书局1983年版。

（唐）杜佑撰，王文锦等点校：《通典》，中华书局1988年版。

（后晋）刘昫等：《旧唐书》，中华书局1975年版。

（宋）欧阳修、宋祁：《新唐书》，中华书局 1975 年版。

（宋）王溥：《唐会要》，中华书局 1960 年版。

（宋）王溥：《五代会要》，上海古籍出版社 1978 年版。

（清）徐松辑，刘琳、刁忠民、舒大刚等点校：《宋会要辑稿》，上海古籍出版社 2014 年版。

（宋）司马光编著，（元）胡三省音注：《资治通鉴》，中华书局 1956 年版。

（宋）李焘撰，上海师范大学古籍整理研究所、华东师范大学古籍整理研究所点校：《续资治通鉴长编》，中华书局 2004 年版。

（宋）郑樵：《通志》，中华书局 1987 年版。

（宋）赵汝愚编，北京大学中国中古史研究中心校点整理：《宋朝诸臣奏议》，上海古籍出版社 1999 年版。

（宋）马端临著，上海师范大学古籍研究所、华东师范大学古籍研究所点校：《文献通考》，中华书局 2011 年版。

（元）脱脱等：《宋史》，中华书局 1977 年版。

（唐）杜甫撰，萧涤非主编：《杜甫全集校注》，人民文学出版社 2013 年版。

（唐）韩愈撰，马其昶校注：《韩昌黎文集校注》，上海古籍出版社 1986 年版。

（唐）元稹著，冀勤点校：《元稹集》（修订本），中华书局 2010 年版。

（唐）白居易著，顾学颉校点：《白居易集》，中华书局 1999 年版。

（唐）杜牧撰，吴在庆校注：《杜牧集系年校注》，中华书局 2013 年版。

（唐）王梵志著，张锡厚校辑：《王梵志诗校辑》，中华书局 1983 年版。

（唐）温大雅撰，李季平、李锡厚点校：《大唐创业起居注》，上海古籍出版社 1983 年版。

（唐）王定保撰，陶绍清校证：《唐摭言校证》，中华书局 2021

年版。

（唐）牛僧孺撰，程毅中点校：《玄怪录》，中华书局 2006 年版，

（唐）杜光庭撰，罗争鸣辑校：《杜光庭记传十种辑校》，中华书局 2013 年版。

（唐）佚名撰，罗宁点校：《大唐传载》，中华书局 2019 年版。

（宋）王谠撰，周勋初校证：《唐语林校证》，中华书局 1987 年版。

（宋）洪迈撰，孔凡礼点校：《容斋随笔》，中华书局 2005 年版。

（宋）李昉等编：《文苑英华》，中华书局 1966 年版。

（清）彭定求等编：《全唐诗》，中华书局 1960 年版。

（清）董诰等编：《全唐文》，上海古籍出版社 1990 年版。

吴钢主编：《全唐文补遗》（第 1—7 辑），三秦出版社 1994—2000 年版。

（宋）乐史撰，王文楚等点校：《太平寰宇记》，中华书局 2007 年版。

二　出土文书及墓志资料

中国科学院历史研究所资料室编：《敦煌资料》第一辑，中华书局 1961 年版。

日本龙谷大学佛教文化研究所编，小田义久主编：《大谷文书集成》第一卷，京都：法藏馆 1984 年版。

国家文物局古文献研究室、新疆维吾尔自治区博物馆、武汉大学历史系编：《吐鲁番出土文书（全十册）》，文物出版社 1981—1991 年版。

［俄］丘古耶夫斯基著，王克孝译：《敦煌汉文文书》，上海古籍出版社 2000 年版。

宁可、郝春文辑校：《敦煌社邑文书辑校》，江苏古籍出版社 1997 年版。

沙知录校：《敦煌契约文书辑校》，江苏古籍出版社 1998 年版。

郝春文编著：《英藏敦煌社会历史文献释录》第一卷，科学出版社

2001年版。

郝春文主编：《英藏敦煌社会历史文献释录》第二、三卷，社会科学文献出版社2003年版。

周绍良主编：《唐代墓志汇编》，上海古籍出版社1992年版。

周绍良、赵超主编：《唐代墓志汇编续集》，上海古籍出版社2001年版。

三　日本中国学研究文献

滨口重国：《所谓隋的废止乡官》，载刘俊文主编《日本学者研究中国史论著选译》第4卷，中华书局1992年版。

池田温著，龚泽铣译：《中国古代籍帐研究》，中华书局1984年版。

池田雄一：《中国古代社会聚落的发展情况》，载李范文等主编《国外中国学研究译丛》第1辑，青海人民出版社1986年版。

船越泰次：《唐代均田制下的佐史、里正》，《文化》1967年第31卷第3期。

东晋次：《东汉的乡里社会与政治变迁》，《中国史研究》1989年第1期。

宫川尚志：《六朝时期的村》，载刘俊文主编《日本学者研究中国史论著选译》第4卷，中华书局1992年版。

宫崎市定：《关于中国聚落形体的变迁》，载刘俊文主编《日本学者研究中国史论著选译》第3卷，中华书局1993年版。

宫崎市定：《四家为邻》，《东洋史研究》1950年第11卷第11期。

谷川道雄：《六朝时代城市与农村的对立关系》，《魏晋南北朝隋唐史资料》1997年第15辑。

谷川道雄著，李济沧译：《隋唐帝国形成史论》，上海古籍出版社2004年版。

谷川道雄著，马彪译：《中国中世社会与共同体》，中华书局2002年版。

加藤繁：《支那古田制研究》，京都法学会1916年版。

堀敏一：《中国的律令对农民的统治》，史学研究会大会报告，1978年。

柳田节子撰，游彪译：《宋代的父老——关于宋代专制权力对农民的支配》，载《漆侠先生纪念文集》，河北大学出版社2002年版。

木村正雄：《中国古代帝国的形成——特别是帝国形成的基本条件》，东京：不昧堂1965年版。

气贺泽保规：《隋代乡里制考察》，《史林》1975年第58卷第4期。

清水盛光：《中国村落制度史的研究》，东京：岩波书店1977年版。

清水盛光：《中国乡村社会论》，东京：岩波书店1951年版。

仁井田陞：《唐代的邻保制度》，《历史学研究》1936年第6卷第10期。

仁井田陞著，栗劲等编译：《唐令拾遗》，长春出版社1989年版。

山根清志：《唐代前半期的邻保及其职能》，《东洋史研究》1982年第41卷第2期。

石田勇作：《唐和五代的村落统治的变容》，载《宋代的社会与文化》，东京：汲古书院1983年版。

守屋美都雄：《父老》，载刘俊文主编《日本学者研究中国史论著选译》第3卷，中华书局1993年版。

西嶋定生：《中国古代帝国的形成与结构》，东京大学出版社1961年版。

鹰取祐司：《汉代三老的变化与教化》，《东洋史研究》1994年第53卷第2期。

圆仁著，白化文、李鼎霞、许德楠校注：《入唐求法巡礼行记校注》，中华书局2019年版。

志田不动麿：《唐代乡党制研究》，《社会经济史学》1936年第5卷第11期。

中川学：《八、九世纪中国之邻保组织》，《一桥论丛》1980年第83卷第3期。

中村治兵卫：《律令制与乡里制》，载唐代史研究会编《律令制——

中国朝鲜的法与国家》,东京:汲古书院 1986 年版。

中村治兵卫:《唐代的乡——据〈元和郡县图志〉所见》,载《铃木教授还历纪念东洋史论丛》,东京:三阳社 1964 年版。

中村治兵卫:《再论唐代的乡》,《史渊》1966 年第 96 卷。

周藤吉之:《唐宋社会经济史研究》,东京大学出版会 1975 年版。

四 国内学人论著

陈国灿:《斯坦因所获吐鲁番文书研究》,武汉大学出版社 1995 年版。

陈国灿:《唐五代敦煌县乡里制的演变》,《敦煌研究》1989 年第 3 期。

陈寅恪:《隋唐制度渊源略论稿》,生活·读书·新知三联书店 2011 年版。

陈振:《论宋代的县尉》,载《宋史研究论文集·1984 年年会编刊》,浙江人民出版社 1987 年版。

陈直:《汉书新证》,天津人民出版社 1979 年版。

韩昇:《魏晋隋唐时期的坞壁和村》,《厦门大学学报》(哲学社会科学版)1997 年第 2 期。

何汝泉:《关于唐代"乡"的两点商榷》,《中国史研究》1986 年第 4 期。

侯外庐:《中国古代社会史论》,人民出版社 1955 年版。

侯旭东:《北朝乡里制与村民的生活世界——以石刻为中心的考察》,《历史研究》2001 年第 6 期。

胡戟、张弓、李斌城等主编:《二十世纪唐研究》,中国社会科学出版社 2002 年版。

孔祥星:《唐代里正:吐鲁番、敦煌出土文书研究》,《中国历史博物馆馆刊》1979 年第 1 期。

刘兴唐:《里庐考》,《食货》1936 年第 12 期。

马新:《两汉乡村社会史》,齐鲁书社 1997 年版。

齐涛：《魏晋隋唐乡村社会研究》，山东人民出版社1995年版。

钱玄等校注：《周礼》，岳麓书社2001年版。

秦晖：《传统十论——本土社会的制度、文化及其变革》，复旦大学出版社2003年版。

秦进才：《试论秦汉时代的三老》，载河北师范学院历史系编《中国古史论丛》，河北教育出版社1995年版。

尚秉和著，萧艾、谭松林校点：《历代社会风俗事物考》，岳麓书社1991年版。

仝晰纲：《中国古代乡里制度研究》，山东人民出版社1999年版。

王涛：《唐代中后期城乡关系之状况及其成因》，《山西大学学报》（哲学社会科学版）2001年第4期。

王永曾：《试论唐代敦煌的乡里》，《敦煌学辑刊》1994年第1期。

王永兴：《敦煌唐代差科簿考释》，《历史研究》1957年第12期。

王仲荦：《北周六典》，中华书局1979年版。

徐勇：《中国古代乡村行政与自治二元权力体系分析》，《中国史研究》1993年第4期。

杨鸿年：《隋唐两京坊里谱》，上海古籍出版社1999年版。

杨鸿年：《隋唐两京考》，武汉大学出版社2000年版。

杨念群、黄兴涛、毛丹主编：《新史学——多学科对话的图景》，中国人民大学出版社2003年版。

姚兆余：《二十世纪中国古代农村社会史研究的回顾与思考》，《中国农史》2002年第3期。

张腾霄：《中国历代村长制度研究》，《新东方》1940年第10期。

张泽咸：《唐代的衣冠户和形势户——兼论唐代徭役和复除问题》，《中华文史论丛》1980年第3辑。

张泽咸：《一得集》，兰州大学出版社2003年版。

赵吕甫：《从敦煌、吐鲁番文书看唐代"乡"的职权地位》，《中国史研究》1989年第2期。

五 其他类

商务印书馆编辑部等编：《辞源》（合订本），商务印书馆1998年版。

[法] 雷蒙·阿隆著，冯学俊、吴泓缈译：《论治史》，生活·读书·新知三联书店2003年版。

下 篇

一 古籍部分

（汉）班固：《汉书》，中华书局1962年版。

（后晋）刘昫等：《旧唐书》，中华书局1975年版。

（宋）王溥：《五代会要》，上海古籍出版社1978年版。

（清）徐松辑，刘琳、刁忠民、舒大刚等点校：《宋会要辑稿》，上海古籍出版社2014年版。

（宋）李焘撰，上海师范大学古籍整理研究所、华东师范大学古籍整理研究所点校：《续资治通鉴长编》，中华书局2004年版。

（宋）马端临著，上海师范大学古籍研究所、华东师范大学古籍研究所点校：《文献通考》，中华书局2011年版。

（元）脱脱等：《宋史》，中华书局1977年版。

（宋）罗大经撰，王瑞来点校：《鹤林玉露》，中华书局1983年版。

（宋）庄绰撰，萧鲁阳点校：《鸡肋编》，中华书局1983年版。

（宋）洪迈撰，何卓点校：《夷坚志》，中华书局1981年版。

（宋）周密撰，吴企明点校：《癸辛杂识》，中华书局1988年版。

（宋）方勺撰，许沛藻、杨力扬点校：《泊宅编》，中华书局1983年版。

（宋）邵伯温撰，李剑雄、刘德权点校：《邵氏闻见录》，中华书局1983年版。

（宋）邵博撰，刘德权、李剑雄点校：《邵氏闻见后录》，中华书局1983年版。

(宋）司马光撰，邓广铭、张希清点校：《涑水记闻》，中华书局1989年版。

（宋）苏辙撰，于宗宪点校：《龙川略志》，中华书局1982年版。

（宋）苏辙著，曾枣庄、马德富校点：《栾城集》，上海古籍出版社1987年版。

（宋）王栐撰，诚刚点校：《燕翼诒谋录》，中华书局1981年版。

（宋）叶梦得撰，侯忠义点校：《石林燕语》，中华书局1983年版。

（宋）张世南撰，张茂鹏点校：《游宦纪闻》，中华书局1981年版。

（宋）袁采著，贺恒祯、杨柳注释：《袁氏世范》，天津古籍出版社1995年版。

（元）王祯撰，缪启愉、缪桂龙译注：《东鲁王氏农书译注》，上海古籍出版社2008年版。

（宋）张津纂修：《乾道四明图经》，《宋元方志丛刊》，中华书局1990年版。

（宋）陈耆卿纂：《嘉定赤城志》，《宋元方志丛刊》，中华书局1990年版。

（宋）施宿等纂：《嘉泰会稽志》，《宋元方志丛刊》，中华书局1990年版。

（宋）周应和纂：《景定建康志》，《宋元方志丛刊》，中华书局1990年版。

（宋）梁克家纂修：《淳熙三山志》，《宋元方志丛刊》，中华书局1990年版。

（宋）范成大撰，陆振岳点校：《吴郡志》，江苏古籍出版社1999年版。

陈继淹修、许闻诗纂：《张北县志》，《中国方志丛书》，成文出版社1968年影印本。

曾枣庄、刘琳主编：《全宋文》，上海辞书出版社2006年版。

唐圭璋编：《全宋词》，中华书局1965年版。

二 今人论著部分

白寿彝、高敏、安作璋主编：《中国通史第 4 卷·中古时代·秦汉时期》，上海人民出版社 1995 年版。

陈乐素：《求是集》第二集，广东人民出版社 1984 年版。

陈振主编：《中国通史第 7 卷·中古时代·五代辽宋夏金时期》，上海人民出版社 1999 年版。

费孝通：《乡土中国·生育制度》，北京大学出版社 1998 年版。

傅衣凌：《中国传统社会：多元的结构》，《中国社会经济史研究》1988 年第 3 期。

葛金芳：《唐宋之际农民阶级内部构成的变动》，《历史研究》1983 年第 1 期。

郭声波：《宋代官方教育机构考述》，载北京大学古文献研究所、四川大学古籍整理研究所编《国际宋代文化研讨会论文集》，四川大学出版社 1991 年版。

何兹全：《佛教经律关于僧尼私有财产的规定》，《北京师范大学学报》（哲学社会科学版）1982 年第 6 期。

雷家宏：《中国古代的乡里生活》，商务印书馆国际有限公司 1997 年版。

李伯重：《"选精"、"集粹"与"宋代江南农业革命"——对传统经济史研究方法的检讨》，《中国社会科学》2000 年第 1 期。

李文治、江太新：《中国宗法宗族制和族田义庄》，社会科学文献出版社 2000 年版。

梁华东：《隋唐五代时期皖南地区农业开发初步研究》，《中国历史地理论丛》2000 年第 2 辑。

毛礼锐、张鸣岐：《古代中世纪世界教育史》，湖北人民出版社 1957 年版。

毛泽东：《毛泽东选集》（繁体竖排本），人民出版社 1966 年版。

漆侠：《中国经济通史·宋代经济卷》，经济日报出版社 1999 年版。

钱穆:《国史大纲》,商务印书馆 1996 年版。

乔健、潘乃谷主编:《中国人的观念与行为》,天津人民出版社 1995 年版。

商务印书馆编辑部等编:《辞源》(合订本),商务印书馆 1988 年版。

汤明燧:《从户籍制度看中国封建制下的小农》,《学术研究》1983 年第 2 期。

田泽滨:《试论中国封建社会的"豪民"经济》,《中国史研究》1983 年第 3 期。

汪圣铎:《两宋财政史》,中华书局 1995 年版。

王曾瑜:《宋朝阶级结构》,河北教育出版社 1996 年版。

王利华:《中古华北饮食文化的变迁》,生活·读书·新知三联书店 2018 年版。

王铭铭:《社区的历程——溪村汉人家族的个案研究》,天津人民出版社 1997 年版。

邢铁:《家产继承史论》,云南大学出版社 2000 年版。

邢铁:《经济史与社会经济史》,《思想战线》2001 年第 5 期。

杨念群主编:《空间·记忆·社会转型——"新社会史"研究论文精选集》,上海人民出版社 2001 年版。

叶坦:《商品经济观念的历史转化——立足于宋代的考察》,《历史研究》1989 年第 4 期。

余英时:《论士衡史》,上海文艺出版社 1999 年版。

袁征:《北宋的教育与政治》,载中国社会科学院历史研究所、宋辽金元史研究室编《宋辽金史论丛》第二辑,中华书局 1991 年版。

张广智、张广勇:《现代西方史学》,复旦大学出版社 1996 年版。

赵荣光:《中国古代庶民饮食生活》,商务印书馆国际有限公司 1997 年版。

赵秀玲:《中国乡里制度》,社会科学文献出版社 1998 年版。

中国社会科学院语言研究所词典编辑室编:《现代汉语词典》,商务印书馆 1996 年版。

周积明、宋德金主编：《中国社会史论》，湖北教育出版社 2000 年版。

朱家源：《谈谈宋代的乡村中户》，载邓广铭、程应镠主编《宋史研究论文集·〈中华文史论丛〉增刊》，上海古籍出版社 1982 年版。

三 外文译著部分

［德］马克斯·韦伯著，林荣远译：《经济与社会》，商务印书馆 1997 年版。

［法］马克·布洛赫著，张和声、程郁译：《历史学家的技艺》，上海社会科学院出版社 1992 年版。

［法］孟德斯鸠著，张雁深译：《论法的精神》，商务印书馆 2005 年版。

［法］谢和耐著，刘东译：《蒙元入侵前夜的中国日常生活》，江苏人民出版社 1995 年版。

［美］艾恺著，王宗昱、冀建中译：《最后的儒家——梁漱溟与中国现代化的两难》，江苏人民出版社 1996 年版。

［美］道格拉斯·C. 诺思著，厉以平译：《经济史上的结构和变革》，商务印书馆 1999 年版。

［美］黄宗智：《长江三角洲小农家庭与乡村发展》，中华书局 2000 年版。

［美］吉尔伯特·罗兹曼主编，沈宗美校：《中国的现代化》，江苏人民出版社 1998 年版。

［美］马若孟著，史建云译：《中国农民经济——河北和山东的农业发展：1890—1949》，江苏人民出版社 1999 年版。

［美］摩尔根撰，杨东莼等译：《古代社会》，生活·读书·新知三联书店 1957 年版。

［美］施坚雅：《中国农村的市场和社会结构》，中国社会科学出版

社 1998 年版。

［美］斯塔夫里阿诺斯著，吴象婴、梁赤民译：《全球通史》（1500年以前的世界），上海社会科学院出版社 1999 年版。

［美］汤普逊著，耿淡如译：《中世纪社会经济史》，商务印书馆 1997 年版。

［日］斯波义信著，方健、何忠礼译：《宋代江南经济史研究》，江苏人民出版社 2001 年版。

［英］安东尼·吉登斯著，胡宗泽、赵力涛译：《民族、国家与暴力》，生活·读书·新知三联书店 1998 年版。

［英］梅因著，沈景一译：《古代法》，商务印书馆 1984 年版。

后　　记

　　与"历史"结缘源于我的笨拙。说起来很悲怆，经历了两次高考失利后，终于在第三次高考中跌跌撞撞地踏入了大学之门。此时正值财经院校风靡天下的时候，师范院校甚遭人不齿，而我却倒行逆施地被推上了师范院校的专科历史系。连当时本系的老师都说：这下你们可掉进"茅坑"里了。尽管如此，可从没想到"史"会成为我一辈子的生业。大学毕业后所从事工作的不如意迫使我踏上了考研之路，之后，又一路马不停蹄地读博士、做博士后研究。从硕士到博士后八年的与史为伴的生活，使我真的掉进了"茅坑"中，且无法从其中自拔了。这不仅是因为"历史"将成为以后养家糊口的饭碗，而其最为关键的是从中我找到了生活的乐趣，领悟到了历史的玄妙。

　　生活的乐趣每个人都有，但真正能享受生活乐趣的人并不是很多。包括我在内的大多数人还在为生存所累，在生存危机无法彻底摆脱的情况下，狂谈乐趣是一种奢侈和虚荣。但反过来说，对于还在为生存而奔命的人，虚荣就是活下去的自慰剂，乐趣就是安抚疲惫身心的补药。在经历的同学当中，论学历，我堪称巨人；可论物质生活，我是十足的侏儒。如此极大的反差曾使我羞愧良久。另一方面，也许真如同学们所言，他们对我现在如此"辉煌"的学业仰慕不已。我相信在某一时刻，这种感叹是一种真情流露；可一旦他们见证了我的名不符实的物质生活之后，肯定会有一种及早跳出校园之门的幸运的窃喜。在市场经济的滚滚大潮之下，作为一个俗人，我无法超凡脱俗地摆脱物欲膨胀的市场经济心态。但我相信自己还不至于沦落到靠心血来潮去支配行动的地步，在反复掂量了自己的斤两之后，觉得只有固守本分才会有自己的生活。

说到这本小书，其实就是我读博士以来的一个学习总结。此间我主要考虑了两个问题，一个是宋代的农民问题，一个是唐宋时期的乡村控制问题。唐宋史是我的研究方向，而选择乡村问题却内含着我一种深深的乡村情结。本书探讨的范围只限于学术领域，但要把学术问题深化，仅靠从学理层面上分析是不够的，如果有切实的感性认知的话，无疑会对学术问题的解决有极大的帮助。我曾在一个贫穷的山村的一个贫穷的家庭生活了二十年，可以说整个心理成长期都是在农村度过的。这一时期恰逢从人民公社到改革开放的转变期，转变期前后农村人际关系的变化对我影响至深，这对我理解唐宋转型期乡村的变化甚有益处。

最后，我必须感谢那些帮助我改变了命运的恩人们。首先我感谢我的舅父母和姐姐一家，是他们在我失去双亲后抚养了我，是他们坚持供我读书考上了大学。我还要感谢我的启蒙导师邢铁教授，是他的无私鼓励和孜孜教导，把我引入了史学研究的殿堂。我还要感谢为培育我而呕心沥血的林文勋教授和德高望重的朱雷先生，是他们的关心和爱护使我在科研的道路上越走越远。其实我的恩人们远不止这些，河北师大的孟繁清教授、河北社科院的孙继民研究员、云南大学吴晓亮教授、何明教授及《思想战线》编辑部的全体老师，等等，都在不同的时期为我的成长提供过重要帮助。我还要感谢我的妻子，她的全力支持是我全心完成学业的保证。大恩无以为谢，唯有以更努力的工作做出卓越成绩来报答了。在此敬祝恩人们一生平安！

谷更有于石家庄
2004 年 7 月 29 日

再版后记

时光荏苒，不觉间小书初版面世距今已经 17 年了。17 年前的 2006 年是我正式在高校任教的第三个年头，还是名符其实的"青椒"；但那时的环境相对宽松，还没有特别的内卷，科研相对自由，还没有必须报课题、发论文的自我压迫。科研的动力真的发自内心的进取感，当然也有虚荣的成分：出一本书，好让自己在人前谈自己的大学老师身份时，才倍儿有面子。书的出版过程稍有波折，但总体上还算顺利。最开始选的是某著名出版社，自己曾抱着书稿，怀揣一颗"初生牛犊不怕虎"的心，相当勇敢地闯进此社里。因为一个人也不认识，就以偶遇地方式，向一位气宇不凡的人士推介书稿，结果自然而知，毫不意外地被婉拒了。之后不久，我好像是在网上看到中国社会科学出版社冯春凤老师责编的一本书与拙稿风格相近，又恰巧附有冯老师的电子邮箱，就以试试看的心态和冯老师进行了联系。时间不长，冯老师就回复同意出版。其中具体的签出版合同、无数次往返校改书稿的细节都记不清了，但至今让我感动的是，一直到书正式出版后，也没有见过冯老师。每次决定去面见冯老师时，她总是通过电话或电子邮件说："不用往北京跑了，怪费钱的。"说实话，直到现在我也没见过冯老师，为此内疚不已，但也永远对冯老师充满感恩。

小书出版后，在 2008 年参加了河北省两年一度的社科评奖，结果连个三等奖的边儿都没沾上。为此虽有些小失落，但时间一长也就慢慢释怀，逐渐淡忘了。之后因兼做管理工作结识了一些人，他们都说看过我的书，写得还不错。我很惊讶：不是一个行当的，怎么会有我的书，而且还费时间看呢？原来这些人做过当年的省社科奖的评委，评奖结束后，他们就把感兴趣的书拿回家了。再后来，就是我参加同行的学术会议，做自我介绍时，不少人说知道我这本书，给予了积极的评价，因此我知道了这本书多少还是有些价值的。

这本小书是我在博士学位论文和博士后研究报告的基础上整合而成的，她基本奠定了我以后研究的基本理路，对我后来的研究有十分重要的意义。因此我敝帚自珍，这次修订只是做了史料和注释格式的校对，另加了两篇相关的论文作为附录，其他仍保持了原有的风格。

17年对于历史长河来说只是刹那，对于人生却有些沧桑。这十几年国家和社会发生了很大变化，生活在这个国家和社会中的人为此经历了很多，我个人也从当年的毛头小伙进入知天命之年，真心希望世界永远和平、国家繁荣富强、社会公平公正、人心美好向善！

小书在修订过程中，我的博士生张浩琨付出很大辛劳，对她表示感谢！

谷更有
2023 年 8 月 9 日